우크라이나 전쟁, 이렇게 봐야 한다

박병환(유라시아전략연구소장) 지음

우크라이나 전쟁, 이렇게 봐야 한다

뿌쉬낀하우스

머리말

필자는 2016년 12월 주러시아 대사관 공사를 끝으로 30여 년 외무 공무원 생활을 마치고 2018년 1월부터 평소의 생각과 외교 현장에서의 체험을 토대로 여러 국제관계 이슈에 대해 몇몇 매체에 정기적으로 기고하고 있다. 그렇게 기고한 글을 모아서 2020년에 한·러 수교 30주년을 맞이하여 대러시아 외교의 실상을 살펴보고 우리 정부에 대해 바람직한 대러시아 정책 방향을 제시하는 『한국 외교에는 왜 러시아가 없을까?』를 내었고, 2021년에는 문재인 정부의 4강 외교의 문제점을 지적한 『나침반이 잘못된 한국외교』를 출간하였다. 이번에 내놓는 『우크라이나 전쟁, 이렇게 봐야 한다』는 세 번째 외교평론집이다.

이 책은 2021년 10월부터 최근까지의 기고를 모은 것으로서

1부 <우크라이나 사태, 어떻게 볼 것인가>와 2부<외교 단평>으로 구성되어 있다. 1부는 2022년 2월 러시아의 우크라이나 침공 직전부터 최근까지 벌어지고 있는 상황에 대한 글들을 언론에 게재된 날짜순으로 배열하였는데 이 때문에 글 내용에 있어 일부 중복이 있고 기고 시점 이후 상황이 달라진 경우도 있는 점에 대해 미리 양해를 구하고자 한다. 우크라이나 사태와 전쟁에 대해 교과서식으로 서술하는 경우 장점도 있으나 자칫 독자들이 지루함을 느낄 수도 있다고 본다. 필자의 글들은 그때그때 이슈를 다루고 있어 독자들이 흥미를 갖고 문제에 접근할 수 있다. 그리고 독자들이 우크라이나에서 벌어지고 있는 상황을 전체적으로 조감할 수 있도록 <들어가는 말: 우크라이나 사태를 바라보는 다른 시각>을 별도로 작성하여 책 앞부분에 배치하였다. 우크라이나 전쟁에 대한 한국 내 분위기 특히 한국 언론의 보도 논조와는 상당히 다른 필자의 견해에 대해 읽는 이에 따라서는 공감할 수도 있고 그렇지 않을 수도 있을 것이다. 필자의 우크라이나 전쟁에 대한 글들을 읽은 지인들 가운데는 필자가 러시아에서 10여 년 근무한 탓에 러시아 쪽에 경도된 것 아니냐 또는 '친러파'라고 말하는 사람들이 있는데 필자는 결코 '친러파'가 아니고 오로지 대한민국의 국가이익을 생각할 뿐이다. 필자는 국제사회에서 벌어지는 전쟁이라는 복합적인 상황에 대해 선악의 관점에서 단순하고 편향되게 이해해서는 안 되고 냉철한 국익 계산에 입각한 접근이 필요하다는 점을 강조하고 싶다. 2부는 이웃 나라들과의 관계 및 국제사회의 주목할 만한 현상에 대해 필자 나름의 견해를 피력한 글들이다. 특히 <중국에 대한

오해와 몰이해>는 독자들에게 중국을 객관적으로 바라볼 수 있는 관점을 제공할 것으로 기대한다.

끝으로 러시아 교육문화센터이며 러시아 관련 전문출판사인 <뿌쉬낀하우스>의 김선명 원장께 세 번째 졸저의 출간을 적극 도와 주신데 대해 감사드린다. 그리고 이번 세 번째 책에 실린 글들에 대해서도 코멘트해 주고 글을 다듬어 준 외교부 동료 최종현 전 주네덜란드 대사의 노고에 감사한다. 최 대사는 항상 필자의 글에 부족한 '2%'를 채워 주었으며, 이번 책이 늦지 않게 출간되도록 채근하고 격려해 주었다. 평소 최 대사와는 외교 이슈뿐만 아니라 우리나라 역사의 쟁점에 대해서도 의견을 나누는데 2부에 수록한 <이대로는 동북아 '역사전쟁'에서 질 수밖에 없다>는 그러한 대화의 결과물의 하나이다. 앞으로 이 분야의 글이 모이면 별도로 책을 낼 생각이다.

2023년 2월 6일
명륜동 연구실에서 박병환

목차

머리말　5

들어가는 말
우크라이나 사태를 보는 다른 시각　17

1. 우크라이나 사태, 어떻게 볼 것인가?
우크라이나를 둘러싼 러시아와 서방의 힘겨루기　35
소련 붕괴 30년, 그리고 러시아의 고민　39
우크라이나 사태, 어떻게 볼 것인가?　43
우크라이나 지도자들은 과연 현명한가?　47
러시아군의 키예프 포위 보니 병자호란의 굴욕 떠올라　51
러시아의 우크라이나 침공은 피할 수 없었나?　59
美·나토 vs 러시아 전략게임… 4강 외교 바로 세워야　63
우크라이나의 인도주의적 재난 바라만 볼 것인가?　67
우크라 사태로 드러난 서방의 위선과 비겁함　71

젤렌스키 주연의 비극	76
우크라이나 사태를 해부한다	80
우크라이나 사태에 대한 여론 지나치지 않은가?	87
푸틴은 히틀러, 젤렌스키는 처칠?	91
러시아와 척을 짓는 것은 피해야 한다	106
尹 당선인 나토정상회의 참석할까 우려… 국익 직시해야	110
우크라이나 사태 객관적으로 보자	117
이준석 대표의 우크라이나 방문 추진과 살상무기 우회 지원 결정	121
윤석열 정부의 '급변침'… 러시아를 '적'으로 돌리면 한반도는?	125
윤 대통령은 푸틴 대통령을 만나지 않을 생각인가?	129
나토정상회의에는 왜 가는 걸까?	133
나토정상회의에 대한 윤석열 정부의 설명 유감	137

우크라이나 사태 언제쯤 끝날 것인가?	141
시진핑에까지 손 벌리는 젤렌스키	145
이집트 엘다바 원전 사업 참여와 한-러 관계	149
미국 패권에 대한 러시아와 중국의 도전과 새로운 국제질서 도래	153
노르드스트림 해저 가스관 누출 사고는 누구의 소행일까	163
러시아는 얼마나 고립되었나?	167
우크라이나 전쟁이 우리의 전쟁이 되어선 안 된다	171
젤렌스키 대통령의 물귀신 작전?	179
러시아 원유 가격 상한제는 성공을 거둘까?	183
벌써 몇 번째 게임 체인저인가?	187
미국은 대러시아 제재에 대해 큰소리칠 수 있나?	191
우크라이나 전쟁, 향후 전망과 서방의 의도	196

| 서방의 대러 경제 제재는 효과가 있었나? | 201 |

2. 외교 단평

러시아는 왜 벨라루스와의 연합국가를 원할까	207
고토 회복 주장과 러시아에 대한 착각	211
하바롭스크 전범 재판의 재조명과 최근 러일 관계	215
푸틴, 중국, 대만	219
정부의 교황 방북 추진 왜 이러나?	223
종전선언 추진을 해부한다	227
투르크족은 뭉치는데 우리는?	231
정부는 재외국민 보호 책무를 다하고 있는가?	235

주한 중국 대사관은 총독부인가?	239
한국의 국제적 위상 타령은 이제 그만하자	245
문재인 정부의 4강 외교를 결산해 본다	249
지속가능한 한미동맹에 관하여	254
미국 대통령 경호원의 음주폭행 사건 유감	258
강제징용 배상 문제, 중재로 가면 어떨까?	262
북방경제협력위원회 폐지 유감	266
일본에 대해 사죄 요구 언제까지 할 것인가?	270
'짱깨주의의 탄생' 독후감	274
중국에 한반도 평화와 안정을 위한 역할 언제까지 요청하려 하나?	278
중국에 대해 중심 못 잡는 한국 언론	282

국치일(國恥日)에 생각한다	286
고르바초프 한·소수교, 韓외교 지평 획기적 확대	290
미국이 이럴 줄 몰랐다?	294
영국 여왕 장례식이 뭐길래?	298
개천절, 국경일 맞나?	302
외교에 관한 개념이 없는 한국 사회	306
공중증(恐中症)의 나라, 대한민국	310
수능시험 문제에까지 드리운 식민사관의 그림자	314
중국에 대한 오해와 몰이해	318
싱하이밍 중국대사의 무례는 언제까지 계속될 것인가?	323
이대로는 동북아 '역사전쟁'에서 질 수밖에 없다	326
사우디-중국 관계의 국제정치적 함의	331

들어가는 말

우크라이나 사태를 바라보는 다른 시각

2022년 2월 러시아군이 우크라이나 동부 돈바스 지역으로 진입한 지 1년이 되었다. 한국에서는 러시아의 침공을 6·25 전쟁에 비유하며 '우리가 우크라이나이다' 식으로 대부분 러시아를 비난하고 있다. 왜 전쟁이 일어났는지에 대해서는 전혀 관심이 없고 알려고 하지도 않는다. 힘센 러시아가 약한 우크라이나를 먼저 공격하였으니 선악의 관점에서 러시아를 악마화하고 우크라이나를 동정해야 한다는 것이다. 이런 분위기에서 해군 특수부대 장교 출신이라는 어떤 유튜버는 "6·25 때 우크라이나가 한국을 도와줬으니 이제 우리가 그들을 도와줘야 한다"고 하며 우크라이나 현지까지 갔다가 결국 생명의 위협을 느껴 돌아왔다. 그런데 우크라이나가 6·25 때 한국을 도와줬다는 주장은 당시 우크라이나라는 나라는 있지도 않았고 소련의 일부였으므로 잘못되었다고 지적하자 그는 "6·25 때 참전하였던 미군 병사 중에 우크라이나계가 있었다"라는 궤변을 늘어놓았다. 일부 한국인들은 우크라이나 난민을 위한 모금 운동을 벌이고 주한 러시아 대사관 앞에서 러시아를 규탄하는 시위를 벌이기도 하였다. 또한, 평화를 주장하면서도 우크라이나에 무기를 대주는 서방국가들이 자신들의 무기 재고가 바닥나서 한국산 무기를 대량으로 구매하자 한국이 무기 수출 시장에서 상위권에 올랐다고 환호하였다.

이번 사태가 일어나기 전까지 한국인들 가운데는 심지어 우크라이나와 우즈베키스탄을 구분하지 못하는 사람들도 많았다. 평소에도 국제뉴스를 잘 다루지 않는 한국 언론은 독자적인 현장 취재를 거의 하지 못하고 있는 탓인지 영미 언론의 보도를 아무 생각 없이 그대로 베끼고 있다. 사정이 이러하니 한국인들이 우크라이나 전쟁을 객관적으로 인식하기란 쉽지 않아 보인다. 결국, 이번 전쟁의 사실상 당사자인 미국, 영국 등 서방의 관점에서만 보게 된다. 전쟁이라는 국제사회에서 일어나는 복합적인 현상을 단순하게만 바라보다 보니 일반 국민은 물론 정부마저도 서방의 일방적 주장에 휘둘리게 된다. 우리는 객관적으로 우크라이나 사태를 바라보아야 하며 그래야 제3자로서 현명하게 대처할 수 있고 나아가 국익을 지킬 수 있다. 그런 의미에서 현재까지 미국을 비롯한 서방국가들의 정부와 언론이 하는 이야기(narrative)가 과연 현재 우크라이나에서 벌어지고 있는 상황에 대해 사실만을 말하고 있는지 의구심을 가져 볼 필요가 있다고 본다.

우선 이번 전쟁이 왜 일어나게 되었는가? 러시아가 단순히 영토에 대한 야심으로 우크라이나를 침공하였을까? 러시아는 영토가 세계에서 가장 넓고, 석유, 가스 등 풍부한 지하자원을 갖고 있고 광대한 농경지를 갖고 있는데 영토에 대한 야심이 있을까? 나라가 크든 작든 모든 나라는 안보가 제1의 국가목표이다. 소련이 해체되고 새로이 출범한 러시아는 사회주의를 공식 포기하고 자본주의와 민주주의를 지향하면서 서방에 대해 어떠한 도발이나 적대행위를 하지 않고 협력을 추구하였다. 하지만 서방은 러시아를 거부하고 오히려 지속적으로 러시아를 견제하고 약화시키려 하였다. 냉전 이후 사회주의권의 군사동맹인 바르샤바 조약기구는 해체되었음에도 이에 대항하는 서방의 군사동맹체인 나토는 오히려 확대되었다. 폴란드, 루마니아 등 동유럽 국가들을 회원국으로 끌어들여 병력과 전략무기를 전진 배치하였으며 이제 러시아와 나토 사이에는 우크라이나와 벨라루스만 남았다. 이는 소련이 해체되기 전에 당시 고르바초프 소련 대통령이 독일 통일에 동의하면서 동독에서 소련군을 철수하기로 하였을 때 나토의 확대를 우려하자 당시 베이커 미국 국무장관이 나토는 동쪽으로 단 '1인치'도 전진하지 않을 것이라고 한 약속을 명백히 위반한 것이다. 물론 미국은 그런 약속을 한 적이 없다고 우기지만 작년에 비밀이 해제된 영국 정부 문서에 따르면 사실이다. 특히 우크라이나는 위치상 러시아의 적대 세력이 들어오면 특히 우크라이나와 러시아 중심 사이에 자연장애물이 전혀 없어서 러시아에 대해 치명적인 위협이 된다. 극초음속 미사일이 배치되면 러시아는 1962년 쿠바 미사일 위기 때 미국이 느꼈던 것과는 비교가 안 되는 위협을 느낄 것이다. 모스크바는 우크라이나 국경으로부터의 직선거리가 600km도 안 되기 때문이다. 그런데 러시아가 우크라이나에 위협을 가하지 않았음에도 불구하고 우크라이나가 서방의 집요한 회유 공작에 넘어가 러시아를 적대시하고 2019년에는 헌법에 나토 가입 목표를 규정하였으며 공식적으로 나토 회원국은 아니나 2014년 이래 나토와 군사협력을 강화해 왔다. 이는 미국 국방부 대변인이 이번 전쟁 발발 전까지 8년간 우크라이나군을 무장시키고 훈련시켜 왔다고 밝힌 데서도 확인된다. 점증하는 안보 위협에 러시아는 2021년 내내 무력시위를 하면서 미국과 나토에 대해 우크라이나를 나토에 가입시키지 말 것과 폴란드와 루마니아 등에 있는 나토의 무기와 병력을 철수하는 등 안보 위협을 제거할 것을 문서로 약속하라고 요구하였으나 거절당했다. 우크라이나도 러시아의 요구에 대해 비타협적인 자세를 고수하였다. 이번 전쟁은 한마디로 말하면 러시아가 코앞의 안보 위협에 대해 선제공격한 것이다. 그런데 현재 전쟁 양상을 보면 미국 등 서방은 우크라이나로 하여금 대리전을 하게 하면서, 전쟁을 조기에 종식하기보다는 최대한 러시아의 힘을 빼어 푸틴 정권의 붕괴 및 러시아의 약화 나아가 해체까지 도모하려는 의도가 있어 보인다. 실제로 작년에 전쟁 발발 이후 얼마 안 되어 튀르키예가 주선하여 우크라이나와 러시아 사이 평화협상이 타결될 듯이 보였으나 미국이 우크라이나에 무기 지원을 늘리면서 전쟁을 계속하도록 종용하여 결국 평화협상은 깨지고 말았다. 미국이 추구하는 것이 진정으로 우크라이나의 자유와 민주주의 수호 그리고 평화인지 의구심이 든다. 올해 초 여러 서방 전문가들이 러시아가 패배할 것을 상정하고 러시아의 분열에 대비하여야 한다고 주장하였는데 서방의 본심이 읽혀진다.

이번 사태는 우크라이나내 과격한 민족주의 세력들이 과도한 친서방 및 극단적인 대러시아 적대 정책을 추구함으로써 불필요하게 러시아를 자극하여 전쟁이라는 재앙을 자초한 것이라고 할 수 있다. 그런데 러시아의 침공이 2022년 2월 하순에 개시되었으나 엄밀히 말하면 전쟁은 이미 2014년 봄 시작되었다고 볼 수 있다. 1991년 우크라이나가 소련으로부터 독립한 이래 역대 정부는 때로는 친서방, 때로는 친러 노선을 취했다. 그런데 선거가 있을 때마다 우크라이나계가 다수인 서부와 러시아계가 다수인 동부 지역은 지지하는 정파에 있어 극명한 차이를 보였다. 그러던 중 2014년에는 극심한 정치적 혼란이 있었는데 그 과정에서 서부 지역의 과격한 민족주의 세력이 당시 친러 성향 야누코비치 대통령의 합법 정부를 폭력으로 무너뜨리고 친서방 정권을 수립하였다. 그 이전까지 친서방 또는 친러 정부는 한쪽으로 극단적으로 치우친 외교정책을 취하지는 않았다. 그런데 새로운 정부는 우크라이나 내 러시아어의 사용을 전면 금지하는 등 강경한 정책을 펴자 동부 돈바스 지역의 러시아계 주민들이 분리 독립하겠다고 반기를 들었고 우크라이나 정부는 이를 무력으로 진압하려 하면서 내전이 발생한 것이다. 서방 언론은 거의 보도하지 않았지만, 그간 우크라이나군이 소위 '반란 지역'에 대해 '인종청소' 수준의 만행을 자행하였고 이에 이 지역 지방 정부들이 러시아의 도움을 요청하여 러시아는 반군을 지원한 것이다. 이러한 상황에서 2014년과 2015년에 프랑스와 독일이 중재하여 내전 종식을 위한 민스크 협약이 체결되었는데 주요 골자는 휴전을 시행하고, 양측 간에 완충지대를 설치하며, 동부 돈바스 지역에 대해 자치권을 허용하기 위해 우크라이나 헌법을 개정하고 자치정부 수립을 위한 주민투표를 실시하는 것이었다. 이 과정에서 러시아는 이 지역 반군의 간절한 요청에도 불구하고 직접 개입을 자제하고 지난 8년간 사태를 관망하였다. 하지만 우크라이나 중앙정부는 무력 진압을 포기하지 않고 지속적으로 이 지역에 대해 무자비한 공격을 하였으며 자치정부 수립을 위한 절차는 전혀 진행하지 않았다. 민스크 협약의 당사자인 메르켈 전 독일 총리와 올랑드 전 프랑스 대통령 그리고 포로셴코 당시 우크라이나 대통령이 작년에 고백한 바와 같이 우크라이나와 서방은 민스크 협약을 준수할 생각이 없었고 단지 러시아의 개입을 늦추고 우크라이나가 군비를 강화할 시간을 벌려고 하였을 뿐이었다. 결국, 푸틴 대통령은 서방과 우크라이나의 기만전술에 당한 셈이다. 그 결과 동부 돈바스 지역의 상황은 갈수록 악화되었고 마침내 러시아가 행동에 나선 것이다.

이 대목에서 간략하게 우크라이나의 역사를 살펴보면 러시아인들과 우크라이나인들의 공동 조상 국가인 키예프 공국이 13세기에 몽골의 침략으로 멸망하였고 우크라이나인들은 몽골제국의 쇠락 이후에는 오랫동안 리투아니아, 폴란드 등 이웃 나라의 지배를 받았다. 17세기에 우크라이나인들은 같은 루스족인 러시아의 짜르에게 지원을 요청하였고 러시아가 우크라이나 동부 지역을 폴란드의 지배로부터 해방시켰다. 우크라이나가 독립국으로 존재하였던 기간은 볼셰비키 혁명이 일어난 직후 몇 년간이 전부이고 그 이전에는 제정 러시아, 그 이후에는 소련의 일부였다. 그리고 현재 러시아가 점령한 우크라이나 동남부 지역은 제정 러시아 예까쩨리나 여제 당시 개척한 땅으로서 소련 내 우크라이나 자치공화국이 수립될 때 레닌이 떼어준 땅이며, 서부 지역은 2차 세계대전을 전후하여 스탈린이 폴란드, 루마니아, 헝가리 등에서 빼앗아 우크라이나 자치공화국에 붙여 준 땅이다. 크림반도는 흐루쇼프 서기장이 자신의 출신 지역인 우크라이나에 선물로 준 것이라고 한다. 당시 이런 소련의 조치는 영토의 할양이 아니라 소련 내 행정구역의 변경일 뿐이었다. 소련 붕괴 이후 극도의 혼란 속에 자치 공화국들이 독립하는 과정에서 소련 당시 행정경계를 국경으로 인정하기로 하였을 뿐이다. 2014년 러시아가 크림반도를 평화적으로 편입하였을 때 그 지역 주민들이 "집으로 돌아왔다!(Мы возвращались домой!)"라고 외쳤다는 것을 이해할 수 있다. 이러한 우크라이나 영토의 복잡한 구성이 주민 구성에도 그대로 반영되어 있으며 이번 전쟁 과정에서 복잡한 문제를 일으키고 있다. 또한, 우크라이나의 나라 이름과 관련하여 영어로는 'Ukraine'이어서 그 뜻을 잘 알 수 없으나 러시아로 하면 Украина(У+край+на)인데 '맨 끝에 있는 땅' 즉 서쪽 끝 영토라는 뜻이다. 원래 우크라이나인과 러시아인은 뿌리가 같으나 몽골의 침략 이후 수백 년 동안 다른 역사적 경험을 하면서 다른 정체성을 갖게 되었다. 이번 전쟁은 외세의 개입 때문에 벌어지고 있는 동족상잔의 비극인 면이 있다.

현재 서방 언론의 보도를 보면 마치 우크라이나군이 전세를 뒤집은 것처럼 보인다. 국내 언론들도 덩달아 섣불리 푸틴의 패배를 거론하기도 한다. 우크라이나군이 동북부 하리코프주와 남부 헤르손주를 탈환한 것이 사실이나 러시아군이 우크라이나 영토의 20% 이상 장악하고 있는 전반적인 전쟁 판세에 근본적인 변화는 없고 오히려 올해 초에 동부 전선에서 우크라이나군이 솔레다르를 러시아군에 빼앗겼으며 인근 전략 요충지인 바흐무트도 위태로운데 이마저 뚫리게 되면 러시아군이 우크라이나 중부 드네프르강 유역까지 진출할 수 있게 되며 나아가 키예프가 다시 위태로워질 수 있다. 그간 미국 등 나토국가 회원국들이 각종 무기를 제공할 때마다 '게임 체인저(game changer)'가 될 것이라고 하였으나 초반에 반짝하였을 뿐이고 러시아가 상응하는 무력으로 대응하자 별 의미가 없어지곤 하였다.

우크라이나군은 지속적으로 서방의 무기 지원을 받기 위해서 자신들의 전과를 부풀리거나 조작하기도 하는데 이러한 선전을 서방 언론이 그대로 받아 쓰거나 한술 더 떠 악의적으로 왜곡하여 보도하기 때문에 국내 매체를 통해서는 전황에 대한 객관적인 정보를 얻기가 쉽지 않다. 다만 러시아 국방부나 언론은 담담하게 사실 위주로 발표하거나 보도하기 때문에 오히려 신뢰도가 상대적으로 높다. 그리고 우크라이나와 서방에서 러시아에 대해 심리전도 벌이고 있는데 예를 들어 '푸틴이 군부 쿠데타 위협에 시달리고 있다' '쇼이구 국방장관이 푸틴의 질책을 받고 해임된 것 같다' '군부 내 불화가 있다' '러시아 내 반푸틴 시위가 잦다' '징집령에 대한 반발이 심하다' 등 다양하다. 특히 푸틴의 건강에 대한 근거 없는 추측성 보도도 자주 하는 데 서방이나 우크라이나의 주장이 사실이었다면 푸틴은 벌써 몇 번 저세상으로 갔어야 하는데 여전히 건재하다. 반면에 최근 우크라이나군의 사상자가 급격히 늘면서 폴란드 측에서 현지 우크라이나 난민들을 징집하여 전선으로 보내야 한다는 주장이 나올 정도로 상황이 심각한 데도 이에 대한 보도는 없다. 서방 매체들이 항상 야전 셔츠를 입고 있는 젤렌스키 대통령을 영웅적인 지도자로 띄워 주고 있지만, 그가 전시계엄령을 악용하여 야당 인사들을 마구잡이로 탄압하고 있고 유럽과 미국에 상당한 부동산을 소유하고 있으며, 그의 부인은 서방의 지원을 호소한다고 다니면서 서방 도시의 어떤 백화점에서 거액의 쇼핑을 하자 이에 놀란 백화점 점원이 이를 SNS에 올려 화제가 되었으나 이런 것들은 전혀 보도하지 않는다. 또한, 서방이 지원한 무기를 우크라이나 군인들이 빼돌려 암시장에 내다 팔아 돈을 챙기고 있다는 이야기가 오래전부터 돌았으나 문제가 심각해져 서방국가들이 조사에 나서자 비로소 마지못해 보도하였다. 작년 4월 부차 학살 사건이 문제가 되었을 때 우크라이나와 서방은 당연히 러시아군의 소행이라고 대대적으로 선전하였으나 얼마 뒤 국제사면위원회 (Amnesty International)가 독립적으로 조사한 뒤 러시아군의 소행이 아닐 개연성이 있다고 발표하자 젤렌스키 대통령은 펄쩍 뛰며 맹렬히 비난하였는데 이에 대해서도 상세히 보도하지 않았다. 러시아 측에 가담하고 있는 와그너 용병부대에 대해 이런저런 꼬투리를 잡아 비난하면서도 우크라이나 측에 참전하고 있는 서방 용병들에 대해서는 언급하지 않는다. 게다가 최근에는 와그너 용병부대의 대표인 프리고진의 인기가 급상승하고 있어 푸틴 대통령이 위협을 느낀다는 황당한 보도도 있다.

러시아에 대한 서방의 각종 혹독한 제재가 계속 이어지고 있는 가운데 러시아의 경제 상황에 대해 근거 없는 보도가 끊이지 않지만 실제로는 서방의 기대나 러시아 자신의 예상보다도 러시아 경제가 입은 타격은 그리 인상적이지 못하다. 이에 대해서는 서방 전문가들과 국제기구도 확인한 바 있다. 그 결과 서방 특히 유럽연합은 추가적인 제재에 매달리고 있는데 그런 조치들로 인해 유럽국가들 자신이 오히려 더 큰 피해를 보는 역설적인 현상이 나타나고 있다. 달러 대비 루블 환율이 전쟁 발발 직후 한두 달 동안 일시적으로 2배까지 치솟은 적도 있으나 이후 전쟁 전보다 오히려 내려갔다가 현재는 전쟁 전 수준을 유지하고 있다. 러시아가 석유와 가스를 가지고 장난을 쳐서 세계적으로 에너지 가격이 폭등하였다고 여기는 사람이 적지 않으나 실제로 러시아는 석유와 가스를 정상적으로 판매하려고 하였으나 오히려 서방국가들이 수입을 거부하는 바람에 국제에너지 시장에서 공급 부족이 발생하여 빚어진 것이다. 러시아는 서방의 수입 제한에 대해 중국, 인도 등 에너지 수요가 많은 국가들에 대량으로 판매해 돌파구를 찾았다. 2022년 한 해를 보면 물론 2021년보다 수출물량은 줄었으나 가격 상승으로 판매 수입은 오히려 늘어났다.

요즘 전 세계적으로 인플레이션이 심각하다고 하지만 서방국가들보다 러시아의 물가 상승 폭이 작다. 러시아가 해외로부터 수입하던 상품을 들여오지 못하기 때문에 공급에 문제가 있다는 말도 괜한 소리이다. 카자흐스탄 같은 이웃 나라를 거쳐 수입하고 있어 큰 문제는 없다. 결정적인 것은 미국과 유럽연합이 주도하는 대러 제재에 아시아, 아프리카 및 중남미 국가들은 거의 모두 참여하지 않고 있으며 러시아는 무역 대금 결제를 루블 또는 상대국 화폐로 하는 탈달러화 정책을 추진하고 있다는 사실이다. 무엇보다도 러시아는 이번 제재가 처음이 아니라서 이미 내성이 생겼고 특히 이번에는 사전 대비책을 마련하였기 때문에 잘 견뎌내고 있는 것으로 보인다. 실제로 러시아에 대한 제재 때문에 고통을 받는 쪽은 러시아가 아니라 서방 특히 유럽국가들이다. 그래서 러시아에 대해 새로운 정책 또는 대응을 논의할 때마다 유럽연합 내에서는 진통이 있다. 어쨌든 러시아에 대해 제재를 하여 러시아의 전쟁 재원 마련을 막아 보려는 서방의 시도는 전혀 성공적이지 않다. 이번에 그간 유럽이 경제적으로 번영을 이룬 데는 러시아가 파이프라인을 통해 석유와 가스를 저렴한 가격으로 공급하여 상당한 기여를 한 것으로 확인되었다. 유럽국가들이 저렴한 러시아산 에너지를 거부함에 따라 에너지 가격이 급등하자 유럽 기업들의 경쟁력이 약화되고 있으며 특히 유럽의 지도국이며 제조업 강국인 독일의 기업들이 심각한 타격을 입고 있다.

그러면 앞으로 이 전쟁은 어떻게 전개될 것인가? 우선 미국 등 나토 회원국들이 지속적으로 우크라이나에 무기를 지원하면 러시아는 이에 상응하는 무력으로 맞대응해야 하므로 러시아가 전쟁의 수렁에서 빠져나오기가 쉽지 않아 보인다. 물론 우크라이나는 서방의 무기 지원이 끊기면 전쟁을 지속할 수 없다. 러시아는 서방의 혹독한 제재에도 불구하고 잘 버티고 있으나 서방의 무기 지원이 앞으로도 지속되어 러시아 본토까지 공격을 받게 되거나 또는 우크라이나가 러시아군에 의해 막다른 상황까지 몰리게 되어 나토가 직접 개입하게 된다면 3차 세계대전으로 비화할 수도 있다. 전쟁 지속 여부는 미국 등 서방국가들에 달려 있다. 그런데 미국의 관점에서 우크라이나가 설사 러시아에 의해 완전히 파괴되더라도 직접적인 안보 위협은 없는 데 반해 러시아의 경우 패배한다면 단순히 안보 위협이 증가할 뿐만 아니라 러시아 자체가 분열 위기에 처할 수도 있다. 서방국가 지도자들이 국내적으로 우크라이나 지원에 대한 부정적인 여론을 얼마나 극복하느냐도 변수인데 유럽은 물론 미국 내에서도 '러시아는 우리의 적이 아니며 우크라이나는 우리의 동맹이 아니다'라는 어떤 국회의원의 말처럼 부정적 여론이 엄연히 존재한다. 냉정하게 말해서 미국 등 서방국가들은 마지막 우크라이나인까지 싸우다 죽더라도 개의치 않을 것이고 전쟁을 그들이 감당할 수 만큼 오래 끌어 러시아를 약화시키는 데 더 관심이 있어 보인다. 사실 미국은 이미 기대한 목표를 달성하였다고 볼 수도 있다. 즉, 이번 전쟁을 통해서 유럽국가들과 러시아의 관계를 완전히 파탄이 나게 함으로써 유럽국가들을 확실하게 좌지우지할 수 있게 되었으며, 유럽에 대한 러시아의 가스 공급을 막아서 자국의 셰일 가스를 비싼 가격에 유럽에 판매함으로써 그리고 이번 전쟁으로 유럽 각국이 미국산 무기 구매를 획기적으로 늘리도록 유도함으로써 막대한 경제적 이득도 취하고 있다. 무엇보다도 러시아를 전쟁의 수렁에서 쉽게 빠져나오지 못하게 하여 러시아의 힘을 빼고 있다. 그런 맥락에서 미국은 말로는 우크라이나를 수호하겠다고 하지만 막상 우크라이나가 지도상에서 사라지더라도 3차 세계대전의 위험을 감수하면서까지 직접 개입할 생각은 없어 보인다. 따라서 현재 러시아가 지난해 부분 징집령으로 확보한 30만 병력을 동원하여 준비 중인 대대적인 공세의 성공 여부가 앞으로 전쟁의 전개 방향을 결정짓는 관건이 될 것으로 보인다.

전쟁이 끝나고 나면 국제질서가 어떻게 바뀌어 있을까? 모든 전쟁에는 끝이 있기 마련이고 러시아가 패배하지 않는 한 현재와 같은 미국의 패권은 더는 유지되기 어렵고 다극 체제가 출현할 것으로 예상된다. 미국과 유럽연합이 러시아를 몰아치고 있지만 소위 글로벌 노스(Global north)를 제외한 절대다수의 국가가 러시아의 우크라이나 침공을 비난하면서도 제재에는 동참하지 않으면서 서방의 사악한(?) 의도에 냉소를 보내고 있다. 심지어 튀르키예는 나토 회원국이면서도 대러 제재에 동참하지 않고 러시아와 긴밀히 협력하고 있다. 이번에 미국이 러시아의 해외 달러 자산을 동결하는 혹독한 제재를 취한 결과 국제사회에서 무역 거래에 달러 사용을 회피하고자 하는 탈(脫)달러화가 확산되고 있다. 이는 기축통화로서 달러화의 위상에 타격을 줄 수밖에 없다. 또한, 미국이 주도하는 G7의 경제적 위상은 갈수록 하락하고 있으며 특히 이번에 러시아를 제재한다고 자기 발등 찍기식 조치 때문에 유럽의 경제는 경쟁력이 떨어져 쇠락의 길로 접어들 것으로 보인다. 유럽의 주요 국가들이 단절된 대러 경제 관계의 빈자리를 메꾸기 위해 중국 시장에 매달리는 양상을 보이는 것이 이를 증명하고 있다. 중국, 인도 등 아시아의 거대국가들이 부상하며 영향력을 키워나가고 있으며 러시아 또한 한 축을 이루게 될 것으로 보인다. 한편 사우디아라비아를 비롯한 중동 이슬람권이 미국과 거리를 두려고 하고 중국 위안화에 의한 원유 거래 결제를 검토 중이며, 중남미에서는 브라질, 아르헨티나 등 남미공동시장(MERCOSUR) 회원국들이 공동화폐를 추진하는 등 뭉치고 있다.

한국은 어떻게 대처할 것인가? 한마디로 해서 우크라이나 전쟁이 우리의 전쟁이 되지 않도록 중심을 잡아야 한다. 물론 러시아의 우크라이나 침략을 정당하다고 볼 수는 없으나 앞서 보았듯이 이번 전쟁의 복잡한 배경을 고려하면 러시아의 입장을 이해할 수 있다. 또한, 러시아에 대한 서방의 진정한 의도가 어떤 것인지도 인식할 필요가 있다. 그리고 러시아 편을 들 수 없지만 그렇다고 해서 인도적인 지원을 넘어서 우크라이나 편을 드는 것도 현명해 보이지 않는다. 국제사회는 선과 악이 대결하는 무대가 아니고 국가들의 이해관계가 부딪히는 장일 뿐이다. 한국이 러시아와 우크라이나 각각에 대해 갖는 이해관계에는 상당한 차이가 있다. 한국이 미국의 동맹이라고 해서 미국의 적이 반드시 한국의 적이 될 수는 없다. 미국의 러시아에 대한 이해관계와 한국의 그것이 전혀 같을 수 없다. 달리 말하면 한국이 공연히 러시아와 척을 지을 이유가 없다. 이번 전쟁을 보면서 조선 시대 병자호란의 굴욕을 떠올렸다면 지나친 생각일까? 요즘 '가치 외교'를 입에 올리는 사람들이 꽤 있는데 17세기 조선 조정이 이른바 '의리'에 그토록 집착하여 얻은 것이 무엇인가? 개인은 자신의 가치를 위해 처절하게 싸우다 죽더라도 그 개인의 명예는 남는다. 하지만 국가가 자살 행위를 한다면 사라질 뿐이고 아무도 기억하지 않는다. 국가 간 관계에서 가치란 자신의 이익 추구행위를 포장하는 것에 불과하다. 다만 현실적으로 동맹 관계를 고려하면 미국의 요청을 외면하기 어렵겠지만 개인 간에도 그렇듯이 어느 정도 분위기를 맞춰주는 선에 그쳐야 할 것이다. 전쟁이 끝났을 때를 염두에 두어야 하고 러시아는 한국과 이웃하고 있는 나라인 데 반해 미국은 언젠가는 상황이 여의치 않으면 태평양 너머로 물러설 나라이다. 미국에는 러시아의 약화가 바람직하겠지만 한국에도 과연 그럴까? 한민족의 미래는 유라시아 대륙 북방에 있으며 복잡하게 얽혀 있는 동북아시아 정세 속에서 중국의 견제를 극복하고 남북통일을 추구하고자 한다면 더욱 그러하다. 그런데 얼마 전부터 미국이 러시아와 북한 양측의 부인에도 불구하고 명확한 증거도 제시하지 못하면서 북한이 러시아에 무기를 팔고 있다고 주장하고 있는데, 그 저의가 뭔가 석연치 않다. 또한, 1월 말에 나토 사무총장과 미국 국방장관이 방한하였는데 무슨 이야기가 오고 갔는지 찜찜하다. 특히 나토 사무총장은 명시적으로 한국도 우크라이나에 무기를 지원하라고 요청하였다. 지난해 윤석열 대통령이 나토정상회의에 초대받아 참석함으로써 국제사회에서 한국은 반러시아 대열에 참여한 것으로 간주하고 있기 때문이다.

1
우크라이나 사태, 어떻게 볼 것인가?

우크라이나를 둘러싼 러시아와 서방의 힘겨루기

6일 푸틴-바이든 정상회담에 이어 11일 G7 외교장관회의는 러시아를 향해 "우크라이나를 침공하면 막대한 피해와 혹독한 대가를 치르게 될 것"이라는 성명을 발표했다.

반면 러시아는 북대서양조약기구와 우크라이나가 긴장을 조성하고 있다는 입장이다. 푸틴 대통령은 13일 영국 총리와의 전화통화에서 "나토의 우크라이나 영토에 대한 군사적 접근은 러시아 안보에 직접적인 위협이 되고 있다"며 "나토의 동진(東進)과 우크라이나에 무기가 배치되는 것을 막을 수 있는 법적 합의를 위한 초안을 제시하겠다"고 밝혔다.

2014년 우크라이나에서는 극도의 정치적 혼란이 이어진 가운데 친서방 중앙정부가 러시아어 사용을 금지하는 조치를 취했다. 이것이 자극이 되어 친러 동부지역(돈바스)이 분리독립을 추구하면서 내전이 발발했다.

그간 유럽안보협력기구(OSCE), 우크라이나 및 러시아 간 3자협의를 통하여 두차례 정전협정이 이루어졌으나 제대로 이행되지 않고 무력충돌이 종식되지 않아 긴장상태가 계속되고 있다. 무엇보다도 내전종식 이후 동부 반군 통제지역에 대해 어떤 특별한 지위를 부여할 것인가에 대한 정치협상은 거의 진전이 없다.

우크라이나 중앙정부는 여전히 반군 지역을 무력으로 평정할 생각을 하는 것으로 보인다. 지난 4월 우크라이나 정부군의 반군에 대한 대공세가 예상되었을 때 러시아가 우크라이나와의 국경지대에 대규모 병력을 집결시켰는데 이번에도 유사한 상황이다.

나토, 러시아 코앞까지 세력확장

러시아는 우크라이나 정부군이 친러 반군을 무력으로 진압하는 것을 받아들이지 않을 것으로 보인다.

우크라이나로서는 국토가 분단되거나 최악의 경우 돈바스 지역을 러시아에 빼앗기는 상황을 막기 위해서는 친러 반군과 러시아에 대해 감정적으로 대처하기보다는 반군을 회유해 상당한 자치권을 부여하는 조건으로 국가적 통일성을 유지하는 것이 상책이다. 한편 러시아는 이 지역을 점령하거나 병합할 의도가 없다면 반군에 대한 지원을 중지하고 타협이 성립되도록 반군을 설득해야 할 것이다.

러시아가 우크라이나 내전에 대해 노심초사하는 것은 우크라이나 이외의 요인이 있다. 즉 나토가 1990년대 이래 지속적으로 동쪽으로 확대돼 러시아의 코앞까지 이르렀기 때문이다. 1990년 9월 이른바 2+4(동서독 소련 미국 영국 프랑스)가 모여 독일을 통일시키고 동독 주둔 소련군이 철수하는 데 합의하였을 때 서방은 통일 독일의 경계선 너머 동쪽으로 나토를 확대하지 않겠다고 구두 약속을 한 바 있다.

하지만 서방은 약속을 지키지 않았으며 이제 러시아와 서방 사이에는 우크라이나와 벨라루스만 남았다. 우크라이나는 러시아로부터의 위협을 막는 방법으로 나토 가입을 원한다. 러시아로서는 그것이 나토와의 완충지대가 사라지는 것을 의미하므로 강력히 반대하는 것이다. 소련의 붕괴로 냉전이 종식되고 사회주의권 군사 블록인 바르샤바 조약기구가 오래전에 해체되었으면 나토에도 변화가 있을 법하다. 그런데 나토는 변화는커녕 비록 문서상 합의는 아니더라도 약속까지 어기면서 러시아 쪽으로 계속 확대되었다.

1987년 소련과 미국은 중거리 핵무기 배치금지 협정을 체결했는데 이 조약은 동서 간에 긴장을 완화하는 데 이바지했다. 하지만 미국은 2016년 루마니아에 미사일 방어체계를 구축했으며 2019년에는 이 조약에서 일방적으로 탈퇴했다.

나아가 최근 나토 회원국들은 러시아 인근 발트해와 흑해에서 대규모 기동훈련을 실시하는가하면 나토 공군기들이 러시아 국경지대 인근 상공에 자주 출몰했다. 이런 상황이 푸틴으로 하여금 나토의 동진을 금지하고 러시아 인접국에 러시아를 겨냥한 공격무기 배치를 막기 위한 법적 근거를 만들어야 한다고 주장케 하는 것이다.

러시아 압박하면 더욱 중국에 접근

우크라이나는 1차적으로 자신을 생각해야 한다. 러시아와 서방 사이 힘겨루기의 대상이 되지 말고 하루빨리 내전을 종식하고 피폐해진 경제를 재건하는 데 매진해야 할 것이다. 15일 푸틴과 시진핑은 화상회담을 갖고 미국의 압박에 대한 공동대응을 재확인했다. 러시아를 압박해 러시아가 더욱 중국에 가까워지도록 하는 것이 서방에 득이 되겠는가?

미국이 당분간 중국의 도전을 분쇄하는 데 외교의 최우선 순위를 부여한다면 러시아에 대해 제재를 경고하기보다는 러시아의 입장도 고려하는 접근이 바람직하다.

<2021-12-17 내일신문>

소련 붕괴 30년, 그리고 러시아의 고민

　2차대전 이후 소련은 미국과 더불어 세계를 양분하여 경영하였다. 냉전적 사고에서 '악의 제국'으로 치부되었으나 2차대전에서 나치 독일로부터 유럽을 구출하는 데 결정적 역할을 하였고 일본의 항복에서도 미국의 원폭 투하보다는 러시아의 선전포고가 더 큰 영향을 주었다는 해석도 있다. 미국과 경쟁하던 소련은 사회주의 경제체제의 모순으로 국력이 쇠퇴하는 가운데 개혁개방을 추진하면서 그대로 주저앉고 말았다. 지난달 25일은 30년 전 소련의 마지막 지도자인 고르바초프 대통령이 사임한 날이다. 소련은 바로 공식 해체되어 역사 속으로 사라지고 구소련의 영역에는 15개의 독립국이 등장하였다.

　소련의 해체 과정은 과거 어떤 제국의 붕괴 과정과도 달랐다. 대부분의 경우 제국은 외부로부터 침략을 받거나 주변부가 중심부에 대해 반기를 들어 공격함으로써 무너졌다. 소련의 경우 중심부인 러시아가 1990년 6월 주권선언을 하여 연방을 탈퇴하였고 다른 공화국들도 이어 독립을 선언하였다. 소련에 속한 공화국들은 연방 헌법이 규정하고 있는 연방 탈퇴의 자유를 근거로 하였다. 역사상 유례가 없는, 유혈사태가 수반되지 않은 제국의 소멸이었다. 왜 소련이 무너졌는가에 대해서는 일반적으로 사회주의 계획경제의 누적된 비효율로 인한 만성적인 공급 부족에 따른 극심한 경제난, 미국과의 치열한 군비경쟁으로 인한 재정 고갈, 시장경제체제 도입을 통한 경제 개혁의 실패 등을 이유로 들고 있다. 한마디로 구소련의 공화국들은 각자도생의 길을 선택한 것이다.

푸틴 대통령은 소련의 붕괴를 "20세기 최대의 지정학적 재앙"이라고 한 적이 있다. 연방 내 종주국이고 소련의 승계국인 러시아는 우선 상당한 영토를 잃어버렸다. 러시아의 위상은 2000년 이후 상당히 회복되었으나 아직 소련에 비할 수가 없다. 90년대 당시 대부분의 러시아인들은 사회주의를 포기한 만큼 서방의 도움을 기대하였는데 서방 전문가들은 무책임하게 조언하여 오히려 러시아 경제는 초(超)인플레이션이 유발되는 등 혼란이 가중되었다. 그 과정에서 서방 자본은 엄청난 이득을 보았다. 안보 측면에서는 소련이 동독에서 군대를 철수할 때 서방은 나토를 단 1인치(inch)도 동쪽으로 확대하지 않겠다고 하였지만 계속 동진하여 현재 러시아와 접경하고 있는 우크라이나까지 가입이 거론되고 있다. 푸틴 대통령은 '90년대 우리는 서방에 무릎을 꿇었으나 이제 일어섰다'고 하였다. 소련 붕괴 이래 서방으로부터 '당하였다'는 러시아의 인식을 보여 주는 말이다.

현재 러시아와 서방 사이 힘겨루기가 진행되면서 러시아-우크라이나 접경지대에 긴장이 고조되고 있다. 우크라이나 내전은 친서방 중앙정부와 친 러시아 동부지역의 대립으로 발생한 것인 만큼 러시아에 직접적인 책임은 없다. 현재 러시아는 돈바스 지역의 반군에 대해 우크라이나가 무력을 사용한다면 러시아군이 진입할 것이라고 경고하고 있는데 오히려 친러 반군을 설득하여 내전이 평화적으로 해결되도록 협조해야 한다. 물론 우크라이나 정부도 반군에 대해 무력행사를 자제하여야 할 것이다. 우크라이나의 나토 가입문제에 있어 러시아는 러시아가 서방으로부터의 안보 위협을 느끼는 만큼 우크라이나도 러시아를 경계하고 있음을 염두에 두어야 한다. 러시아가 나토의 동진, 즉 우크라이나에 나토군과 러시아를 겨냥한 전략무기가 배치되는 것을 두려워한다면 서방과의 협상과 병행하여 우크라이나의 안보 우려를 불식시켜 주는 노력도 기울여야 한다. 왜냐하면, 이번 주에 10일 미국과 러시아, 12일 러시아와 나토, 13일 미·러와 유럽안보협력기구 사이에 안보 대화가 예정되어 있는데 우크라이나의 양해가 없이는 서방과의 원만한 타협이 쉽지 않을 것이기 때문이다. 또 하나 러시아가 고려해야 하는 것은 서방의 경제제재가 강화될 가능성이다. 예를 들어 서방이 국제 결제 네트워크에서 러시아를 배제한다면 러시아는 매우 심각한 곤경에 처할 것이다. 다만 서방의 극단적 조치가 러시아의 보복으로 이어진다면 중국을 견제하려는 미국의 인도·태평양 전략에 심각한 차질을 빚을 수 있으므로 서방도 극단적 선택을 하기보다는 러시아와의 타협을 모색할 것으로 보인다.

　현재 러시아에는 소련 시절에 대한 향수가 만만치 않다. 소련 시절로 돌아가는 것은 가능한 목표가 아니다. 러시아인들은 소련에서 독립한 나라들이 정도의 차이는 있으나 러시아와 거리를 두려고 하는 이유가 무엇인지를 생각해 보아야 한다. 러시아가 과거의 영광을 되찾고자 한다면, 제한된 자원을 그 나라들이 러시아의 영향권에서 벗어나지 못하도록 붙드는 데 쓸 것이 아니라 러시아 자신의 미래를 위해 사용하는 것이 현명하다고 본다.

<2022-01-09 천지일보>

> ## 우크라이나 사태, 어떻게 볼 것인가?

　우크라이나 사태에 대한 서방 매체들의 보도, 그리고 독자적 취재를 거의 하지 않고 서방 매체 보도를 그대로 받아쓰는 수준의 일부 국내 언론의 기사를 보면 당장이라도 러시아가 우크라이나를 침공할 것 같은 느낌이 든다. 러시아는 우크라이나 접경지대에 대규모 병력을 집결해 기동훈련을 하고 있지만 우크라이나를 침공하지 않을 것이라고 공언했다. 러시아 행동의 방점은 서방이 1990년대의 약속을 지키지 않고 지속적으로 나토(NATO)를 동진시켜 러시아의 안보가 위협받고 있는 만큼 나토의 동진 중단을 문서로써 보장하라는 요구이다. 이에 대해 서방은 만일 러시아가 우크라이나를 침공한다면 초강력 제재를 취하는 동시에 우크라이나에 대해 군사 지원을 강화할 것이라고 하고, 과거 나토를 동쪽으로 확대하지 않겠다고 약속한 적이 없으며, 우크라이나가 주권적 결정으로 가입을 원한다면 이를 막을 수 없다고 주장한다. 그런데 우크라이나 사태를 객관적으로 이해하려면 러시아 쪽 이야기도 들어 볼 필요가 있다고 본다.

먼저 서방이 나토의 동진에 대해 과거 어떤 말을 했는지 살펴보면 1990년 소련이 동서독의 통일 협상에 동의하면서 동독 주둔 소련군을 철수시키기로 했을 때 서방측이 나토가 동진하지 않겠다고 언질을 준 것은 사실이다. 물론 문서상 보장은 없었지만 러시아로서는 서방의 언질에 대해 신의성실의 원칙에서 접근할 수 있다. 러시아의 안보 우려와 관련해서는 소련의 붕괴 이후 나토에 대항하는 공산권 군사 블록인 바르샤바 조약기구는 해체됐는데 나토는 계속 유지되고 있다는 점을 지적할 수 있다. 나아가 나토는 그간 러시아의 반대에도 불구하고 동유럽국가들을 받아들여 이제 러시아와 나토 사이에는 벨라루스와 우크라이나뿐이다. 친러 성향의 벨라루스와는 달리 우크라이나는 2008년 이래 나토 가입을 추진해 왔고 2014년 내전 발발 이후에는 극단적인 반러 노선을 취하고 있다. 앞서 나토는 폴란드와 루마니아에 러시아에 대한 미사일 방어 시스템을 구축했는데 우크라이나가 가입하면 러시아의 코앞에 전략무기가 배치될 수도 있다. 1962년 소련이 미국의 면전인 쿠바에 미사일을 배치하려 하자 미국이 화들짝 놀라 소위 '쿠바 미사일 위기'가 발생했는데 당시 미국이 느꼈던 위협을 지금 러시아가 느끼고 있다. 러시아는 최근 서방이 계속해서 러시아의 안보 우려를 무시하고 러시아의 요구에 응답하지 않는다면 쿠바나 베네수엘라에 전략무기를 배치할 수도 있다고 했는데 왜 쿠바를 언급했는지 쉽게 이해된다. 러시아의 메시지는 분명하다. 한 마디로 '나토는 우크라이나를 받아들이지 말라'이다.

또 다른 차원의 문제로서 왜 러시아는 완충지대에 집착하는 것일까? 유럽의 지형은 북유럽평원이 독일에서부터 우랄산맥까지 펼쳐진다. 즉, 러시아까지 장애물이 없어 러시아는 방어에 매우 불리한 여건을 갖고 있다. 그래서 나폴레옹과 히틀러는 결과적으로는 러시아 정복에 실패했으나 일사천리로 진군했다. 2차 대전 후 소련이 동구에 위성국가를 세운 것도 방어적 성격이 강했다고 볼 수도 있겠다. 논리를 비약해 보면 서방에서는 러시아의 우크라이나 침공을 이야기하는데 러시아의 입장에서 볼 때 우크라이나를 점령하면 역설적으로 나토와의 사이에 완충지대가 사라지게 된다. 최근 서방에서 러시아가 우크라이나 침공 구실을 만들기 위해 위장 전술을 펴고 있다는 주장이 나왔는데 러시아에게 우크라이나 침공은 결코 득이 되는 것이 아니라고 볼 수 있다. 러시아군의 국경 집결은 침공 준비라기보다는 서방에 대한 시위 성격이 아닐까? 군사적 긴장 고조는 서방에 의해서도 촉발돼 왔다. 러시아 인접 발틱국가들과 나토군의 지상 및 해상 군사 훈련과 흑해에서의 나토 회원국들의 대규모 해상 훈련은 러시아를 위협하는 것이 아닌가? 그런데 이런 나토군의 움직임에 대해 러시아가 대응하면 서방은 러시아가 도발한다고 주장한다.

일부 국내 언론의 보도를 보면 "러시아는 왜 계속 '땅'을 탐낼까" "영원히 슬픈 땅, 우크라이나" 등 제목이 보여 주듯이 반(反)러시아적 관점에서 보는 것 같다. 유럽에서 냉전은 끝났지만 미국이 이끄는 서방과 러시아 간 상호 불신과 대결의식은 여전한 것 같다. 이런 배경에 더하여 러시아라는 국가의 발원지인 우크라이나가 러시아 입장에서 볼 때 선을 넘으려 하는 것이 현 상황이다. 우리는 비록 먼 유럽에서의 사태라 하더라도 별생각 없이 남의 장단에 맞출 것이 아니라 이슈에 대해 심도 있고 객관적인 이해를 추구하는 것이 바람직하다고 본다.

<2022-01-23 천지일보>

"우크라이나 지도자들은 과연 현명한가?

러시아는 수개월째 우크라이나 접경지대에서 대규모 기동훈련을 하고 있으나 지속적으로 우크라이나를 침공하지 않을 것이라고 하고 있다. 반면 미국과 영국은 어떻게든 최악의 사태를 피해 보려는 독일과 프랑스와는 달리 끊임없이 러시아의 침공이 임박했다고 주장하고 있다. 최근에는 2월 16일이라고 날짜를 못박기도 하였다. 하지만 아무런 일도 없었고 오히려 러시아군 병력 일부의 철수가 보도됐다.

젤렌스키 우크라이나 대통령은 그간 러시아의 침공 위협을 이야기하며 미국에 지원을 호소했는데 정작 우크라이나 내부가 혼란에 빠지자 말을 바꿔 서방에 대해 공연히 공포 분위기를 조성하지 말고 러시아가 곧 쳐들어온다는 증거를 제시하라고 했다. 이러한 태도 돌변은 우크라이나의 일부 부유층과 공무원들마저 도피하는 사태가 발생한 데 따른 것으로 보인다. 미국과 영국은 계속 러시아의 침공 가능성을 제기하면서 우크라이나로부터 대사관을 철수하고 자국민에게는 우크라이나를 떠나라고 권고하는 등 법석을 떨었다. 만일 러시아가 침공하는 경우 전쟁터가 될 수밖에 없는 우크라이나의 주민들이 겪을 고통은 생각하지 않는 것 같다. 2월 15일 러시아 국방부는 일부 병력의 원대 복귀를 발표했는데 미국은 이를 속임수라 일축하고 계속 침공 가능성을 강조하고 있다. 사태가 파국으로 가는 것을 막으려면 침공하지 말라고 요구하는 데서 그쳐야지 계속 수일 내 침공 가능성이 있다고 주장하는 것은 속셈이 무엇인가 하는 의구심을 갖게 한다.

    우크라이나의 현 리더십은 지금까지 우크라이나가 앵글로색슨 국가들과 러시아 간 전략적 게임의 대상이 되는 길을 스스로 가고 있다. 미국은 우크라이나의 영토와 주권을 지켜주기 위해 러시아가 침공하면 극단적 제재 조치를 취하겠다고 했다. 반면에 우크라이나에 무기는 지원하나 파병은 없다고 했고 우크라이나 인근 나토 동맹국들에 병력을 추가 배치했을 뿐이다. 러시아는 소련 붕괴 이후 러시아가 허약함을 보이는 동안 나토가 야금야금 동진해 병력과 전략무기가 러시아 인근 국가들에 배치됨으로써 야기된 안보 불안을 해소하기 위해 나토의 추가적인 동진 금지 등 러시아의 안전 보장을 문서로 요구하고 있다. 러시아의 우크라이나 침공은 서방의 거센 반응을 불러일으킬 것이고 국제사회에서 러시아의 입지가 좁아지게 될 것이므로 러시아로서는 결코 현명한 선택이 될 수 없다. 러시아는 우크라이나를 인질로 잡고 미국 등 서방을 압박하고 있는 것이다.

　이런 상황에서 우크라이나는 자신의 미래를 위해 어떤 선택을 해야 할 것인가? 전쟁이 일어나거나 전쟁 공포가 지속된다면 최대 피해자는 우크라이나이다. 2014년에 시작된 내전이 벌써 9년째 지속되고 있어 이미 우크라이나 경제는 피폐해졌다. 내전 상황에서 우크라이나 경제의 지속가능한 성장에 긴요한 외국인 투자가 이뤄지겠는가? 우크라이나는 친서방 노선은 유지하더라도 나토 가입은 포기하는 것이 현재와 같은 상태에서 벗어나는 현실적 방책이다. 그리고 미국의 지원을 받아 돈바스 지역 친러 반군을 무력으로 진압하겠다는 생각을 포기하지 않고 있는데 이는 러시아의 개입을 불러들임으로써 내전 상태는 지속될 것이다. 국가지도자로서 경륜이 있다고 보기 어려운 코미디언 출신 대통령을 비롯한 부패한 지도층이 권력을 유지하기 위해 국민을 상대로 '반러 몰이'를 계속한다면 서방에 대한 종속이 심화될 뿐이다. 우크라이나는 미국과 영국의 러시아에 대한 '악마화' 놀음에 휘둘리지 말고 살길을 찾아야 한다. 시급한 것은 내전의 평화적 종식을 위해 4자 협의(독일, 프랑스, 우크라이나, 러시아)에서 합의된 '민스크 협정'에 따라 반군 측과 직접 대화에 나서는 일이다.

　러시아도 우크라이나가 현명한 선택을 할 수 있도록 도와야 한다. 오랜 기간 제정 러시아와 소련의 지배에서 벗어난 우크라이나가 지난 30여 년 독립국으로서 정체성을 확립하는 과정에서 러시아와 거리 두기를 해온 것을 자연스럽고 당연한 것으로 받아들여야 한다. 우크라이나가 서방 쪽으로 접근하려 하면 그 이유를 이해하고 러시아가 할 일을 해야 한다. 우크라이나 정부군이 돈바스 반군 지역을 공격하면 좌시하지 않겠다고 으름장을 놓기보다는 반군에 영향력을 행사해 내전이 종식되도록 노력해야 한다.

우크라이나 사태의 본말은 우크라이나가 러시아의 입장에 대한 고려 없이 무리하게 나토 동맹에 합류하려 해 위기를 자초하고 있는 것이다. 이를 보며 한미동맹이라는 든든한 방패막이에서 벗어나 미·중 사이에서 이른바 전략적 모호성을 추구해 스스로 자신을 샌드위치 신세로 만들려는 한국 정부의 기이한 행보를 또 한 번 생각하게 된다.

<2022-02-20 천지일보>

> ## 러시아군의 키예프 포위 보니
> 병자호란의 굴욕 떠올라

러시아의 우크라이나 침공이 전 세계를 뒤흔들고 있다. 블라디미르 푸틴 대통령이 지난 24일 국영 TV 긴급연설에서 우크라이나 돈바스에 대한 군사작전을 승인했다고 밝힌 후 공격은 시작됐다. 러시아군이 우크라이나 침공을 개시한 지 하루 만에 수도 키예프 인근까지 둘러쌌다. 수도 함락은 이제 시간문제라는 관측이 나온다.

푸틴 대통령은 왜 전면전을 강행했을까. 어쩌다 이 같은 상황까지 오게 된 것일까. 이 사태를 통해 우리가 알아야 할 부분은 무엇일까.

주러시아 공사, 주이르쿠츠크 총영사, 주우즈베키스탄 공사 등을 역임한 러시아 전문가인 박병환 유라시아전략연구소장은 25일 천지일보 본사에서 인터뷰를 갖고 "푸틴 대통령의 공격 목표는 우크라이나 정권 교체에 있다. 키예프를 점령하고, 우크라이나에 친(親)러시아 정권을 수립한 이후에는 즉시 군대를 철수할 것"이라고 전망했다. 인터뷰 진행 당시는 우크라이나 현지시간 25일 오전으로, 러시아군이 키예프에 대한 미사일 공격을 시작한 후 몇 시간이 지난 시점이었다.

박 소장은 미국과 유럽 등 서방이 이번 사태와 관련해 스스로를 마치 '정의의 사도'처럼 포장하고 있으나 러시아가 이처럼 폭발하게 된 데는 과거 서방의 거짓말이 가장 큰 역할을 했다고 지적했다. 불신이 비극을 초래했다는 설명이다. 다만 러시아 역시 치러야 할 대가가 클 것이라고 박 소장은 내다봤다. 또 미국과 서방이 우크라이나와 동맹이 아니라는 이유로 군 파병을 하지 않는 상황을 볼 때 우리 입장에서는 한미동맹의 중요성을 다시 한번 생각해봐야 한다고 전했다.

다음은 박 소장과 일문일답.

1. 러시아의 키예프 점령 후 시나리오는

정해진 수순이다. 이번 작전은 볼로디미르 젤렌스키 우크라이나 정권을 전복하는 게 목적이다. 이후 푸틴 대통령은 친러 정부를 수립할 것이다. 우크라이나의 북대서양조약기구(나토) 가입을 막는 등 외교 노선을 바꾸기 위해서다. 우크라이나 영토 전체를 점령할 것이라는 관측도 있지만, 푸틴 대통령이 그렇게 할 이유가 없다. 정권 전복이라는 목적이 달성되면 러시아군은 우크라이나에서 즉각 철수할 것이다.

2. 푸틴 대통령의 서방에 대한 요구 중 핵심은 나토의 우크라이나 가입 거부다. 지금 당장 우크라이나가 나토에 가입할 수 있는 가능성은 지극히 낮은데, 푸틴 대통령은 왜 이를 꼭 문서로 보장을 받으려고 할까

이를 정확하게 알기 위해서는 1990년대까지 거슬러 올라가야 한다. 1990년 소련이 동서독의 통일 협상에 동의하고 동독 주둔 소련군을 철수시키는 과정에서 서방의 구두 약속을 받았다. 나토를 더 이상 동쪽으로 확장하지 않겠다는 확언이었다. 물론 미국과 나토는 그런 약속을 한 적이 없다고 주장하지만 독일 슈피겔지는 최근 비밀 해제된 영국문서보관소 문서를 근거로 서방이 거짓말을 하고 있다고 보도했다. 그간 나토는 동진하지 않겠다는 약속을 어기고 동유럽 국가들을 가입시켰다. 이처럼 서방이 쉽게 말을 바꾸기 때문에 푸틴 대통령은 문서로 보장을 받으려는 것이다.

러시아의 안보 우려와 관련해서는 소련의 붕괴 이후 나토에 대항하는 공산권 군사 블록인 바르샤바 조약기구는 해체됐는데 나토는 계속 유지되고 있다는 점을 지적할 수 있다. 또 젤렌스키 정권은 우크라이나에 미국으로부터 무기를 많이 들여왔는데 러시아는 국경을 맞댄 국가에 어떤 무기가 자신들을 위협하고 있는지도 알 수가 없는 상황도 고려해야 한다.

우크라이나가 나토에 가입하게 되고 전략무기가 배치된다면 말 그대로 코앞에 미사일을 배치하는 것 아닌가. 이런 '비대칭적 상황'이 문제다. 1962년 소련이 미국의 면전인 쿠바에 미사일을 배치하려 하자 미국이 펄쩍 뛰었던 사태를 생각해보라. 입장이 바뀌니 그

야말로 내로남불이다.

3. 우크라이나 정부가 잘 대처하고 있는가

아니다. 애초에 우크라이나가 나토 가입을 안 한다고만 했으면 해결될 일이었다. 미국과 서방에 대해서는 러시아가 동유럽에 배치된 나토군 병력과 무기 철수 등 요구가 더 있지만 우크라이나에 대해서는 이것 하나뿐이었다. 그런데 우크라이나 정권은 국민의 고통은 생각하지 않았다. 물론 주권 국가인 우크라이나 입장에서는 외교 정책을 러시아의 압력에 의해 바꾼다는 게 쉽지 않은 일이다. 그러나 현실적으로 봤을 때, 러시아군이 무력 시위를 하고 있고 미국 등 나토는 무기는 지원하되 병력은 파견하지 않겠다고 하는데 고민했어야 하는 것 아닌가? 러시아의 위협 때문에 나토 가입을 추진했지만 역설적으로 그것 때문에 러시아의 침공 가능성이 있었다면 나토 가입에 집착하기보다는 현실적인 선택을 했어야 했다. 지금 벌써 국민은 고통을 받고 있고 이웃나라로 피신하고 있다. 현재 우크라이나와 서방의 관계를 쉽게 말하자면 함께 좋은 시간을 보냈지만 책임질 생각이 없는 연인(서방)에게 매달리는 여인(우크라이나)과 같다.

러시아군의 키예프 진격 소식을 듣고 병자호란 당시 삼전도의 굴욕이 생각났다. 당시 조선은 이미 쇠약해진 명나라와의 관계 때문에 청나라 만주족을 무시했다. 세상이 변한 것을 몰랐던 것이다. 당시 청나라는 조선을 점령할 생각이 없었다. 명나라를 정복하기 앞서 배후를 단도리하고자 했을 뿐이다. 조선이 청나라에 대해 유연한 태도를 취했더라면 얼마든지 전쟁으로 인한 고통과 굴욕을 피할 수 있었다. 하지만 명분에만 빠져 어리석었던 인조 임금은 결국 백성을 지키지 못했을 뿐만 아니라 자신도 삼전도의 굴욕을 겪어야 했다. 현재 우크라이나의 상황이 비슷하게 돌아가는 것 같다.

4. 1994년 '부다페스트 양해각서'에 따른 우크라이나의 핵무기 포기가 이번 사태를 불렀다는 관측도 있다

우선 '핵 포기'는 사실이 아니다. 먼저 핵무기의 소유권이 우크라이나가 아닌 소련에 있었다. 소련이 안보 목적에서 당시 독립 국가가 아닌 지역이었던 우크라이나에 배치했던 것이다. 우크라이나가 자력으로 개발해서 보유한 핵무기는 없다. 따라서 소련을 승계한 러시아에 반납한 것이지 포기한 게 아니다.

5. 서방의 제재가 러시아에 큰 영향을 끼칠까

현재까지 서방의 제재는 그리 인상적이지 않다. 지금껏 보인 제재 카드를 다 쓰지 않고 있다. 이 중 대표적인 것이 국제은행간통신협회(SWIFT) 결제망에서 러시아를 배제하는 것이다. 이를 주저하고 있다. 왜냐하면 SWIFT는 양날의 칼이다. 러시아가 국제결제망에서 제외되면 러시아뿐만 아니라 서방도 피해를 보기 때문이다.

6. 전쟁 직전까지 외교 노력이 있었으나 결국 실패했다

외교는 러시아의 플랜 A였다. 수십년간 노력해왔지만 미국은 러시아의 외교 노력을 무시했다. 빌 클린턴, 버락 오바마 등 미국 대통령들은 러시아의 말을 귓등으로도 듣지 않았다. 그런데 이렇게 난리를 피우니 조 바이든 대통령이 관심을 갖고 대화에 응했다. 지금껏 미국이 이런 적이 없었다. 그러나 거기까지다. 미국은 러시아가 안보 우려 해소 차원에서 제시한 요구 사항 즉 우크라이나의 나토 가입 거부, 동유럽에 배치된 나토의 병력과 무기를 1997년 수준으로 되돌릴 것 등에 대해 성의 있는 답변을 거부하고 통상적인 군비 축소를 거론했다. 우크라이나는 심지어 일부 나토 회원국들이 우크라이나의 가입에 대해 유보적인데도 나토 가입 추진 의지를 굽히지 않았다.

　러시아가 최근 힘을 키우기도 했지만 인내심도 바닥났다. 이런 상황이 푸틴으로 하여금 초강수를 두게 만들었다. 서방 내에서도 지리적 위치에 따라 외교 노력이 차이난다. 동유럽과 가까운 독일과 프랑스는 어떻게든 전쟁을 막아보려고 지도자들이 이리저리 뛰었지만 상대적으로 우크라이나와 멀리 떨어져 있는 미국과 영국은 마치 전쟁을 기다리는 듯한 발언을 일삼았다. 구경꾼의 입장에서 실리만 챙기려는 심산이 아닌가 하는 의구심이 든다.

7. 중국이 조용하다

　러시아의 전격적인 침공으로 젤렌스키 대통령 다음으로 가장 놀란 사람은 시진핑 중국 국가주석일 것이다. 러시아의 결단력과 단호함을 보고 충격을 받았을 것이라고 본다. 경제적으로 우세를 보이는 중국이 최근 러시아에 대해 예전과 다른 태도를 보여 왔지만 지금 바이든 대통령도 러시아를 비난만 할 뿐이고 꼼짝 못하고 있지 않나. 또 우크라이나는 중국이 추진 중인 신 실크로드 전략인 '일대일로'의 중요한 거점이다. 조용할 수밖에 없다.

8. 2014년 러시아의 크림반도 병합과 지금 사태를 비교하자면

공통점이 있다. 서방은 러시아 비난과 제재만 한다. 다만 당시 워낙 크림반도가 작은 지역이고 지금처럼 러시아가 몇 개월간 무력시위를 했던 것도 아니었다. 8년 전에는 정말 며칠 만에 끝났다. 이번에는 나토도 경계태세를 강화하고 동유럽 국가들에 병력을 늘렸다. 이것이 차이점일 뿐이다.

9. 한국인들은 이번 사태를 어떻게 봐야할까

지금 서방은 우크라이나와 동맹이 아니므로 도와줄 수 없다는 논리다. 한미동맹이 그만큼 중요하다는 것을 새삼 깨달아야 한다. 한국 정부의 대책에 있어서도 서방이 파병 안하는데 우리가 파병할 이유가 없다. 미국의 제재에는 세컨더리 보이콧(제재국가와 거래하는 제3국의 기업과 은행, 정부 등에 대해서도 제재 효과가 발생) 효과가 있기 때문에 우리 기업들 입장에서는 우리나라의 추가 제재도 큰 의미가 없다. 전쟁을 일으킨 것 자체에 대해 러시아를 비난하는 정도에서 그치면 될 것으로 보인다. 국제 관계에서는 착한 편, 나쁜 편 흑백으로 따지면 국익을 해치는 결과를 가져온다. 냉정하게 봐야한다.

10. 이번 사태에서 결과적으로 러시아가 승리했나

지금 사태만 놓고 보면 러시아의 일방적인 승리라고 볼 수도 있다. 우크라이나는 나토 가입을 포기할 수밖에 없을 것이다. 이번에 러시아가 전 세계에 무력으로 존재감을 과시한 것은 사실이나 그에 따른 후유증도 만만치 않을 것이다. 러시아가 그간 많이 자제해왔고 이미지도 점차 안정적으로 개선됐는데 이렇게 무력을 행사하면 많은 나라들이 러시아를 싫어하게 된다. 국제사회에서도 이미지가 추락하고 소프트파워도 약해진다.

푸틴 대통령은 서방의 지원을 받아 세르비아에서 독립을 선언한 코소보를 거론하면서 우크라이나 동부 돈바스 지역에 러시아계 주민이 많아서 독립을 시킨다는 논리를 펴고 있다. 그런데 러시아는 영토가 넓고 자치공화국도 있다. 만약 그 안에서 소수민족 자치공화국이 독립을 선언하면 푸틴 대통령은 이를 인정할 것인가. 이런 주장은 자기 발등을 찍을 수 있다.

소련에서 독립한 신생 국가들은 정체성을 확립하는 과정에서 당연히 러시아와 거리를 둘 수밖에 없다. 이를 이해해 줘야지 발끈하고 거칠게 반응하게 되면 주변 국가들이 지금이야 숨을 죽이고 있지만 나중에 러시아에 위기가 왔을 때 돕고 싶겠나. 결국 후과가 있다. 우크라이나가 힘이 없어서 당하고 있지만 우크라이나 국민의 마음에 원한이 맺히게 됐다.

<2022-02-26 천지일보>

러시아의 우크라이나 침공은 피할 수 없었나?

　우크라이나 사태가 이제 종말을 향해 치닫고 있다. 현재 러시아군이 우크라이나의 수도 키예프를 포위해 함락이 임박한 것으로 보도되고 있다. 외롭게 저항하고 있는 우크라이나가 러시아군의 공격에 얼마나 버틸 수 있을까? 미국과 나토는 동유럽 동맹국들을 보호하기 위해 병력 배치를 늘릴 뿐이고 우크라이나에 지원군을 보내지는 않을 것이라고 재차 천명했다.

　전세계적으로 러시아의 군사행동에 대해 비난 여론이 들끓고 있으나 구원의 손길을 내미는 나라는 없다. 이런 가운데 유엔난민기구는 이번 사태로 최대 400만명의 피난민이 발생할 것이라고 우려를 표했다.

　우크라이나 사태가 이 지경에 이르기까지 미국을 비롯한 나토 동맹국들은 무엇을 했나? 바이든 대통령은 우크라이나의 주권 및 영토 보존을 보장하겠다고 했는데 이제 실없는 말이 되었다. 그동안 한 일은 우크라이나에 러시아의 탱크 공격에 맞설 수 있는 대전차 미사일 등 무기를 지원하고 러시아에 대해서는 제재카드를 흔드는 것이 전부였다. 독일과 프랑스는 어떻게든 전쟁을 피해 보려고 노력했지만, 미국과 영국은 거의 매일같이 러시아의 공격이 임박했다고 떠들어댔다. 심지어 침공 날짜와 시간까지 예상하기도 했는데 마치 러시아의 침공을 기다리고 있는 것 같은 반응이었다.

전쟁 일으킨 러시아에게만 책임 있나

현재 미국과 나토는 러시아의 우크라이나 침공을 규탄하고 철군을 요구하면서 사태가 이 지경에 이른 책임이 러시아에만 있는 것이 아님을 감추려 한다. 그간 그들이 해야 할 일에 대해서는 별로 고민하지 않았다. 러시아가 자신의 안보우려 해소를 위해 서방측에 요구한 사항, 즉 우크라이나의 나토 가입 불허, 동유럽에 배치된 나토의 병력과 무기를 1997년 이전 수준으로 되돌릴 것 등에 대해 성의있는 답변을 거부하고 통상적인 군비축소만을 거론함으로써 러시아를 실망시켰다.

서방측은 1990년 독일통일의 마무리 단계에서 러시아 측에 대해 나토의 동진 자제를 약속했음을 전면 부인해왔다. 하지만 얼마 전 독일 슈피겔지 보도에 따르면 서방의 구두 언질 내용이 최근 비밀해제된 당시 영국 국가 문서에 나와 있다.

나아가 엄격한 공평의 잣대에서 보면 냉전이 종식돼 소련권의 바르샤바 조약기구가 해체되었을 때 같은 길을 걸었어야 할 나토는 반대 방향으로 움직였다. 소련 영향권에 있던 동구 국가들을 회원국으로 받아들인 것이다. 나토의 동진은 계속돼 이제 우크라이나의 나토 가입이 거론되는 지경에 이르렀다. 러시아로서는 심각한 안보위협을 느끼지 않을 수 없는 상황이 된 것이다.

러시아가 어느 정도 안보위협을 느끼고 있는지는 지난해 12월 러시아가 1962년 쿠바 미사일 위기를 거론하며 중남미에 군사기지를 설치할 수도 있음을 시사한 데서 잘 알 수 있다.

그런데 우크라이나는 아직 나토 회원국이 아니다. 이미 동유럽에 배치된 나토 병력과 전략무기와는 달리 우크라이나의 나토 가입이 실현되지 않는 한 나토에게는 국제정치에서 말하는 현상(status quo)에 변화가 없는 것이다. 따라서 그만큼 타협의 여지가 있지 않았을까?

다음으로 우크라이나정부는 파국을 면하기 위해 최대한 노력을 기울였는가? 젤렌스키 대통령은 어떻게든 러측과 협상해 난국을 타개하기보다는 나토 가입 추진 의지를 굽히지 않으면서 미국 등 서방에 매달리는 모습만 보여주었다. 물론 주권국가인 우크라이나가 러시아의 압력 때문에 대외정책을 바꾼다는 것은 쉬운 일은 아니다.

하지만 러시아가 국경지대에서 대규모 무력시위를 하고 있는데도 미국과 나토가 유사시 우크라이나에 대해 병력 파견은 없을 것이라고 수차례 밝혔으면 대안을 고민했어야 하는 것 아닌가? 러시아의 위협 때문에 나토 가입을 추진했으나 역설적으로 그것 때문에 러시아의 침공 가능성이 있다면 나토 가입에 집착하기보다는 러시아와 협상을 벌였어야 했다.

우크라이나에 있어 나토 가입은 수단이지 결코 목적 자체는 아니다. 국민들이 겪을 고통을 최우선으로 고려해 나토 가입을 재검토하겠다는 약속만 했더라면 단기적으로는 현재와 같은 사태는 피할 수 있었을 것이다. 그런데 현재 포위된 상태에서도 우크라이나 정부는 나토 가입에 대해 미련을 버리지 못하고 있다.

동맹과 지도자 중요성 깨닫는 계기되길

미국의 러시아 요구에 대한 무시와 우크라이나의 무작정 버티기가 지속되자 푸틴은 더 이상은 참을 수 없다고 결론을 내리고 플랜B를 실천에 옮겼다. 러시아의 침공이 정당하다는 것은 결코 아니다. 현 상황이 오기까지 인과관계가 그렇다는 얘기다.

한마디로 미국 등 서방은 우크라이나가 나토 회원국이 아니라서 지원군을 보낼 수 없다고 구차한 이야기를 하면서 러시아군의 철수를 요구하고 있을 뿐이다. 이번 사태를 보며 동맹의 중요성, 지도자를 잘못 만나면 국민이 고생하게 된다는 점 등을 많은 사람들이 새삼 깨달았을 것이다.

<2022-02-28 내일신문>

美·나토 vs 러시아 전략게임…
4강 외교 바로 세워야

"우크라이나 사태의 핵심은 미국 및 나토(NATO·북대서양조약기구)와 러시아 간 전략게임이다. 미국은 우크라이나를 위해 피를 흘릴 생각이 없다."

박병환 유라시아전략연구소장은 세계를 뒤흔들고 있는 우크라이나 사태에 대해 이같이 진단했다. 박 소장은 27일 이데일리와의 긴급 전화 인터뷰에서 "나토의 동진(東進)이 이뤄지는 상황에서 러시아가 마지막 저항선인 우크라이나의 나토 가입은 안 된다며 수개월간 무력시위에 나섰다"고 설명하면서 이후 외교적 해법 없이 상황이 악화하면서 러시아가 '우크라이나 침공'이라는 플랜B를 선택했다는 설명이다.

"러시아 우크라이나 침공 앞서 외교적 해법 아쉬워"

우크라이나의 나토 가입 시도는 2008년부터 시작됐다. 앞서 에스토니아, 라트비아, 리투아니아 발트 3국과 슬로베니아, 슬로바키아, 불가리아, 루마니아 등 동유럽 국가들이 나토에 가입했다. 러시아는 우크라이나의 나토 가입 시도에 대해서는 전면 반발하고 있다.

박 소장은 볼로디미르 젤렌스키 우크라이나 대통령 취임 이후 강화된 친서방, 반러시아 행보가 러시아의 위기감을 불러일으켰다고 지목한다. 그는 "젤렌스키 대통령이 반러 몰이를 하면서 미국으로부터 무기를 많이 들여왔다"며 "일설에는 러시아의 안보에 큰 위협을 줄 수 있는 무기도 있다고 한다고 하는데 러시아 입장에서는 미군이 들어와 있는 것과 다름없는 위협을 느꼈을 것"이라고 밝혔다.

극단적 선택은 비극을 불렀다. 러시아는 24일(현지시간) 우크라이나 주요 도시에 공격을 개시하고 수도 키예프에도 미사일 공격을 감행했다. 그러나 미국을 비롯한 나토는 우크라이나에 전투 병력을 파견하지는 않을 것을 공식화한 상황이다. 박 소장은 "미국은 몇 개월 전부터 파병하지 않을 것이라는 것을 분명히 했다"며 "우크라이나를 위해서 피 흘릴 생각이 없다는 것"이라고 강조했다. 그러면서 그는 "러시아에게는 우크라이나의 나토 가입이 치명적이지만, 미국 입장에서는 현상 변화를 가져올 만큼 중요하지도, 거절할 이유도 없는 이슈"라고 덧붙였다.

박 소장은 우크라이나 사태와 관련, 외교적 해법이 아쉽다고 지적했다. 박 소장은 미국이 우크라이나를 나토에 가입시키지 않겠다고 약속하거나 나토 가입을 시도하는 우크라이나를 설득했다면 외교적으로 풀 수 있었던 문제라는 것이다. 그는 이어 "미국은 유럽대륙 사이에는 대서양이, 영국과 유럽대륙 사이에는 도버 해협이 있다"며 "우크라이나에서 전쟁이 나면 난민 문제에 시달리는 유럽과는 상황이 다르다"고 단언했다. 그는 오히려 이번 기회로 유럽의 러시아 에너지 의존도를 줄이고 미국의 셰일가스 등의 수출물량을 늘리는 기회로 삼을 수도 있다고 봤다.

"국제정치 선악구도 유치… 4강 외교 바로 세워야"

앞으로 우크라이나 사태는 어떻게 전개될까? 비관적인 것은 서방의 도움이 없다면 우크라이나로서는 현재로서는 일주일도 버티기 힘들다는 게 박 소장의 분석이다. 결과적으로 우크라이나에는 친러정권이 들어설 것이라는 전망이다. 물론 미국을 비롯한 서방 세력은 러시아에 제재를 가하겠지만, 농업 대국이자 에너지 부국인 러시아는 버틸 만한 힘이 충분하다는 게 박 소장의 시각이다. 박 소장은 "지구 상에서 식량과 에너지 걱정을 안 하는 국가는 미국과 러시아밖에 없다"며 "맷집 좋은 러시아는 버틸 것"이라고 내다봤다. 2014년 크림반도 합병 이후 러시아는 서방의 수많은 제재에 대해 이미 충분히 내성이 생겼다. 특히 위기에 대비해 외환보유고를 6,000억달러 이상 축적해놓았다는 설명이다. 유럽으로 가스 수출 길이 막힐 경우 중국 판매 확대라는 대안도 있다.

박 소장은 우크라이나 사태는 냉정한 국제정치에서 선악이라는 구도가 얼마나 유치한 이분법인지 보여준다고 강조했다. 특히 우리 외교의 편향성을 반성하는 기회로 삼았으면 한다고 덧붙였다. 한국외교는 미국·일본·중국·러시아를 일컬어 4강(强)이라고 칭하지만, 이같은 호칭이 무색할 정도로 정작 러시아에 대한 한국 내 관심은 저조하다. 미국 주도의 일극 체제가 서서히 무너지는 상황에서 더 이상 편향된 시각으로는 국제정세의 판세를 제대로 읽을 수 없다.

박 소장은 "러시아는 이웃나라를 침략한 나쁜 나라. 다만 거기서 끝나서는 안 된다"며 "미국도 만만히 볼 수 없는 나라가 러시아다. 시진핑 중국 주석은 이번 러시아의 과감한 행동을 보고 깜짝 놀랐을 것"이라고 말했다. 국제사회에서 러시아의 행동은 어떤 경로로든 한국에 영향을 미칠 수밖에 없다는 것이다. 그리고 그 영향이 어떤 것이든 거기에 대응하고 책임져야 하는 것은 우리 자신이다. 그의 말대로 "우크라이나를 제일 걱정하는 나라는 우크라이나"였듯이 말이다.

<2022-02-28 이데일리>

우크라이나의 인도주의적 재난 바라만 볼 것인가?

당초 예상과는 달리 러시아군은 우크라이나의 강한 저항을 받고 있고 서방의 강도 높은 제재가 이어지고 있다. 바이든 대통령은 최근 국정연설에서 러시아를 철저히 응징하겠으며 나토 동맹의 영토를 1인치까지 지키겠다고 했다. 그러면서도 미군을 우크라이나에 파견하지는 않겠다고 했다. 또한, 러시아의 침략에 맞서는 우크라이나 국민들의 처절한 저항을 칭송하면서도 그들이 겪고 있는 재앙을 어떻게 막을지에 대해서는 언급이 없었다.

이번 바이든의 연설에 대해 우크라이나 측은 큰 실망감을 드러냈다. 우스티노바 의원은 러시아의 거대한 석유·가스 산업을 대상에 포함시키지 않는 제재의 실효성에 대해 의문을 제기했다. 또한, 지금 우크라이나인들의 생명을 지키기 위해서는 러시아의 공중공격을 막을 수 있도록 '비행금지구역'의 설정이 절실하다고 했다. 이어 나토 회원국들의 경제제재와 군사 원조를 넘어 미국으로 하여금 개입을 강화하도록 하려면 무엇이 필요하냐고 반문했다. 미국이 러시아의 에너지 산업을 건드리지 않는 이유는 제재를 취하면 글로벌 에너지 공급에 심각한 차질이 빚어져 미국 소비자들에게 충격이 발생하는 것을 우려하기 때문으로 알려져 있다. 이와 관련해 우스티노바 의원은 미국인들은 휘발유 1갤런에 20~30센트를 더 지출하게 될 뿐이지만 우크라이나 국민들은 계속 목숨을 잃게 된다고 개탄했다. 그리고 미국이 '비행금지구역'을 시행하기 위한 조치를 취하지 않고 있는 것은 러시아군과 직접 충돌하는 상황이 발생하는 것을 원하지 않기 때문일 것이다.

러시아군의 진격이 부진하고 전 세계적으로 러시아가 '공공의 적'이 돼 버린 상황에 고무된 미국은 러시아 때리기에만 열을 올릴 뿐이고 직접적인 군사적인 개입은 생각지도 않으면서 제재조차도 미국에 리스크가 있는 경우에는 매우 소극적인 태도를 보이고 있다. 현재 우크라이나에서 벌어지고 있는 인도적 재앙에 대해서도 대책을 강구하기보다는 러시아를 악마화하기 위해 여론전의 소재로 활용하고 있을 뿐이다. 미국은 러시아의 침공 이전 우크라이나의 영토와 주권 보존을 약속했는데 러시아가 침공해 우크라이나의 영토가 유린되고 민간인들의 피해가 늘어만 가고 있는데 약속을 얼마나 지키고 있나? 러시아의 급소를 피해 가는 제재만으로도 러시아에 고통을 줘 러시아가 스스로 철군할 것이라고 믿고 있는 것인가? 역사가 보여 준 러시아인들의 기질로 보아 미국의 그러한 기대는 현실이 될 가능성이 희박해 보인다.

유엔난민기구는 러시아의 침공이 멈추지 않는다면 우크라이나 난민이 1000만명 이상 발생할 것으로 내다보면서 2차 대전 이후 유럽의 최대 난민 위기가 될 것이라고 경고했다. 현재 난민을 수용해야 하는 부담은 동유럽 국가들이 모두 떠맡고 있지 않은가? 미국은 민주주의, 인권과 인도주의라는 가치를 내세우는 나라인데 우크라이나 난민의 발생은 대서양 너머 먼 나라의 일인가? 우크라이나 대통령이 포위된 상태에서 유럽연합 회원국 지도자들에게 나토 가입을 요청했으나 이에 동의한 나라는 없었다고 한다. 이는 현실적으로 우크라이나의 가입이 가까운 장래에 성사되는 것은 어렵다는 이야기이다. 그런데도 왜 미국과 나토는 이른바 'open door policy'를 내세우며 그간 러시아의 안전보장 요구에 대해 비타협적인 태도를 보였던가? 우크라이나를 러시아를 견제하기 위한 전초기지로 활용하려는 의도를 계속 갖고 있었기 때문인가? 미국은 러시아 측에서 침공 의사가 없다고 할 때마다 이를 반박했고 심지어 침공 일시까지 제시하지 않았던가? 러시아의 침공이 시간 문제라고 확신했다면 이로 인해 우크라이나에서 엄청난 인도적 참사가 일어날 것도 당연히 예견했을 텐데 러시아에 대해 제재 카드를 흔드는 것 말고 어떤 대비를 했는가?

21세기에 주권국가를 짓밟는 무력공격을 자행한 러시아의 행동은 명백히 국제법상 '침략'이며 결코 정당화될 수 없다. 러시아는 그 대가를 치러야 마땅하다. 미국은 군사적 옵션을 고려하지 않고 있다고 해서 러시아가 대가를 치르게 하는 데만 몰두할 것이 아니라 우크라이나 국민들의 고통을 하루바삐 종식시키기 위해 행동에 나서야 한다. 즉, 우크라이나 정부에만 맡겨 놓지 말고 러시아와 직접 대화해 러시아에 출구를 제공함으로써 즉시 철군하도록 유도하는 방안을 시급히 강구해야 한다고 본다. 끝으로 이번 사태를 보며 자국의 이익을 최우선 고려하는 분권적 국제사회에서는 타국이 넘보지 못할 나라를 만들어야 한다는 교훈을 되새기게 된다. 그런 나라를 만들려면 자강 노력에 더해 지구상 대부분의 국가는 '동맹'이 필요하다.

<2022-03-06 천지일보>

우크라 사태로 드러난 서방의 위선과 비겁함

"피할 수 있는 전쟁을 방치했습니다. 난민이 벌써 260만 명을 넘었고 인도주의적 재난이 발생하고 있습니다. 세계 경제도 엉망이고요. 그런데 미국은 뭘 하고 있나요?"

박병환 유라시아전략연구소장(전 주러시아 공사)은 냉혹한 국제질서를 선악 이분법으로 보는 시각을 경계했다. 러시아의 우크라이나 침공은 국제법상 '침략' 행위로서 비난받아 마땅하지만 인식이 거기에만 머물러서는 곤란하다는 것이다.

푸틴의 러시아는 북대서양조약기구(나토)의 동진을 전쟁 명분으로 삼았다. 인접한 우크라이나까지 나토에 가입하게 되면 러시아는 중대한 안보 위협에 놓이는 게 사실이다.

때문에 중국과 손잡고 소련을 고립시켰던 헨리 키신저나 소련

봉쇄정책의 원조 조지 케넌조차 나토의 확대를 반대했다. 강대국을 너무 몰아붙이면 위험하다는 현실적 고려에서다.

이런 숱한 논란에도 불구하고 결과적으로 나토는 우크라이나 안보를 책임지지 않았다. 오히려 우크라이나를 이용해 러시아의 힘을 빼는 대리전 양상이 짙다.

박 소장은 "바이든 대통령은 러시아와 정면으로 맞붙는 것은 피하고 싶다는 것"이라며 "초강대국 국가원수로서 무책임하고 비겁하다"고 말했다.

"난민 260만 인도주의적 재난, 미국 뭐하나"… 중국이 어부지리 얻을 수도

미국의 이율배반은 결과적으로 중국의 어부지리가 될 공산이 크다. 러시아산 원유·가스 수입금지 파장을 줄이기 위해 제재 대상인 베네수엘라는 물론 '주적' 중국에까지 손을 내민 것이다. 미·중 외교 책사들은 14일 로마에서 만나 7시간의 내밀한 대화를 나눴다.

박 소장은 "중국을 견제하기 위해 러시아를 다독거려야 할 미국이 이렇게 엉뚱한 수를 두고 있다"고 말했다. 그는 "바이든의 오판으로 중국의 자신감만 커졌다"며 "대만 침공이 언제가 될지 모르지만 시기는 앞당겨졌다고 본다"고 덧붙였다.

박 소장은 젤렌스키 우크라이나 대통령에 대해서는 더욱 신랄

한 비판을 가했다. 미국과 나토가 사전에 분명히, 러시아가 침공하더라도 병력을 파견하지는 않겠다고 했음에도 불구하고 대책 없이 러시아에 맞서다가 국민을 도탄에 빠뜨렸다는 것이다. 젤렌스키의 전쟁 수행 리더십에 대해서도 "이번 전쟁이 한 편의 영화라면 매우 감동적"이겠지만 현실은 냉혹하다고 지적했다.

"푸틴은 요구조건이 관철될 때까지 공격을 절대 멈추지 않을 겁니다. 결과적으로 젤렌스키의 어리석음으로 인해 우크라이나 국민들의 희생만 커졌죠. 그래서 너무 가슴이 아픕니다."

외시 19회로 공직에 입문한 박 소장은 러시아 근무 경력만 11년에 이르는 정통 외교관 출신이다. 『나침반이 잘못된 한국 외교』 등의 저서를 통해 퇴직 후에도 고언을 아끼지 않고 있다.

하지만 미국에 대해서도 거침없는 비판적 태도는 '친러파'라는 오해를 살 법도 했다. 지난 14일 인터뷰도 내내 열기를 띠었다. 그는 "한국은 10위권 국가임에도 여전히 소국 의식, 피해 의식이 있다"며 "이제는 당당히 국익을 앞세워야 한다"고 말했다.

"러시아와 척진 사이도 아닌데" 정부 대응 아쉬움… 명분·국익 균형 중요

그런 점에서 박 소장은 우크라이나 사태에 대한 정부의 대처를 아쉬워했다. 지난 세기 두 차례 전쟁을 치른 러시아와 일본 간에는 쿠릴열도를 놓고 영토 분쟁이 있는 만큼 일본으로서는 독자제재도 취할 만하지만, 러시아와 척진 사이가 아닌 한국은 좀 더 신중했어야 했다는 얘기다.

이와 관련, 미국의 맹방인 이스라엘이나 나토 회원국인 터키의 신중한 입장은 눈길을 끌기에 충분하다. 그는 "이게 외교력의 차이"라며 "(우리의 주력인) 대미 외교조차 아직 역량이 부족하다는 것"이라고 꼬집었다.

그는 "문재인 정부가 대중 견제에 동참하라고 할 때는 그렇게 잘 버티더니 러시아에 대해서는 왜 그런지 모르겠다"며 그간 어렵게 일궈온 한러관계가 훼손되고 차기 정부의 대러외교에 부담이 될 것을 우려했다.

어찌됐든 우크라이나 사태는 앞으로 어떤 결말을 맺을지가 초미의 관심이다. 정보가 제한된 가운데 러시아 군사력과 제재 내구력에 대한 전망도 엇갈린다.

박 소장은 서방 주류언론의 시각과는 어느 정도 거리를 뒀다. 그는 "(전쟁 자체는) 시간이 더 걸릴지는 모르겠지만 결국 러시아의 승리로 끝날 것"이라고 했다. 주요 도시를 포위하면서 단전단수조차 하지 않는 이례적 전쟁 양상에도 주목했다.

제재에 얼마나 버틸지에 대해서는 2차 세계대전 때 나치독일의 침략에 버틴 사례를 들며 서방의 기대와는 다를 것이라고 전망했다. 그는 "지구상에 식량과 에너지를 자급자족할 수 있는 나라는 미국과 러시아밖에 없다"고 강조했다.

이는 대러제재가 양날의 칼이 돼 오히려 미국과 유럽 간 틈을 벌릴 수도 있다는 얘기다. 전쟁 난민이 1천만 명이 될 수 있다는 유엔난민기구(UNHCR) 전망도 유럽의 어깨를 무겁게 짓누른다.

우크라이나 사태에 세계사적 의미마저 부여되는 상황에서 객관적 판단과 정확한 분석, 명분(정의)과 국익 간의 균형적 시각이 어느 때보다 절실히 요구되고 있다.

<2022-03-16 노컷뉴스>

젤렌스키 주연의 비극

지난 2월 하순 러시아의 침공 이래 젤렌스키 대통령은 미국의 국외 피신 제의를 거절하고 국민적 저항을 이끌고 있다. 간간이 우크라이나 측의 작은 승전보도 들려온다. 이런 가운데 유럽연합 및 미국 의원들을 상대로 격정적인 화상 연설도 했고 러시아군의 사기를 떨어뜨리기 위해 심리전에도 열을 올리고 있다. 사실상 우크라이나 사태를 부추겼던 앵글로색슨 국가들과 매체들은 푸틴을 악마화해 국제사회에서 '공공의 적'으로 낙인을 찍고 젤렌스키는 '영웅'으로 띄우는 데 성공한 것 같다. 이제 국제사회에서 이번 전쟁은 선과 악의 대결로 비치고 있다. 미국을 비롯한 서방 국가들은 이런저런 무기를 지원하고 있고 서방 언론에 따르면 전세가 뒤집힐 수도 있다는 분위기이다. 기세등등해진 우크라이나 정부는 많은 나라에 자기편에 설 것과 지원을 요구하고 있다.

그런데 우크라이나가 국제사회에서의 여론전에서 우세를 보이는 것과는 달리 지상에서의 전황은 그렇지 않다. 러시아군이 당초 예상과는 달리 키예프 점령 작전을 아직 끝내지 못하고 있는 것은 사실이나 동부 지역과 흑해 연안 남부 지역을 점령했고 서방의 지원 루트인 서부지역에 대해서도 미사일 공격을 하고 있다. 이런 가운데 우크라이나 군인과 민간인 피해는 늘고 있으며, 피난민 행렬은 계속 불어나 그 숫자가 300만에 육박하고 있고 앞으로 더욱 늘어날 것으로 예상된다. 우크라이나의 처절한 저항과 서방의 지속적인 무기 지원이 러시아군의 진군을 늦추고 있는지 모르겠으나 양측의 군사력 차이를 고려할 때 앞으로 전쟁이 길어지더라도 서방의 직접적 군사 개입이 없는 한 전세가 역전될 가능성은 희박해 보인다.

한편 17일 러시아와 우크라이나 간 평화협상에 상당한 진전이 있었다는 보도가 있었다. 러시아의 요구사항은 우크라이나의 나토 가입 포기 및 중립국화, 외국으로부터 병력 및 무기 지원 금지, 2014년 우크라이나 내전 당시 크림반도 합병 및 친러 반군이 장악하고 있는 돈바스 지역의 독립 인정 등이다. 우크라이나는 나토 가입 포기와 중립국화는 받아들일 수 있으나 영토 문제에 대해서는 수용 불가 입장으로 알려져 있다. 이에 러시아군은 우크라이나가 러시아의 요구를 모두 받아들일 때까지 공격을 멈추지 않을 것으로 보인다. 젤렌스키 대통령이 결사 항전을 외치며 분투해 국내외적으로 칭송받고 있다고 하나 국토가 유린당하고 사람들이 계속해서 죽어나가고 난민 행렬이 늘어나는 마당에 그러한 칭송이 무슨 소용이 있겠는가?

　한 나라의 지도자에게 있어 가장 중요한 책무는 외부 공격으로부터 국민의 생명과 재산을 지키는 것이다. 이를 위해서는 외부의 침략에 대해 필사적인 항전도 중요하지만, 전쟁 자체가 일어나지 않도록 하는 것이 현명한 방책이다. 젤렌스키 대통령은 러시아가 우크라이나 국경지대에 병력을 집결시켜 무력시위를 했던 수개월 동안 러시아와 협상을 통해 러시아군의 침공을 막을 수도 있었으나 안타깝게도 미국과 나토의 립서비스만 믿고 러시아에 대해 비타협적 자세로 일관했다. 그는 최근에 와서야 우크라이나의 나토 가입이 불가능하다는 냉엄한 현실을 인정했다는데 국가지도자로서의 역량을 의심하지 않을 수 없다. 외교를 통해 현재 러시아가 요구하는 것보다 훨씬 덜 양보하고도 전쟁을 피할 수 있었다. 만일 러시아의 침공 전에 협상을 통해 평화를 확보했더라면 그는 러시아에 굴욕적인 양보를 했다고 우크라이나 민족주의자들로부터는 혹독한 비난을 받았을지 모르나 현재 상황과 비교하면 어느 쪽이 과연 우크라이나에게 나은 선택이었는지는 분명하다. 이번 전쟁으로 인한 엄청난 피해를 복구하는 데만 막대한 재원과 수십 년의 시간이 소요될 것이다. 그런데도 젤렌스키 대통령은 국민의 고통을 하루바삐 끝내는 데에 주저하고 있다.

　이번 전쟁을 보면서 우리 역사에서 유사한 사례를 떠올리게 된다. 17세기 중엽 조선의 인조는 당시 신흥 강대국인 만주족의 청나라가 그들의 패권을 인정하라는 요구에 대해 명나라에 대한 신의를 저버릴 수 없다고 하면서 말도 안 되는 소리라고 거부했다. 대외

정책을 전환해 외교 문서 한 장이면 해결될 일이었는데 아무런 대비책도 없이 자존심만 내세웠다. 그 바람에 청나라의 군대가 들이닥쳐 수십만 명의 백성들이 끌려가 고통을 받았으며 인조 자신은 한강 변 모래사장에 끌려나가 청나라 임금 앞에서 무릎을 꿇고 땅바닥에 이마를 찧는 수모를 당해야 했다. 이번 우크라이나 사태로 나라의 지도자는 감정에 휘둘리지 않고 냉철하게 상황을 판단해 현명한 결단을 내릴 수 있어야 함을 새삼 절감하게 된다.

<2022-03-20 천지일보>

> ## 우크라이나 사태를 해부한다

지난 2.24 러시아가 우크라이나를 침공한 이래 신문과 방송은 연일 우크라이나 사태를 집중보도하고 있다. 현재 우리나라에서는 대부분 사람들이 러시아의 군사 행동은 국제법상 '침략'으로서 러시아는 비난받아 마땅하며, 사태의 본질은 '강대국의 이웃 약소국 괴롭힘'이라고 이해하고 있다. 국제사회에서 일어나는 일은 겉으로 보이는 것보다 훨씬 복잡한 경우가 많은데 인과 관계에 대한 객관적 이해 없이 진영 논리에 함몰되어 문제에 접근하면 우리나라의 국익에 도움이 되지 않을 수 있다. 그러한 관점에서 우크라이나 사태의 여러 면을 문답식으로 살펴보고자 한다.

1. 이번 전쟁의 배경으로 러시아와 우크라이나 사이 갈등이 전부인가?

실질적으로는 러시아와 미국 간 대립이라고 할 수 있다. 1991년 소련이 해체되고 나서 사회주의권 군사 블록인 바르샤바 조약기구가 해체되었음에도 서방의 군사동맹체인 나토는 오히려 확대되었다. 지속적으로 동유럽 국가들을 회원국으로 끌어들여 병력과 전략무기를 배치하였고 이제 러시아와 나토 사이에는 벨라루스와 우크라이나만 남았다. 특히 우크라이나는 위치상 러시아에 적대적인 세력이 들어 올 경우 러시아에 대해 치명적인 위협이 된다. 우크라이나가 나토에 가입하게 되면 러시아는 1962년 쿠바 미사일 위기 때 미국이 느꼈던 것보다 훨씬 큰 위협을 느낄 것이다.

그런데 우크라이나는 우크라이나대로 안보 불안을 해소하기 위해 나토 가입을 희망하여 2019년에는 헌법에까지 나토 가입 목표를 규정하고 나토와의 군사 협력을 강화해왔다. 이런 동향에 불안을 느낀 러시아는 무력시위를 하며 미국과 나토에 대해 우크라이나의 나토 가입 불허와 병력 및 무기의 철수를 요구하였으나 서방측은 러시아의 요구를 무시하였고 우크라이나는 러시아에 대해 비타협적 자세를 견지하였다. 이에 러시아는 자신의 요구를 관철시키기 위해 무력행사를 선택한 것이다.

물론 러시아-우크라이나 양자 관계 차원의 갈등요인도 있다. 2014년 우크라이나에서는 극심한 정치적 혼란 끝에 친러 정부가 무너지고 친서방 정권이 들어섰다. 신정부가 강경한 반러 정책을 펴자 동부 돈바스 지역 러시아계 주민들이 분리 독립하겠다고 하여 내전이 발생하였다. 서방 언론은 당시거의 주목하지 않았는데 우크라이나 군과 민병대가 소위 '반군'에 대해 '인종청소' 수준의 군사

행동을 자행함에 러시아는 반군을 적극 지원해왔고 이번에 아예 분리 독립을 승인하였다.

2. 미국 등 서방은 전쟁 이전과 이후 어떤 태도를 보였나?

냉전 종식 이후 미국은 소련을 계승한 러시아를 대등한 상대로 취급하지 않고 지역 강국으로 깎아내렸다. 그러면서도 러시아의 위협을 과장하고 러시아의 반발을 무시하면서 나토를 동쪽으로 확대한 것은 논리적으로 모순이었다. 러시아에 대해 사실상 전략적 항복을 강요하려는 미국 및 나토에 대해 러시아는 자신의 안보 우려 해소를 위한 조건을 제시하고 이를 문서로 보장하라고 압박하였으나 서방은 성의 있는 반응을 보이지 않고 시간만 끌었다. 미국은 우크라이나에 대해 주권과 영토 보존을 약속하면서도 러시아가 우크라이나를 침공하는 경우 병력을 파견하지는 않겠다는 이중적 태도를 보였다.

이번 전쟁에서 현재까지는 우크라이나가 예상보다 잘 저항하고 있다고 하나 나토의 직접적인 군사 개입이 없는 한 전세가 역전될 가능성은 없어 보인다. 그런데 서방이 우크라이나에 지속적으로 무기를 지원함으로써 전쟁이 길어질 가능성이 있다. 그러면 우크라이나 국민의 고통은 계속되는 것이다.

러시아의 침공 직전 미국과 영국은 러시아에 대해 강력한 제재 카드를 흔들면서 경고하면서도 러시아의 침공 일시까지 제시하는 등 러시아의 군사 행동을 기다리는 듯한 태도를 보이기도 하였다. 이번 사태에서 독일과 프랑스가 러시아와의 접촉을 통해 어떻게든 전쟁을 막으려고 하였던 것과는 대비된다. 러시아의 침공 이후 서방은 러시아에 대해 각종 제재를 쏟아내고 있으며 미국과 영국 그리고 우크라이나는 여론전을 통해 푸틴을 악마화하고 젤렌스키를 '영웅'으로 부각하는 데 열을 올리고 있다.

3. 대량 난민 발생에 대한 대처는?

우크라이나 난민 수가 3.19 현재 이미 400만을 넘었으며 유엔난민기구에 따르면 1천만에 이를 것이라고 한다. 난민들은 우선 인근 동유럽 국가들로 피난하고 일부는 그곳에서 제3국으로 가고 있다. 현재 난민 보호에 따른 부담은 대부분 동유럽 국가들이 떠안고 있는데, 실망스럽게도 러시아에 대해 가장 공격적 태도를 보였고 국제사회에서 인권과 인도주의를 내세우는 미국과 영국은 우크라이나 난민들에 대한 비자발급에 있어 매우 인색한 태도를 보이고 있다. 동유럽 국가들이 늘어만 가는 난민을 대부분 감당하는 것은 물리적으로 경제적으로 한계가 있을 것이다. 유럽 국가들이 현재는 우크라이나 난민을 인도적 차원에서 받아들이고 있으나 조만간 그에 따르는 부담은 유럽 국가들 사이에 갈등을 일으킬 것으로 보인다.

4. 전쟁은 언제 끝날 것이며 승자는 누구이며 패자는 누구일까?

미국과 영국 매체와 우크라이나 여론전 부대가 주장하듯이 우크라이나가 상당한 전과를 올리고 있다고 하나 전세가 역전될 정도는 아니며 러시아는 자신들의 요구가 관철될 때까지 물러서지 않을 것으로 보인다. 우크라이나의 나토 가입 포기 및 중립국화, 비무장화 그리고 네오나치 민병대 해산, 러시아의 크림 영유권 인정, 동부 돈바스 지역의 분리 독립 승인 등이 러시아의 요구사항이다. 미국과 나토는 우크라이나 상공 비행금지구역 설정 요구를 거절함으로써 직접 개입 의사는 없음을 분명히 하면서 무기만 제공하겠다는 입장이다.

이 전쟁의 최대 패자는 우크라이나이다. 이미 국토의 반 정도가 유린당하였고 인적 물적 피해가 엄청나다. 러시아와 타협할 수도 있었는데 미국과 나토의 립서비스만 믿고 버티다 국토가 서방의 러시아에 대한 대리전 마당이 되고 말았다. 러시아에 대한 필사적인 저항 과정에서 국가로서의 정체성을 강화하는 성과도 있었다고 평가할 수 있으나 너무나 큰 대가를 치르고 있다. 그다음의 패자는 러시아이다. 기어이 자신의 요구를 관철하기 위해 엄청난 병력과 물적 자원 투입은 물론 서방의 혹독한 제재에 따른 심각한 경제적 타격, 국제사회에서의 국가 이미지 추락은 이미 일어난 일이고 전쟁 후유증으로 국내적으로 정치적 혼란이 있을 수 있다.

승자는 미국이다. 미국은 이번에 러시아 때리기를 마음껏 할 수 있는 명분을 얻고 대리전을 통해서 러시아의 힘 빼기 나아가서는 러시아의 해체까지 도모할 수 있는 기회를 엿보고 있다. 또한, 러시아와의 갈등을 증폭시킴으로써 유럽 내 미국의 영향력이 강화되고 있다. 그리고 러시아의 무력행사에 겁을 먹은 유럽 국가들이 앞다투어 미국산 무기를 구매함에 따라 미국 군수산업은 때아닌 호황을 맞고 있고, 그리고 러시아산 가스 수입을 통제함으로써 미국산 셰일가스의 수출이 늘고 있다. 한편 주류 언론이 우크라이나 사태만을 주로 보도함으로써 바이든 대통령의 빈약한 치적이 가려지고 있고 오히려 바이든의 지지도를 올리는데 호재로 작용하고 있다. 또한, 2016년 대선 당시 힐러리 민주당 후보가 공화당 후보인 트럼프에 대해 러시아와 내통하였다고 제시했던 증거들이 날조된 것으로 밝혀져 민주당이 곤경에 처했는데 이마저도 이번 전쟁으로 묻히고 있다.

5. 한국 내 분위기는 어떻게 보아야 할까?

한국에서는 우크라이나 동정론이 압도적이다. 영미 언론 매체를 그대로 베끼는 국내 매체 탓인지 선정적인 보도에 휘둘리고 있다. 폭력사태가 났을 때 물론 주먹을 먼저 휘두른 자에게 가장 큰 책임을 물을 수 있겠지만 국제관계는 그렇게 단순하게만 볼 수 없다. 연예인들과 기업들이 성금을 내고 신문사가 성금 모집을 하기도 한다. 우크라이나 대사관 앞에서 반전 시위도 있다. 신문과 방송에서 접하는 평론은 러시아 매도 일색이다. 이처럼 우크라이나 편들기에 열광하고 있는 한국인들이 우크라이나가 독도를 다케시마라고 표기하고 있는 사실을 아는지 모르겠다.

문재인 정부는 미국의 요청에 따라 서방의 제재에 동참하고 독자적인 조치도 취했다. 러시아는 즉각 한국을 비우호국 명단에 올렸다. 미국의 동맹으로서 어느 정도 보조를 맞출 필요는 있겠지만 지난 30여 년간 어렵게 일구어온 러시아와의 협력관계를 허물 수도 있는 조치를 취하는 데는 좀 더 신중했어야 했다. 한국 사회가 이번 사태에서 새삼 깨달아야 할 교훈은 첫째, 동맹의 중요성이며 둘째, 외교의 중요성, 지도자의 냉철한 상황 파악과 현명한 선택이다. 이길 수 없는 전쟁을 계속하여 국민이 생명을 잃고 고초를 겪게 하는 지도자를 우리는 칭송할 수 있을까?

<2022년 3월호 광화문문화포럼>

우크라이나 사태에 대한 여론 지나치지 않은가?

　요즘 언론 보도와 유튜브 등을 보면 마치 우리에게 러시아는 적국이고 우크라이나는 우방인 것 같다. 모든 전쟁이 그러했듯이 이번 전쟁도 그 배경이 간단하지 않다. 러시아의 무력행사는 결코 정당화될 수 없으나 러시아의 행동에는 나름대로 이유가 있다. 물론 먼저 주먹을 휘두른 자가 가장 비난을 받아야겠으나 사태를 부추기고 이를 즐기며 이익을 챙기는 자가 있다면 그도 비난으로부터 자유롭지 못하다. 또한, 후자의 말에 현혹돼 행동하는 자는 언젠가는 웃음거리가 될지 모른다. 인도주의 차원에서 우크라이나를 동정하고 도와주려는 것 자체는 이해할 수 있다. 하지만 냉혹한 국제사회의 현상을 선악 이분법으로만 보는 시각은 위험하며 우리의 인식이 거기에 머물러서는 곤란하다. 강대국들은 '가치'를 앞세우나 그것은 종종 자신들의 이익 추구를 합리화하는 포장일 뿐이다.

국내 매체는 대부분 서방 언론의 러시아 매도와 푸틴의 악마화 놀음에 줏대 없이 장단을 맞추고 있다. 역사상 민간인 피해가 없거나 민간인 중 어른들만 희생되는 전쟁이 있었던가? 한국 사회는 몇 년 전 중동 시리아 난민 사태에 대해서는 그리 반응을 보이지 않았다. 그때는 서방 언론이 상세 보도를 하지 않아서 관심을 갖지 않았던 것 아닐까? 미국과 영국 언론이 민간인 피해를 부각하고 전황에 대해 추측성 보도를 쏟아내는 데는 대대적인 러시아 때리기를 통한 러시아의 고립과 약화라는 전략적 의도가 깔려 있다고 할 수 있다. 미국과 영국 지도자들은 입만 열만 인권과 인도주의를 외치고 있는데 정작 우크라이나 난민 중 두 나라로 가기를 희망하는 사람들에 대한 비자 발급에 대해서는 인색한 것으로 알려져 있다. 이번 전쟁에 있어 수혜자는 미국이다. 러시아의 군사행동으로 미국의 유럽 내 영향력이 더욱 커지고 있고, 러시아에 대한 경계심이 커진 유럽국가들은 앞다퉈 고가의 미국 무기를 주문하고 있으며, 러시아가 가스 공급을 제한해 미국산 셰일가스 수출이 늘고 있다. 바이든 대통령은 푸틴과 대화해 우크라이나 사태가 하루바삐 종식되도록 노력하기는커녕 자신의 매우 저조한 지지율을 올리려는 계산인지 푸틴 대통령에 대한 거친 언사를 이어가고 있다. 미국과 영국은 혹시 전쟁이 길어지길 바라는 것은 아닌지 모르겠다. 전세가 바뀔 가능성이 보이지 않는데도 계속 우크라이나에 무기를 제공하고 있다. 이로 인해 역설적으로 우크라이나 국민들의 고통은 연장되고 있다.

우리 사회의 반응을 살펴보면 신문과 방송의 평론은 러시아 매도 및 우크라이나와 연대 주장뿐이다. 우크라이나를 돕기 위한 기부 행렬이 이어지는 가운데 언론사들까지 모금에 나서고 있고 일부에서는 한국도 우크라이나 난민을 받아들여야 한다는 말까지 나오고 있다. 한국전쟁 때 우크라이나가 우리를 도와줬다는 어처구니없는 역사 지식을 갖고 의용군에 동참하겠다고 우크라이나로 달려간 유튜버도 있고, 주한 러시아 대사관 앞에서 반전 평화 시위도 열린다. 심지어 모 정신과 의사는 서방에서 그런 주장이 있어서 그런지 국제관계에는 전혀 문외한이고 푸틴을 만나본 적도 없을 텐데 덩달아 푸틴에 대한 정신감정에 나섰다. 일본은 러시아와 역사적으로 구원이 있고, 현재 러시아가 실효적으로 지배하고 있는 쿠릴열도를 둘러싸고 갈등이 있어서 친 우크라이나 분위기가 고조되고 있는 것이 이해된다. 그런데 우리 사회에서 우크라이나를 돕겠다고 발 벗고 나선 사람들은 우크라이나에서는 지도상에 한국 영토인 독도를 일본령 다케시마로 표기하고 있다는 사실을 알고나 있는지 궁금하다.

한국은 이번 전쟁의 당사자가 아니며, 간접적인 당사자인 미국의 동맹국일 뿐이다. 미국의 동맹으로서 어느 정도 성의를 보이면 족한 것 아닐까? 한미상호방위조약에 따르면 동맹은 한반도를 포함한 태평양지역에 국한된다. 대러시아 제재에 쿼드 회원국인 인도는 미국의 요청을 거절했으며 나토 회원국 터키와 미국의 맹방인 이스라엘도 참여하지 않았다. 그런데 한국은 미국의 제재 동참 요구를 그대로 수용했고 러시아는 한국을 비우호국 명단에 올렸다. 러시아에는 이번 사태로 인해 오도 가도 못 하는 우리 교민과 기업이 있다. 조만간 러시아는 비우호국 국민에 대해 입국 제한 조치를 취한다고 한다. 우크라이나는 1991년 독립 이후 한국 대통령이 한 번도 방문한 적이 없는 나라이다. 그런데 대통령 당선인은 지난 29일 젤렌스키 대통령과의 통화에서 지원을 약속했으며, 국회 외통위는 오는 11일 젤렌스키 대통령의 화상연설을 추진한다고 한다. 우크라이나에 대한 동정론이 지나쳐 그간 어렵게 일궈 온 한러 관계가 훼손될까 우려된다.

<2022-04-03 천지일보>

푸틴은 히틀러, 젤렌스키는 처칠?

이번 러시아의 우크라이나 침공은 역사상 다른 전쟁들과는 다른 양상을 보이고 있다. 전통적인 지상 전투와 사이버 공간에서의 여론전이 병행하여 전개되고 있다. 러시아는 사이버 전쟁에서는 완전히 패배하였다고 볼 수 있다. 우크라이나의 사이버 전쟁은 전장에서의 러시아군에 대한 심리전을 넘어 서방 진영 내 반러시아 전선을 부추기고, 러시아에 대한 제재 강화와 우크라이나에 대한 지원 확대의 명분을 만들고 있다. 여론전에서 우크라이나는 침략을 당한 약자라는 프리미엄과, 미국 및 영국 매체들의 대대적인 지원에 힘입어 러시아를 압도하고 있다. 우크라이나 젤렌스키 대통령은 러시아의 침략에 맞서 혼신의 힘을 다해 싸우는 '영웅'으로 비치고 있는 반면, 러시아의 푸틴 대통령은 무자비한 침략자로만 인식되며 국제사회에서 사실상 '공공의 적'이 되어 버렸다. 미국, 영국 등은 러시아가 거짓 정보를 흘리고 있다고 주장하면서 러시아 매체 사이트를 봉쇄하고 있는데 러시아 측이 제공하는 정보가 근거가 없고 허무맹랑하다면 굳이 막아버릴 필요가 있을까? 그런데 영미 매체들은 전황에 대해, 그리고 러시아군 지휘부 내부에 관해 추측성 보도를 '아니면 말고' 식으로 쏟아내고 있다. 이번 전쟁과 관련하여 서방 언론은 그렇게 되었으면 하는 상태를 마치 이미 그렇게 된 것처럼 보도하고 있다. 이런 와중에 사태에 대해 직접 취재를 거의 시도하지 않고 서방 언론을 그대로 베끼는 국내언론의 편파적 보도 때문에 한국인들은 미국 및 영국 등의 저의를 간파하지 못하고 이분법적 관점에서 사태를 바라보고 있다. 푸틴에 대한 평가는 이번 전쟁과 관련하여 그가 내린 결정과 그 배경을 객관적으로 이해한 후 내려야 할 것이며, 국가지도자로서 젤렌스키가 우크라이나 국민들을 위해 잘하고 있는지도 따져 볼 필요가 있다. 또한, 우크라이나 사태에 대한 한국 사회의 반응과 대응도 적절한지 점검해 본다.

1. 푸틴의 안보 우려는 이유 있나?

우크라이나의 나토 가입 추진, 나토와의 군사협력 확대, 핵 무장 추진 그리고 생물무기실험실 운영 등이 그 이유이다. 1991년 소련이 해체되고 나서 사회주의권 군사 블록인 바르샤바 조약기구는 해체되었는데 서방의 군사동맹체인 나토는 오히려 확대되었다. 지속적으로 동유럽 국가들을 회원국으로 끌어들여 병력과 전략무기를 배치하였고 이제 러시아와 나토 사이에는 벨라루스와 우크라이나만 남았다. 독일 통일 과정에서 나토 측이 소련에 대해 나토의 동진은 없을 것이라는 입장을 표명하였다는 데 대해서는 이론이 없다. 다만 일반적으로 구속력이 있는 문서 형태의 약속이 아니었던 것으로 이해되고 있다. 그런데 나토와 미국은 그러한 언질 자체를 부인하고 있다.

1997년 러시아가 체제 전환과정에서 비롯된 혼란을 완전히 극복하지 못하고 있는 상황에서 미국은 러시아는 이제 지역 강국에 불과하다고 하면서도 러시아의 위협을 거론, 나토의 동쪽으로의 팽창을 시작하였다. 이는 냉전이 끝나고 이념대결이 종식되었지만 미국은 러시아를 궁극적으로 궤멸시킨다는 장기적인 전략에서 비롯된 것으로 보인다. 발트 3국을 비롯한 동유럽 국가들에 나토 병력과 전략무기가 배치되어 현재 러시아는 목전에 적대세력에 포위된 상태이다.

특히 우크라이나는 위치상 러시아에 적대적인 세력이 들어올 경우 러시아에 대해 치명적인 위협이 된다. 중국이 바다 건너 한국 땅에 대공 방어체계인 사드가 배치되는 데 대해 그간 보인 반응을 보면 하물며 우크라이나가 나토에 가입하는 것에 대해 러시아가 어떻게 생각할지 쉽게 이해할 수 있다. 러시아는 1962년 쿠바 미사일 위기 때 미국이 느꼈던 것보다 훨씬 큰 위협을 느낄 수밖에 없을 것이다. 쿠바는 지리적으로 미국의 코 앞이지만 미국의 핵심부인 워싱턴과 뉴욕과는 수천 킬로미터나 떨어져 있는 데 반해, 러시아의 수도 모스크바는 우크라이나 국경으로부터 최단 거리가 600km도 안 되고 탄도미사일의 성능이 1960년대와는 비교할 수 없을 정도로 월등히 향상되었다. 나토가 우크라이나 국경지대에서 미사일을 발사하면 모스크바는 몇 분 내 초토화될 수 있다. 이는 러시아가 서방에 대해 전략적 항복을 하게 되는 상황이다. 이러한 우려에 근거하여 미국에게 러시아의 안보 우려에 대해 문서로 보장할 것을 요구하며 수개월 동안 무력시위까지 하였으나 미국은 무시하였고 우크라이나는 나토 가입 의사를 포기하지 않고 비타협적 태도를 견지하였다.

물론 우크라이나가 러시아로부터 느끼는 안보 위협은 왜 무시하느냐는 질문이 당연히 뒤따를 것이다. 그런데 1999년 이스탄불 유럽안보협력기구(OSCE) 정상회의에서 체결된 유럽안보헌장에는 안보 불가분성에 관한 기구 참여국들의 권리와 의무가 규정돼 있다. 헌장은 안전보장 확보 수단의 자유로운 선택과 변경에 관한 각국의 권리와 함께, 다른 국가들의 안보를 희생해서 자국의 안보를 강화하려 해선 안 된다는 의무를 규정하고 있다. 또한, 2010년 아스타나(카자흐스탄) OSCE 정상회의에선 이러한 상호 관련성을 확인하는 선언이 채택되었다. 푸틴 대통령은 이에 근거하여 러시아의 이웃 국가인 우크라이나를 나토에 가입시키는 것은 '안보 불가분성의 원칙'을 훼손하는 것이라고 주장하였다. 라브로프 장관은 "서방 국가들은 의무의 패키지에서 자신들에게 유리한 입장, 즉 안보 확보를 위한 동맹의 자유로운 선택 권리만 뽑아내면서, 나토의 무책임한 확장을 정당화하기 위해 안보 불가분성의 원칙은 선택적으로 해석하고 있다"고 비판했다. 이런 상황에서 푸틴에 대해 서방과의 협상을 좀 더 해보지 않고 성급하게 군사행동을 하였느냐고 지적할 수는 있겠으나 푸틴의 결정을 놓고 정신상태에 이상이 있는 것 아니냐는 비난은 과도한 것 같다.

더욱이 우크라이나는 핵 무장을 준비하고 있다고 한다. 이번에 러시아군이 체르노빌 등 몇 개 지역에 있는 원자력발전소를 접수하였던 것은 아마도 핵연료 재처리 시설 등을 제거하여 우크라이나의 핵무기 제조의 싹을 자르기 위한 것으로 보인다. 임무를 완수한 러시아군이 스스로 철수한 것을 두고 우크라이나 측은 탈환하였다고 표현하였는데 실소케 하는 이야기이다. 또한, 놀랍게도 이번에 우크라이나 내 미국 국방부가 통제하는 군사 목적 생물무기실험시설이 14개 지역에 30개소 존재하는 것이 밝혀졌고 러시아군이 이 시설들을 파괴한 것으로 알려졌다. 미국은 도대체 무슨 목적으로 러시아와 인접한 지역에 이런 시설들을 운영하고 있었던 것일까? 수년 전부터 이 시설 인근 지역 주민들 가운데 감염된 사람들이 나왔다고 한다. 미국은 우크라이나 내 이런 시설에 대해서는 언급을 회피하고 있다. 이런 사실은 러시아 언론에서나 찾아볼 수 있고 서방 매체들은 전혀 보도하지 않고 있다.

2. 푸틴의 돈바스 지역에 대한 독립 승인은 현명한가?

2차대전 당시 소련의 일부인 우크라이나를 침공한 나치 독일 군대와 더불어 소련군을 공격하였던 세력의 우두머리인 스테판 반데라를 추앙하며 극우 민족주의를 표방하는 '아조프 연대'라는 민병 조직이 있다. 이들은 2014년 폭력으로 친러 정권을 무너뜨리고 들어선 친서방 정권에 막강한 영향력을 행사하여 작금의 우크라이나 사태를 야기시킨 장본인이라고 할 수 있다. 그들은 우크라이나 내 러시아어 사용 주민은 물론 다른 소수집단에 대해서도 만행을 저질러 왔다. 특히 분리 독립을 선언한 친러시아 돈바스 지역 주민에 대한 그들의 무자비한 공격은 러시아의 개입을 불러왔고 그로 인해 내전이 8년 이상 지속되고 있다.

 내전을 끝내기 위해 소위 독일 프랑스 러시아 우크라이나 4자 협상의 결과 2014년 및 2015년 2차례 민스크 협정이 체결되었으나 휴전협정은 제대로 이행되지 못하였다. 특히 민스크 협정에서 규정한 대로 돈바스 지역에 대한 상당한 자치를 허용하는 방안의 실현에 전혀 진전이 없는 가운데 우크라이나 정부는 이 지역을 무력으로 제압하겠다는 의지를 포기하지 않았다. 마침내 푸틴은 지난 2월 민스크 협정은 휴지조각이 되었다고 선언하고 돈바스 지역의 분리 독립을 승인하는 동시에 이 지역을 해방시키겠다고 러시아군을 투입하였다. 결과적으로 아조프 연대와 같은 극우 민족주의 세력에 휘둘리는 젤렌스키 대통령은 돈바스 지역에 대한 강경정책 때문에 자치 허용이라는 적은 비용 대신에 영토 상실이라는 큰 대가를 치르게 되었다. 독일과 프랑스의 중재 역할은 물거품이 되었고 러시아는 러시아대로 엄청난 비용을 지불하고 있다. 그리고 아조프 민병대에 대한 서방측의 음성적이고 지속적인 지원이 사태를 악화시켰다고 보는 견해가 있다.

 돈바스 지역의 분리 독립이 실제로 이루어지는 경우 이 지역은 크림반도처럼 러시아로 편입될 가능성이 크다. 러시아 입장에서 크림반도와 러시아 본토를 연결하는 흑해 연안 회랑을 확보하는 전략적 의미가 있겠으나 그 지역의 복구를 위한 비용 부담이 상당할 것이다. 또한, 크림반도의 경우처럼 서방은 돈바스 지역의 분리 독립을 인정하지 않고 지속적으로 러시아에 대한 제재와 압박의 명분으로 활용할 것이다. 젤렌스키는 주권과 영토를 보존하기 위해 요구되는 정책적 유연함이 부족하였고 푸틴은 우크라이나를 설득할 수 있는 외교력이 미흡했다고 본다. 사족을 달면 최근 러시아군의 민간인 학살 정황과 관련하여 서방 언론이 야단법석을 떨며 도덕적 분노를 표출하면서도 지난 8년간 아조프 연대가 우크라이나 국민이지만 러시아어를 사용하는 소수집단에 저지른 만행에 대해서는 왜 모른 체하였을까 질문을 던지고 싶다.

3. 푸틴은 서방의 제재에 잘 버티고 있는가?

미국 등 서방은 러시아가 공격을 멈추게 하려고 각종 제재를 쏟아내고 있다. 국제은행간결제망(SWIFT)에서 러시아 금융기관의 퇴출을 포함하여 해외에 있는 러시아 외화자산 동결, 원유·가스·석탄 등 러시아산 에너지 자원의 수입 금지, 전략물자의 수출 금지, 러시아 시장에 대한 신규 투자 금지, 러시아 항공기의 영공 통과 금지 등이다. 한마디로 러시아의 전쟁 수행 재원을 고갈시키고 중장기적으로 러시아 경제의 파탄을 겨냥하는 것들이다. 특히 단기적으로 루블화의 폭락, 은행 예금의 대량 인출 및 초(超)인플레이션으로 유발시켜 푸틴에 대한 지지율 하락을 노리는 것으로 보인다. 또한, 러시아 올리가르흐들의 해외자산을 동결 또는 몰수함으로써 러시아 지도자층 내부에 균열을 조장하려고 하고 있다. 최근 미국이 러시아에 대해 최혜국 대우를 폐지한다고 하는데 알다시피 러-미 간 교역은 중-미 간 교역과는 비교가 안 될 정도로 그 규모가 작고 최근에는 그나마도 줄어들어 큰 의미가 없다.

　이에 대한 푸틴의 반격도 만만치 않다. 3월 중순부터 만기가 도래하는 러시아의 외화표시채권 상환을 루블화로 결제하겠다고 선언하였는데 서방 채권자들은 '울며 겨자 먹기'로 이를 수용하지 않을 수 없는 상황이다. 설사 디폴트가 일어나더라도 외환보유고 자체가 부족하여 생기는 것이 아니라 서방의 동결 조치로 인한 인위적인 현상일 뿐이다. 또한, 대러 제재에 참여한 비우호국에 대해 가스 대금을 루블화로 결제하라고 요구하였다. 게다가 루블화를 금에 연동시키겠다고까지 하였다. 서방측의 강력한 반발이 있었으나 결국 푸틴의 뜻대로 되고 있어 일시적으로 폭락하였던 루블화 가치는 우크라이나 침공 이전 수준으로 회복되었다. 원유, 가스 등 수입 제한 또는 금지는 에너지 가격 인상, 밀 등 곡물과 주요 광물에 대한 러시아의 수출 제한 등은 오히려 제재한 나라들에 대해 인플레이션의 공포를 초래하고 있다. 또한, 서방이 러시아의 해외자산을 동결하거나 몰수한다면 러시아 내 서방이 투자한 기업들을 국유화할 수 있다고 으름장을 놓고 있다. 현지 교민들의 말을 들어보면 올리가르흐들을 제외하고는 서방측의 기대와는 달리 중산층과 서민층은 소비생활에서 이렇다 할 불편을 느끼고 있지 않다고 한다. 애플이 휴대전화기 판매를 중지하고 맥도날드 등 외국계 프랜차이즈 업종이 영업을 중단한다고 해서 일반 러시아인들의 삶에 무슨 큰 영향을 미칠 것인가? 그리고 러시아 내에서도 반전 시위가 있었으나 푸틴에 대한 지지도는 오히려 상승하였다.

주로 영국 언론이 푸틴을 둘러싼 러시아 지도부에 균열이 있다든지 쇼이구 장관이 푸틴의 강한 질책을 받고 충격을 받아 치료를 받았고 쿠데타를 꾸미고 있다는 등 추측성 또는 그렇게 되길 바라는 보도가 난무하고 있으나 확인하기 어려운 낭설로밖에 보이지 않는다. 푸틴이 암살 위협에 시달려 대역을 훈련시키고 있다고 하는데 푸틴의 대역 사용 이야기는 어제오늘의 일이 아니다. 지병이 있다고도 한다. 한마디로 푸틴에 대한 저주 또는 바람일 뿐이다. 실로 문제가 있는 사람은 오히려 취임 초기부터 가끔 치매 증세를 보이는 바이든이 아닐까?

적어도 아직은 서방의 제재가 푸틴을 제지하는 효과를 내지 못하고 있고 제재란 기본적으로 양날의 칼이기 때문에 문제는 어느 쪽이 더 오래 버티느냐이다. 서방의 지속적인 제재로 러시아 경제가 내상을 입고 있는 것도 사실이나 러시아가 제재에 내성이 생긴 것도 사실이다.

4. 푸틴은 여론전에서 참패하였다?

최근 유엔총회에서 러시아의 인권이사회 이사국 지위 정지 결의가 통과된 것은 앵글로색슨과 우크라이나가 벌이는 푸틴 악마화 놀음이 성공하였음을 보여주는 상징적인 사건이다. 역사상 이번 전쟁과 같이 여론전이 치열한 경우가 없었던 것 같다. 물론 이것이 가능했던 이유는 정보통신기술을 활용한 사회관계망(SNS)의 존재이다. 미국 측의 도움이 없었으면 불가능하였겠지만 우크라이나의 사이버전 능력은 평가할 만하다. 국제사회의 여론을 자신들에게 유리한 것으로 만들기 위해 러시아 측에 불리한 정보를 사실여부에 관계없이 퍼뜨리거나 일부는 조작 또는 왜곡하여 전 세계에 유포시키고 있다. 국제 언론 시장을 장악하고 있는 앵글로색슨 매체들이 이를 노골적으로 거들고 있다. 아마도 이번 전쟁에서 러시아 측은 여론전에 충분히 준비되어 있지 않았던 것 같다.

특히 4월 초 러시아군이 키예프 포위를 풀고 철수한 직후 우크라이나 측이 터뜨린 부차 학살 사건이 대표적이다. 항상 준비되어 있던 앵글로색슨 매체 기자들을 불러 모아 어느 쪽의 소행인지도 확실하지 않은 것을 가지고 대대적으로 러시아군의 짓이라고 떠들어대었고 뭔가 자극적인 뉴스가 없나 기대하고 있던 차에 러시아가 제대로 걸린 것이다. 적어도 우크라이나와 서방의 입장에서는 푸틴이 '악마'임을 입증할 수 있는 짜릿한 순간이었다. 젤렌스키 대통령은 투명한 조사를 강조하면서도 실제로는 선전에만 관심이 있어 보인다. 유엔 안보리에서 러시아 대표가 의장국인 영국 대표에게 러시아가 참여하는 중립적인 조사를 하자고 제안하였으나 단칼에 거절당하였다. 일부 국가들은 자국 주재 러시아 외교관들을 무더기로 추방하였고 바이든 대통령도 기다렸다는 듯이 푸틴을 전범으로 몰아세우며 도덕적 분노를 표출하였다. 그런데 인권과 인도주의를 부르짖는 그가 이미 4백만을 넘긴 우크라이나 난민의 수용에 대해서는 아직도 아무런 언급이 없다. 그 문제는 우크라이나의 이웃 동유럽 국가들이 알아서 할 일이라고 생각하는 것일까?

푸틴은 지상전에서의 승리 여부와 관계없이 국제사회에서의 이미지 실추로부터 쉽게 회복하기 어려울 것 같다. 그것이 반러시아 세력들의 공작에 의한 것이었다 할지라도 한동안은 오명을 쓸 수밖에 없어 보인다.

5. 젤렌스키는 '영웅'인가 '바이든의 아바타'인가?

젤렌스키 대통령은 자주 화상으로 자신이 키예프를 사수하면서 러시아에 대한 항전을 독려하고 있는 모습을 보여주었고 최근에는 미국, 유럽연합 및 유럽의 주요국 그리고 일본 의회를 상대로 격정적인 화상 연설을 하여 갈채를 받았다. 그런데 그는 미국의 대러 제재에 적극적으로 호응하지 않는 나라들에 대해서 호통을 치기도 하고 심지어 무기를 달라, 러시아와 관계를 단절하라, 전후 복구비용을 대라 등 지시(?)를 하고 있는데 이는 위험에 처한 사람으로서 도움을 요청하는 자세가 아니다. 그가 무엇을 믿고 그렇게 당당할까? 이 대목에서 그가 혹시 '바이든의 아바타'가 아닐까 하는 생각이 든다. 미국은 동맹국들에 희생을 무릅쓰고 제재에 적극 동참하고 동시에 우크라이나를 지원하라고 대놓고 몰아붙이고 싶으나 실제는 그렇게까지는 못하고 있다. 그래서인지 젤렌스키는 자주 독일과 프랑스를 노골적으로 비난하는 언사를 주저하지 않는다.

젤렌스키는 아직도 자신이 무대 위에서 연기하고 있다고 착각하는 것은 아닐까? 바이든 제작 및 감독 그리고 존슨 조감독의 전쟁 영화에서 주연 배우로서 바이든이 써 준 시나리오대로 감동적인 연기를 하고 있는 것은 아닐까? 독일에서는 그에 대해 오스카 주연상 후보에 곧 오르지 않겠느냐는 농담이 있다고 한다. 물론 그의 화상 연설이 항상 절대적인 호응을 얻고 있는 것은 아니다. 네덜란드 의회에 대한 연설에서 네덜란드가 러시아산 가스 수입을 중지하지 않음으로써 푸틴의 전쟁비용을 대고 있다고 호통치면서 전후 복구비용을 댈 우크라이나 도시를 하나 고르라고 하자 네덜란드 야당 의원들이 연설 도중에 퇴장하였다고 한다. 이와 비슷한 일은 그리스 의회에 대한 화상 연설에서도 일어났다.

문제는 그가 월드 스타가 되든 영웅이 되든 우크라이나 국가와 국민에게 무슨 보탬이 되냐는 것이다. 앵글로색슨에 휘둘리지 않으면서 러시아와 적절한 타협을 함으로써 나라가 이 지경이 되는 것을 막는 것이 대통령으로서 해야 할 일이 아니었을까? 4백만이 넘는 국민들이 집을 떠나 외국으로 피난을 가고 국토는 엉망이 되어가고 있는데 전쟁을 하루라도 빨리 끝낼 생각은 하지 않고 미국이 부추기는 대로 무기를 더 달라고 외치고 있지 않은가? 젤렌스키는 대러시아 협상 자세를 보면 지속적으로 잔머리를 굴리고 있다. 러시아인들의 기질을 모를 리 없을 텐데 어쩌려고 그러는가? 최근 미국 합참의장이 이 전쟁이 수년을 끌 수도 있다고 하였다는데 섬뜩한 이야기가 아닐 수 없다. 이번 기회에 우크라이나 국민을 희생양으로 삼아 최대한으로 러시아 힘 빼기를 하고 싶다는 의중이 드러난 것 아닌가? 과연 자국민의 안위와 삶은 생각하지 않고 앵글로색슨이 부추기는 대로 자해 행위를 서슴지 않는 이러한 자를 영웅이라고 할 수 있을까? 세계은행에 따르면 우크라이나의 경제가 전쟁 때문에 올해 45%까지 줄어들 것으로 예상되고 대다수 우크라이나 노동자들은 싸울 것인지 아니면 도망갈 것인지를 강요당하고 있다.

6. 러시아는 한국의 적국?

차기 정부 인수위는 소위 부차 학살 사건에 대해 공개적으로 러시아를 강하게 비난하고 우크라이나에 10억 불을 지원하겠다고 한다. 차기 정부가 신경 써야 할 대외관계에서 우크라이나 사태의 우선순위가 이렇게 높다니 놀라울 따름이다. 이미 한국 사회 전반이 러시아 매도 일색이고 우크라이나와 연대하여야 한다는 여론이 팽배하다. 극히 일부 진보좌파 성향 매체에서 다른 목소리를 내고 있을 뿐이다.

우크라이나를 돕기 위한 기부 행렬이 이어지는 가운데 언론사들까지 모금에 나서고 있고 일부에서는 한국도 우크라이나 난민을 받아들여야 한다는 말까지 나오고 있다. 한국전쟁 때 우크라이나가 우리를 도와주었다는 어처구니없는 역사 지식을 갖고 의용군에 동참하겠다고 우크라이나로 달려간 유튜버도 있고, 주한 러시아 대사관 앞에서 반전 평화 시위도 열린다. 심지어 모 정신과 의사는 서방에서 그런 주장이 있어서 그런지 국제관계에는 전혀 문외한이고 푸틴을 만나본 적도 없을 텐데 덩달아 푸틴에 대한 정신감정에 나섰다. 한국인들은 왜 유독 우크라이나 민간인 피해에 대해서만 폭발적인 동정심을 보이는 것일까? 그간 팔레스타인, 이라크, 시리아, 아프가니스탄 등의 민간인 피해에 대해서는 왜 무관심하였나? 일본은 러시아와 역사적으로 구원이 있고, 현재 러시아가 실효적으로 지배하고 있는 쿠릴열도를 둘러싸고 갈등이 있어서 친 우크라이나 분위기가 고조되고 있는 것이 이해된다. 그런데 우리 사회에서 우크라이나를 돕겠다고 발 벗고 나선 사람들은 우크라이나에서는 학교에서 한국 영토인 독도를 일본령 다케시마로 가르치고 있다는 사실을 알고나 있는지 궁금하다.

인도주의 차원에서 우크라이나를 동정하고 도와주려는 것 자체는 이해할 수 있다. 하지만 냉혹한 국제사회의 현상을 선악 이분법으로만 보는 시각은 위험하며 우리의 인식이 거기에 머물러서는 곤란하다. 강대국들은 '가치'를 앞세우나 그것은 종종 자신들의 이익 추구를 합리화하는 포장일 뿐이다. 한국은 이번 전쟁의 당사자가 아니며, 미국의 동맹국일 뿐이다. 미국의 동맹으로서 어느 정도 성의를 보이면 족한 것 아닐까? 한미상호방위조약에 따르면 동맹은 한반도를 포함한 태평양지역에 국한된다. 이번에 미국의 요청에 따라 대러시아 제재에 참여한 나라는 48개국에 불과하다. 쿼드 회원국인 인도는 미국의 요청을 거절하였으며 나토 회원국 터키와 미국의 맹방인 이스라엘도 참여하지 않았다. 그런데 한국은 미국의 제재 동참 요구를 그대로 수용하였고 러시아는 한국을 비우호국 명단에 올렸다. 러시아에는 이번 사태로 인해 오도 가도 못 하는 우리 교민과 기업이 있다. 조만간 러시아는 비우호국 국민에 대해 입국 제한 조치를 취한다고 한다. 우크라이나는 1991년 독립 이후 한국 대통령이 한 번도 방문한 적이 없는 나라이다. 그런데 대통령 당선인은 3월 29일 젤렌스키 대통령과의 통화에서 지원을 약속하였으며, 지난주 인수위 부대변인은 아직 어느 쪽의 소행인지 밝혀지지도 않은 부차 민간인 학살 정황과 관련하여 러시아를 강력히 규탄하였고, 현 정부는 이와 관련 유엔총회에서 러시아의 유엔 인권이사회 이사국 자격을 정지하는 결의에 공동제안국으로 참여하였다. 이번 주에 국회에서 화상으로 연설한 젤렌스키 대통령은 예상대로 한국에 살상무기 지원을 강력히 요청하였다. 우리 사회 일각에서 '가치 외교'를 운운하는데 과연 우리에게 우크라이나는 무엇인가? 우크라이나에 대한 동정론이 지나쳐 그간 어렵게 일궈 온 한러 관계가 훼손될까 우려된다.

<2022-04-14 북방경제협력위원회 간담회 발표>

> ## 러시아와 척을 짓는 것은 피해야 한다

    미국 등 서방국가들이 러시아가 우크라이나 침공을 멈추도록 강력한 경제제재를 지속적으로 취하고 있는 가운데 한국에서도 러시아의 침략을 비난하면서 우크라이나를 동정하고 응원하는 분위기가 압도적이다. 하지만 한국에서 생각하는 만큼 러시아가 국제사회에서 철저하게 고립된 것 같지는 않다. 3월 유엔총회에서 채택된 러시아의 우크라이나 침공 비난 결의 2건은 모두 찬성 140표의 압도적 지지를 받았으나 지난주 긴급총회에서의 우크라이나 민간인 학살 의혹에 따른 러시아의 유엔 인권이사회 이사국 자격 정지 결의는 찬성이 93표였다. 미국이 주도하고 있는 대러 제재에 동참한 국가는 유럽연합 국가들, 캐나다, 오스트레일리아, 한국, 일본, 대만, 싱가포르 등 48개국이며, 중국 말고도 쿼드 참여국인 인도, 나토 회원국인 터키, 미국의 맹방인 이스라엘 등이 동참하지 않고 있다.

그간 한국은 러시아에 대해 포괄적인 제재조치를 취해 전략물자 수출을 차단하고 비전략물자는 금지 목록을 검토 중이며, 러시아 중앙은행과 8개 상업은행과의 거래 및 러시아 국채의 거래를 중단시켰다. 한편 우크라이나에 대해서는 국방부에 따르면 지난달 10억원 수준의 비전투 물자를 지원한 데 이어 추가로 20억원 상당의 군수물자를 지원할 예정이다. 또한, 외교부는 지난달 1천만 달러 규모의 인도적 지원을 제공했고 3천만 달러 규모의 추가 지원이 예정돼 있다. 민간 차원에서도 기부 및 모금이 이어지고 있고 이미 상당한 금액이 전달됐다. 문재인 대통령과 대통령 당선인 모두 젤렌스키 대통령과 전화통화를 가졌는데 지원을 약속했다고 한다. 지난주 인수위는 아직 진상이 명확히 밝혀지지 않은 민간인 학살 정황과 관련해 러시아를 강력히 규탄했고 앞으로 10억 불 지원을 거론한 바 있다. 지난 11일 국회에서는 젤렌스키 대통령의 화상 연설을 청취했다. 우크라이나 측은 대공 유도무기 체계와 90년대 러시아에서 들여온 T-80U 탱크 등 살상무기를 제공해 달라고 요청했는데 정부는 이에 대해서는 지원 불가 입장이다.

이번 전쟁의 참상을 보며 인도주의적 견지에서 도움을 주자는 목소리를 내는 것은 자연스러운 일이다. 다만 도움을 주는 데 있어 나라에 따라 감당할 수 있는 또는 적절한 수준이 다르다. 일본이 강한 반러시아적 태도를 보이며 친우크라이나 행보를 보이는 것은 다 이유가 있다. 현재 일본과 러시아 사이에는 쿠릴열도를 둘러싼 영토분쟁이 있다. 유럽국가들 사이에도 대러 제재와 우크라이나 지원에 있어서 정도의 차이가 있다. 난민 수용에 있어서 영국은 말할 것도 없고 미국조차도 소극적이다. 미국도 러시아산 원유 도입금지에 주저했었고 수입금지 광물 목록에서 자국에 필수적인 품목은 제외했다.

우리 국방부가 지난 8일 사전협의에서 우크라이나 측에 살상무기 제공 요청은 수용할 수 없다고 했는데도 11일 국회 화상 연설에서 젤렌스키가 같은 요청을 되풀이한 것은 부적절했다고 본다. 우크라이나 측이 러시아의 침공으로 직접적인 영향을 받는 유럽국가도 아닌 한국에 마치 '맡겨놓은 물건 내놓으라' 식으로 기세등등한 것은 어떻게 이해해야 할까? 한국에 있어 우크라이나는 어떤 나라인가? 우크라이나는 지난 30여년간 한국 대통령이 단 한 번도 방문한 적이 없는 나라이다. 우크라이나는 북한에 대륙 간 탄도 미사일(ICBM)과 잠수함 발사 탄도 미사일(SLBM) 기술을 넘겨줬다는 의혹을 사고 있으며, 독도 영유권 문제에 있어 일본 쪽에 기우는 입장을 취하고 있는 것으로 알려져 있다.

한편 이번 사태로 현재 러시아에는 많은 교민과 한국 기업이 발이 묶여 있다. 러시아 정부는 조만간 비우호국 국민에 대해 입국 제한 조치를 취한다고 한다. 한국이 우크라이나에 살상무기를 제공하면 러시아는 한국에 대해 보복 조치를 취하고 북한과 한층 더 밀착할 가능성이 있다. 한국은 우크라이나에 대해 인도적인 물품 및 살상무기가 아닌 군수물자를 제공함으로써 성의를 다하고 있다고 본다. 일부 매체는 한국이 러시아와의 관계를 고려하는 것을 부끄러운 일이라고 했는데 과연 그런가? 한국이 범서방 진영에 속하기는 하지만 우크라이나 문제에서 미국과 유럽, 나토와는 이해관계가 다르다. 일부에서 인도주의와 국격을 들먹이며 '가치 외교'를 거론하고 있는데, 고상한 듯 보이나 우크라이나 사태의 복잡한 배경을 객관적으로 이해하지 못하고 국제사회의 냉혹함에 대한 인식도 부족한 가운데 줏대 없는 허영심의 발로는 아닌가? 우크라이나에 대한 과도한 동정심 때문에 한반도의 평화와 안정에 무시할 수 없는 영향력을 갖고 있으며 경제협력의 여지가 큰 러시아와 척을 짓는 일은 없어야 되겠다.

<2022-04-17 천지일보>

尹 당선인, 나토정상회의 참석할까 우려…
국익 직시해야

"영원한 동맹도 적도 없다. 우리의 국익이 영원할 뿐." (19세기 영국 파머스턴 총리)

우크라이나에서의 전쟁이 끝나면 국제질서가 재편된다는 관측이 나온다. 민주주의와 권위주의 진영으로 나뉜 '신(新)냉전 체제'가 그것이다. 지난달 29일 천지일보가 만난 박병환 유라시아전략연구소장은 파머스턴 총리의 어록을 꺼냈다. 대외의존도가 높은 우리나라가 어느 한 편에만 서는 것이 국익에 맞겠냐는 지적이다. 게다가 지금은 제2차 세계대전 이후 자본주의과 사회주의로 양분되었던 세계정세와도 다르다. 많은 분야에서 각국이 얽혀 있는데다 어느 동맹에도 속하지 않고 중립적인 입장을 취하는 국가도 수십년 전에 비해 훨씬 늘었다.

두 달을 훌쩍 넘긴 러시아-우크라이나 전쟁. 현재 양국이 전력으로 임하는 동부 돈바스 지역의 미래는 어떻게 될까. 전쟁은 어떤 모양으로 끝날까. 우리나라는 이런 복잡한 관계를 어떻게 헤쳐 나가야 하나. 곧 출범하는 윤석열 정부는 서방과 러시아 사이 점점 복잡해지는 관계 속 어떤 입장을 취해야할까.

주러시아 공사, 주이르쿠츠크 총영사, 주우즈베키스탄 공사 등을 역임한 러시아 전문가 박 소장에게 분석을 들어봤다.

다음은 박 소장과 일문일답.

1. 러시아군이 돈바스에 화력을 집중하고 있다. 돈바스 전투를 어떻게 전망하는지

먼저 돈바스 전투의 배경을 보자. 블라디미르 푸틴 러시아 대통령이 지난 2월 특수 군사작전을 선포했을 때 두 가지 목표를 들었다. 첫 번째는 우크라이나 내 신나치 세력 소탕, 둘째는 우크라이나의 비무장화다. 돈바스 전쟁은 첫 번째 목표를 이루기 위한 것이다. 우크라이나는 다민족 국가인데 2차 대전 나치 독일처럼 자국내 다른 민족을 공격하는 세력이 있고, 이들에 의해 2014년 내전 이래 러시아어를 사용하는 주민들에 대한 핍박이 인종청소라 할 정도로 거세지자 푸틴 대통령 입장에서는 러시아계 주민들의 절박한 요청을 받아 군사적 조치를 결정한 것이다.

이것이 이번 군사작전의 최우선 목표였으니 우크라이나 전체까진 아니더라도 돈바스를 해방시키겠다는 목표에는 흔들림이 없을 것이라고 본다. 일부 지역에서 우크라이나군이 승리를 거두고 있다고 하나 현재 러시아군의 점령지가 확대되고 있다. 남부 마리우폴도 점령이 됐고 돈바스 전 지역이 점령된다면 흑해로 나가는 출구를 러시아가 장악하게 돼 우크라이나가 내륙국이 될 가능성도 있다. 결국 러시아 점령 지역과 나머지 지역으로 분단되지 않겠냐는 전망도 나온다. 돈바스에는 이미 친러 정권이 수립되었고 나머지 지역에서도 친러시아 지도자를 내세울 것으로 보이며 크림반도처럼 러시아 영토로 편입될 가능성도 배제할 수 없다.

2. 지금까지의 서방의 러시아 제재와 우크라이나 지원 평가

제재는 별로 안 먹히는 듯하다. 이를 대표적으로 나타내는 것은 루블화 가치의 반전이다. (CNN방송에 따르면 루블 환율은 이날 기준 1달러에 68루블을 기록했다. 지난 3월 7일 달러당 135루블에서 가치가 2배 상승해 2년 만에 최고 수준이다.)

이렇게 된 것은 유럽 국가들이 러시아 가스와 원유를 계속 구입하고 있기 때문이다. 러시아 가스와 원유는 파이프로 바로 보낼 수 있어 값이 저렴해 유럽국가들은 전쟁 중에도 원유와 가스를 산다. 대부분의 유럽국가들은 러시아의 가스(PNG)를 대체할 수 있는 액화천연가스(LNG)를 도입하기 위한 인프라가 미비해 단기간에 러시아에 대한 높은 의존도를 낮출 수가 없는 형편이다. 여기에 푸틴 대통령이 에너지 대금을 루블로 지불하라고 하니 루블화에 대한 수요가 늘어났다.

우크라이나가 지금까지 버틸 수 있었던 이유는 서방의 지원 때문이다. 지금껏 방어 무기만을 지원했던 서방이 이제는 공격용 무기까지 포함해 군사원조를 대폭 늘리고 있는 점은 주목할 만하다.

3. 러시아의 핵 위협과 실제 핵무기 사용 가능성

푸틴 대통령이 한 발언은 '핵 위협'이라고 해석하기는 어렵고 핵 방어 태세를 점검하고 강화하라는 의미였다. 핵무기 사용 가능성은 극히 낮다고 본다. 서방도 핵을 가지고 있는데, 러시아가 핵 공격을 하면 공멸한다는 점을 모르겠는가. (핵무기 사용은) 그야말로 최후의 카드라고 본다.

4. 평화협상 등 외교로 전쟁을 종식할 수 있을까

결국엔 평화협상으로 전쟁이 끝나지 않을까. 러시아가 우크라이나 전역을 점령할 때까지 작전을 지속하진 않을 듯하다. 러시아가 자기들의 목표를 달성했다고 생각하는 순간 협상이 급진전할 것으로 전망한다. 안토니우 구테흐스 유엔 사무총장도 최근 푸틴 대통령과 회담 후 러시아가 결심해야 이 전쟁이 끝날 것이라고 전망했다. 다만 미국이 우크라이나에 지속적으로 무기를 대주고 있어서 전쟁이 계속될 수 있다.

5. 전쟁 후 세계 외교나 안보 등 변화를 예측한다면

세계가 민주주의 vs 권위주의 진영으로 나뉜다는 관측이 나온다. 일명 신냉전이다. 물론 진영으로 나뉘긴 하겠지만 과거와 같은 냉전 구조로는 갈 수 없다고 본다. 따라서 현재와 같은 미국 중심의 일극체제가 다극체제로 바뀔 가능성이 있다. 대러 제재에 동참하는 나라의 수가 실제로 압도적이진 않기 때문이다. 특히 아시아나 아프리카, 중남미 대륙에 서방 진영에 동조하지 않는 국가들이 많다. 대표적으로는 인도다. 중국에 대응하기 위해 만든 미국·인도·일본·호주 안보협의체 쿼드에 속하면서도 러시아 제재에는 참여하지 않았다.

이번 전쟁으로 지난 수십년간 가속됐던, 경제적 측면에서의 세계화가 후퇴될 것이란 분석도 있다.

6. 우리나라의 대우크라이나, 대러시아 외교 평가와 제안

각국이 형편이 다르다. 결국 많은 나라들이 국익에 따라 움직인다. 서방 진영 내에서도 나라마다 입장이 다르다. 미국의 경우 석유도 가스도 생산할 수 있다. 그런데 소량 수입해왔던 러시아산 석유에 대한 금수 조치를 발표하면서 형편이 다른 나라에게도 압박하는 양상이다. 독일의 경우 러시아로부터 에너지 수입을 중단하게 되면 산업 전반에 심각한 타격이 우려돼 반우크라이나 분위기가 만만치 않다. 최근 5만명의 지식인들이 총리에 대해 우크라이나에 무기를 지원하지 말라고 공개청원을 내기도 했다. 지금 가장 러시아에 공격적인 태도를 보이는 조 바이든 미국 대통령이나 보리스 존슨 영국 총리는 심각한 스캔들과 정치적 위기를 이번 사태를 통해 해소했다는 사실도 잊어선 안 된다. 일본은 영토 문제로 전쟁 전부터 러시아와 대립 중이었기 때문에 제재에 있어서도 거리낌이 없으나 미국이나 영국과는 달리 우크라이나에 살상무기 지원은 하지 않고 있다.

이런 맥락에서 차기 정부의 외교 행보가 주목된다. 이제까지는 대러 제재에 동참하면서도 우크라이나에 대해 인도적인 지원과 일반적인 군수 지원에 머물고 살상무기 지원은 자제하고 있으나 차기 정부가 대외정책 특히 대미 외교 기조를 바꿈에 따라 변화가 있을 수 있기 때문이다. 오는 21일 한미 정상회담에서 미국의 반러시아 캠페인에 대해 어떤 입장을 취할지 궁금하다. 또한 우려되는 점은 다음달 말 스페인에서 열리는 북대서양조약기구(나토) 정상회의에 대통령의 참석 여부다. 앞서 토니 블링컨 미 국무부 장관은 아시아·태평양 4개국(AP4, 나토 비가입 파트너국: 일본, 한국, 오스트레일리아, 뉴질랜드)의 일원으로 한국의 참여 가능성을 거론했다. 지난 4월 외교장관이 나토 외교장관 회의에 참석한 데 이어 6월 정상회의에 대통령이 참석하게 된다면 한국은 상당한 부담을 떠안을 가능성이 크다.

또 푸틴 대통령은 우크라이나에 무기를 지원하는 나라에 대해 보복하겠다고 경고한 바 있다. 설사 인도적 지원 및 전후 복구비용과 관련해 지원 규모를 대폭 늘리는 한이 있더라도 러시아와 척을 짓지 않기 위해서는 우크라이나에 대한 지원에 한계를 분명히 해야 한다. 한미동맹도 중요하나 전략적 측면에서 북방외교의 핵심대상인 러시아와의 관계를 관리하는 것도 중요하기 때문이다.

7. 우리 국민이 전쟁에 대해 알아야할 점이 있다면

국제사회는 선과 악이 대결하는 장이 아니다. 단순화해선 안 된다는 것이다. 러시아의 침공에 가장 분개하면서 우크라이나에 지속적으로 무기를 대주고 있는 미국과 영국이 받는 우크라이나 난민 수를 보자. 600만명이 넘는 난민 중 영국은 고작 2만 7천명, 미국은 최대 10만명까지 수용하겠다고 했다. 인도주의적 미사여구가 넘치지만 결국 국익에 일치할 때만 행동에 나선다. 따라서 우리도 인도주의적으로 우크라이나를 도우면서 한편으로는 국익 관점에서 이 전쟁이 왜 발생했고 어떻게 진행되고 앞으로 어떻게 될 것인지를 잘 따져봐야 한다.

<2022-05-04 천지일보>

우크라이나 사태 객관적으로 보자

　국내 언론은 그간 러시아 관련 사안에 대해서는 영미 매체의 보도를 베끼는 수준으로 보도해 왔는데 우크라이나 사태도 예외가 아니다. 일부 국내 매체는 러시아군이 동부 지역에서 수렁에 빠져 있고 이제 전세가 역전될 수 있다고 보도했다. 그런데 러시아군이 돈바스 지역의 대부분, 그리고 흑해 연안을 따라 마리우폴과 헤르손을 점령하고 남부 지역 항구인 오데사로 진격하고 있다고 한다. 그렇게 되면 우크라이나가 내륙국가로 전락할 수 있다. 푸틴 대통령은 5.9 전승절 행사에서 그간 우크라이나 극우민족주의 세력이 러시아어 사용 주민들에 대해 저지른 만행을 열거했는데 서방 매체들은 왜 이 문제에 대해서는 전혀 관심을 보이지 않을까?

　서방은 그간 러시아의 전쟁 비용 조달에 타격을 주기 위해 강력한 제재를 발동했으나 희망과는 달리 러시아는 이전보다 더 많은 외화 수입을 올려 루블화 가치는 오히려 상승했고 이에 따라 국가 부도 이야기는 쏙 들어가 버렸다. 에너지 가격 상승, 식량 부족, 인플레이션 때문에 제재한 쪽이 제재를 받는 쪽보다 고통이 더 큰 웃지 못할 일이 벌어지고 있다. 제재가 기대한 성과를 거두지 못하자 유럽연합은 러시아산 원유에 대해 단계적 수입금지 조치를 논의하고 있는데 헝가리, 불가리아 등 일부 회원국들이 반발하고 있다. 무기 지원에서도 불협화음이 있다. 특히 독일은 무기 지원을 결정하기까지 내부적으로 엄청난 의견 대립을 겪어야 했다.

바이든 대통령이 최근 군사적 지원 200억 달러를 포함한 총 330억 달러 규모 지원을 의회에 추가 요청했다. 미국 내 여론이 우크라이나 사태에 대한 개입에 대해 그리 우호적이지 않은데도 대대적인 지원을 하는 이유는 무엇인가? 현재 바이든 대통령에 대한 지지도가 상당히 낮아 하반기 중간선거 나아가 재선까지도 우려되고 있어 전쟁 상황이 상당 기간 지속되는 것이 민주당에 도움이 되기 때문이라고 보는 미국 내 비판적인 견해도 있다. 한편 폴란드는 2차 대전 직후 소련에 빼앗겼던 현재 우크라이나의 서부 지역에 눈독을 들여 평화유지군 명목으로 파병하려 하며 이에 대해 미국의 양해를 얻었다는 이야기가 들린다. 한편 미국을 비롯한 나토가 이번 전쟁에 깊숙이 개입하고 있음이 드러나고 있다. 최근 미 국방부는 지난 8년간 미국이 우크라이나군을 훈련시켜왔다고 공개적으로 밝힌 바 있다. 미 국방부가 우크라이나에서 수십 개의 생물무기 연구시설을 운영하고 있었는데 2.24 러시아의 침공 직후 소각했음이 밝혀졌다. 또한, 흑해 연안 마리우폴에 있는 아조프 제철소의 지하벙커에서 저항하고 있는 우크라이나군 병력에 나토군 장성과 장교들도 포함돼 있다는 이야기가 들린다.

그간 젤렌스키 대통령은 우크라이나가 러시아의 침략으로부터 민주주의와 유럽을 지키는 전쟁을 수행하고 있다고 주장하며 호령하듯이 무기 지원을 요구해 왔는데 민주주의 vs. 권위주의 프레임은 미국 내에서도 전폭적인 지지를 받고 있지 못하고 있다. 유럽연합 내에서 '이번 사태는 우리의 전쟁이 아니며 왜 우크라이나 때문에 우리가 고통을 받아야 하는가?'라는 질문이 나오고 있다고 한다. 우크라이나 난민들이 반러 시위를 하며 난동을 부린 것도 이유로 작용한 것 같다. 젤렌스키는 러시아에 대해 유화적인 야당 지도자를 체포해 러시아에 대해 포로로 맞교환을 제의하는 등 반대 세력을 억압하고 있다고 한다. 피신하지 않고 지하벙커에서 항전을 외치며 도움을 호소하는 젤렌스키 대통령의 모습 자체는 감동적일 수 있으나 우크라이나 상황은 매우 처절하다. 그는 러시아에 대해 타협을 거부함으로써 이길 수 없는 전쟁에 국민들을 내몰고 있으며, 그 결과 앞으로 나라가 쪼개질 가능성도 있다. 지도자는 말이나 동기가 아니라 결과로 평가받아야 한다.

이번 전쟁에서 우크라이나는 서방의 국제 언론 시장에서의 절대적 우위를 활용해 러시아를 악마화하기 위해 '아니면 말고 식'의 대대적인 선전전을 벌이고 있다. 그러한 선전에 넘어가서인지 한국 내 우크라이나에 대한 감정이입 현상이 이해하기 어려울 정도이다. 우리 언론은 국내 문제뿐만 아니라 국제 문제에 대해서도 국민들의 알 권리를 충족시킬 의무가 있다. 영미 매체에만 의존하지 말고 러시아를 포함한 다른 나라들의 보도도 참고해야 한다. 이번 전쟁이 왜 일어났고 현재 어떤 상황이며 앞으로 어떻게 전개될 것인지 등 분석적 기사가 아니라 단편적인 에피소드 위주의 보도는 국민들의 객관적 이해와 인식을 저해할 수밖에 없다. 한국이 미국과 동맹 관계에 있다 할지라도 결국 제3자일 수밖에 없다. 새 정부와 언론은 국익 관점에서 냉철한 접근을 하길 바란다.

<2022-05-15 천지일보>

> ## 이준석 대표의 우크라이나 방문 추진과
> ## 살상무기 우회 지원 결정

언론 보도에 따르면 윤석열 대통령이 지난 13일 이준석 국민의힘 대표로부터 우크라이나 방문 구상을 듣고는 곧바로 김성한 국가안보실장에게 우크라이나 측과 일정을 협의하도록 지시했으며 이 대표는 윤 대통령의 친서를 우크라이나 대통령에게 전달하고 한국 정부의 지원 방안을 협의할 것이라고 한다.

작금의 우크라이나 사태와 관련하여 한국의 여당 대표가 우크라이나를 방문하는 것이 왜 필요한가? 과연 우리의 국익 확보 또는 증진에 어떤 도움이 되는가? 그러한 방문이 대통령이 당대표 이야기를 듣고 바로 결정할 사안인가? 새 정부의 외교사고에 러시아는 없는가? 언론 보도를 접하고 이런저런 질문이 안 나올 수 없었다. 더욱이 29일 국방부는 지난 정부의 방침을 뒤엎고 우크라이나에 대해 155밀리미터(mm) 포탄, 기관총, 전차, 장갑차 등 살상무기를 우회 지원하기로 하였다고 한다.

후보 시절 윤 대통령의 우크라이나 사태에 대한 발언 그리고 당선인 신분이던 지난 3월 젤렌스키 대통령과의 전화 통화 등에 비추어 새 정부가 들어서면 우크라이나 사태에 대한 접근법이 달라질 것으로 예상하기는 했으나 이번 결정은 우려된다. 한마디로 말해서 한-러 관계에 대한 고려는 전혀 없어 보이며 한국 여당 대표의 우크라이나 방문이 몰고 올 파장에 대한 고민도 없었던 것 같다.

새 정부는 우크라이나 사태를 한미동맹의 회복, 나아가 강화라는 관점에서만 접근하는 것은 아닌가 하는 우려를 금할 수 없다. 미국의 맹방인 이스라엘조차 국익을 고려하여 우크라이나에 대전차 미사일을 제공하라는 미국의 요청을 거절하였다. 러시아는 제재조치를 취한 한국을 이미 비우호국으로 지정하였고 우크라이나에 무기를 지원하는 국가에 대해서는 보복을 예고한 바 있다. 러시아는 최근 유엔 안보리에서의 북한의 미사일 도발에 대한 제재 결의 채택에 반대하였는데 그간에도 서방의 결의안에 대해 그대로 수용하지는 않고 줄다리기를 하였지만 이번 반대는 우크라이나 사태에 대한 한국의 태도 또는 조치에 대한 불만을 노골적으로 표시한 것으로 보인다.

러시아는 나아가 러시아 주재 한국 외교관을 추방할 수도 있고 러시아에 진출한 한국 기업에 대해 어떤 불이익을 주는 조치를 취할 수도 있다. 한국이 미국 주도의 인도·태평양 경제 프레임워크(IPEF)에 참여하자 중국은 강력히 반발하면서 미국이 동북아시아에서 벌이는 '전쟁 책동'에 결연히 대처하겠다고 하는 상황에 러시아를 더욱 자극하는 행동을 취하는 것은 무슨 이유에서인가?

윤 대통령은 취임사에서 "자유와 인권의 가치에 기반한 보편적 국제규범을 지지하고 수호하는 글로벌 국가" 그리고 "국제사회에서 책임을 다하고 존경받는 나라"를 지향한다고 하였다. 그러한 방향성은 물론 바람직한 것이나 국제사회에서 국익에 대한 구체적 고려 없이 그러한 명분만 추구하는 국가는 없다. 강대국들이 자신의 이익을 추구하면서 포장하기 위해 내세우는 수사를 그대로 따라 하는 것은 외교적 재난을 초래할 수 있다. 사람들이 우크라이나 사태와 관련하여 국제사회의 여론 운운하는데 전 세계 국가들의 1/4에도 미치지 못하는, 미국과 유럽연합 그리고 몇몇 국가를 놓고 그렇게 이야기하고 있다.

여당인 국민의힘은 보도자료에서 "최근 우리 국민들이 우크라이나 상황에 대해 마음 깊이 안타까워하고, 조속한 평화가 오기를 기원하고 있다"라고 하고 "이러한 국민들의 염원을 담아 우크라이나 국민들을 뵙고 위로를 건넬 예정"이라고 하였다. 혹시 우크라이나 방문을 국내에서 어떤 재난이 발생하였을 때 당 대표가 지역구 의원들을 함께 그 지역을 방문하여 주민들을 위로하는 것쯤으로 생각한 것은 아닌지 모르겠다. 더욱 가관은 "이번 방문이 아시아 국가 정당으로서 최초"임을 강조한 것이다. 각국 정당들 사이에 우크라이나 방문 경쟁이 있고 우리가 1등을 하고 싶다는 이야기인가?

도대체 우크라이나는 우리에게 무엇인가? 가까운 우방도 아니고 오히려 북한에 ICBM 및 SLBM 기술 전수 의혹이 있고 독도 문제에 있어 일본 쪽에 기우는 입장을 취하고 있는 나라이다. 지난 30년간 대한민국 대통령이 방문한 적이 한 번도 없는 국가이다.

일찍이 2008년 한국과 전략적 동반자관계를 맺었으며, 한반도 평화와 안정에 있어 우리가 도움을 받을 수 있고 유라시아 대륙 진출의 핵심 파트너인 러시아와 척을 지면서까지 우리가 '가치외교'를 추구할 만한 나라인가? 언론 보도가 사실이라면 국익과 외교에 대해 깊은 헤아림이 없어 보이는 여당 대표, 그러한 아이디어를 고민 없이 받아들이는 대통령, 그리고 관계부처 회의 개최도 없이 지시를 그대로 이행하는 대통령의 참모라는 느낌을 갖게 된다. 또한 무슨 근거로 우크라이나에 대해 살상무기를 우회적으로 제공하면 러시아를 자극하지 않을 것으로 판단하였는지 궁금하다. 더욱이 6월 나토정상회의에 예상대로 윤 대통령이 초청을 받아 참석하게 된다면 추가로 어떤 부담을 떠안게 될지 우려된다.

외교의 세계는 아무리 신중해도 지나치지 않는 세계이다. 정부가 출범한 지 얼마 안 되어 아직 체계가 안 잡혔을 수 있겠는데 만일 그렇다면 하루바삐 체계가 잡히고 국익과 가치가 균형을 이루는 외교가 전개되길 바란다.

<2022-05-31 프레시안>

> ## 윤석열 정부의 '급변침'…
> ## 러시아를 '적'으로 돌리면 한반도는?

윤석열 대통령이 6월 말 스페인 마드리드에서 열리는 북대서양 조약기구(NATO) 정상회의에 참석할 것으로 보인다. 최근 대통령실은 대통령실 관계자와 외교부 관계자들이 마드리드를 방문, 사전 답사 중이며, 늦어도 이달 중순까지는 참석 여부를 결정할 것이라고 한다. 앞서 나토는 아시아 태평양지역 파트너로 한국, 일본, 호주 및 뉴질랜드를 정상회의에 초청했다.

그런데 이 시점에 대한민국의 대통령이 나토정상회의에 참석하는 것이 우리의 국익에 부합할지 의구심이 든다. 나토가 한국을 초청한 것은 다분히 우크라이나 사태와 관련해 한국의 적극적인 기여를 끌어내기 위한 목적으로 보인다. 우크라이나에 대해 문재인 정부는 '살상무기는 안 된다'는 원칙을 세우고 일반적인 군수물자만 제공하였으나, 윤석열 정부가 들어서기가 무섭게 그러한 입장을 뒤엎고 적극적인 지원에 나서고 있다. 지난주에 현재 우크라이나에 서방의 무기 공급 물류 기지 역할을 맡고 있는 폴란드의 국방장관이 다녀갔고 6일에는 우크라이나 외교차관이 방한했다. 이미 5월 말에 국방부는 155mm 포탄, 기관총, 전차, 장갑차 등 살상무기를 우회 지원키로 하였음을 밝혔다. 이러한 정책의 급격한 변화는 미국 주도의 우크라이나 지원을 위한 국방 당국자 회의(5.23)에 우리 국방부장관이 참석한 이후 나타났다.

우크라이나 사태와 관련해 현 정부의 움직임을 보면서 '러시아가 한국의 적이라도 되나?', '우크라이나에 대해 한국이 크게 빚진 것이라도 있나?' 등의 질문을 던지게 된다. 러시아가 미국에는 적일지라도 우리에게도 적인지는 단정적으로 말할 수 없다. 작금의 행동을 보면 우리 스스로 러시아의 적이 되려고 하는 것은 아닐까 하는 우려가 든다. 한국 정부의 우크라이나에 대한 살상무기의 우회적 지원 방침에 대해 러시아 측이 어떤 공식적 반응을 보였는지 아직 알려진 바 없다. 현 정부에서 묘수라고 찾아낸 우회 지원 방침은 꼼수일 뿐이다. 전쟁 중인 두 나라 사이에서 직접이든 우회이든 무기를 일방에 지원하면 다른 일방과는 적대 관계가 성립하는 것이 국제관계의 이치이다. 윤석열 정부의 외교안보라인이 국제사회에서의 그러한 기본 이치도 모른다면 심각한 우려를 갖지 않을 수 없다.

살상무기 지원에 더해 대한민국 대통령이 나토정상회의에 참석하게 되면, 한국은 누가 보더라도 명백히 러시아에 대해 적대적인 태도를 보이는 셈이 된다. 정상회의에 참석하면 한국에 대한 나토의 지원 요청 수위는 더욱 높아질 것이 뻔하다. 한국은 우크라이나 사태로 위협을 느낄, 그런 지리적 위치에 있지 않다. 유럽국가들은 물론 일본과도 사정이 다르다.

우크라이나 사태를 둘러싸고 새 정부가 취하는 행동과 태도는 러시아와 북한을 더욱 밀착하게 하는 효과를 낳아 우리의 안보 부담을 가중시킬 뿐이다. 한국이 러시아를 적대시한다면 러시아가 한반도의 안정과 평화에 이바지할 필요성을 느낄까?

한미동맹은 북한의 위협을 상정한 것이다. 미국은 사실상 우크라이나를 부추겨 러시아에 대해 대리전을 치르도록 하고 있다고 할 수 있다. 이는 미국의 유럽에서의 입지를 강화하려는 것일 뿐이다. 한미동맹과는 직접 관련이 없다. '한미상호방위조약'에는 동맹의 지리적 범위를 태평양지역으로 한정하고 있다. 역사상 국가 간에 전방위적이고 항구적인 동맹은 존재한 적이 없다. 우크라이나 사태를 계기로 동맹의 중요성을 새삼 깨닫게 되었으나 그렇다고 한국이 우크라이나 사태에 직접적이든 간접적이든 개입해야 한다는 결론이 도출될 수는 없다.

동맹인 미국이 한국의 협조를 요청하는 데 대해 거절할 수 없다면 우리의 사정과 형편에 맞게 성의 표시를 하는 것으로 족하지 않을까? 최근 한미정상회담을 전후하여 '글로벌 포괄적 전략동맹'이라는 표현이 나왔는데 무슨 뜻인지 이해는 되나 그러한 표현이 말이 되고 적절한지는 의문이다. 동맹이란 공동의 적을 상정하고 군사적인 성격을 갖는다. '글로벌 포괄적 전략동맹' 표현은 문제가 있다. 굳이 그러한 생각을 나타내고 싶다면 '글로벌 포괄적 전략파트너'라고 하는 것이 적절하겠다. 나토는 G7과 다르다. G7에 초청 받아 참석하는 것은 우리의 국격을 높여줄 수 있으나 나토정상회의는 그런 것도 아니다. 나토정상회의에서 한국은 부담스러운 청구서만을 받고 돌아오는 것은 아닌가 걱정된다. 아마도 한국은 글로벌 중추 국가로서 국제사회에서 더 많은 책임을 맡고 기여를 해야 한다고 합리화할 것이다.

국내언론이 영미 매체들의 편향적인 보도를 생각 없이 받아쓰며 이번 우크라이나 사태에 대해 객관적이고 심층적인 설명을 하지 않고 있다. 또 한국 사람들은 역사적으로 피해의식이 있어 한국 사회는 현재 러시아의 침공을 받은 우크라이나에 대해 감정이입에 가까울 정도의 동정심을 보이고 있다. 그러나 한국 정부가 우크라이나 사태에 어떻게 대응하느냐의 문제는 전혀 다른 차원의 것이다. 긴 안목으로 냉철한 판단이 요구되는 사안이다. 우크라이나에 대한 지원 수위를 결정하기 위해서는 '러시아와 우크라이나 두 나라가 각각 우리에게 무엇인가?', '어느 나라와의 관계가 국익 관점에서 더 중요한가?' 등 근본적인 질문을 해 봐야 한다. 막연히 한미동맹의 강화라는 차원에서 끌려가듯이 행동하는 것은 경계해야 할 것이다.

국내언론 대부분에서 대통령의 나토정상회의 참석이 적절한가에 대한 문제 제기는 없다. 나토정상회의 참석 계기 한일 정상회담의 성사 가능성에 대해서만 주목하고 있다. 한심하다는 생각이 든다. 언론도 정부도 러시아의 존재를 망각하고 있는 것 같다.

<2022-06-09 프레시안>

> ## 윤 대통령은 푸틴 대통령을
> ## 만나지 않을 생각인가?

대통령실은 10일 윤석열 대통령이 6월 말 마드리드 북대서양 조약기구(NATO·나토) 정상회의에 참석한다고 발표하면서 회의에 참석하는 우크라이나 측과의 양자 접촉 가능성을 비쳤다. 지난주 이준석 여당 대표의 우크라이나 방문 때 우크라이나 대통령이 윤 대통령의 방문을 희망했다고 하는데 아마도 나토정상회의에서 젤렌스키 대통령과의 회동이 이루어질 수도 있어 보인다. 이러한 행보는 지난달 국방부가 부인하고 있으나 우크라이나에 무기를 우회 지원하기로 한 방침에 이어 한국이 점점 더 러시아에 대해 비우호적인 행동을 취하는 것이다. 이제 한국 정부는 아예 러시아를 적으로 돌리기로 작정한 것인가?

이 대표의 우크라이나 방문이 한때 정부와도 의견 조율 없이 이루어진 것으로 이해됐는데 방문 후 드러난 바에 따르면 사전에 정부와의 협의가 있었고 외교부 1급 간부가 동행했다. 이제까지 영국 총리, 폴란드 대통령 등이 키예프를 방문했는데 이들 국가는 러시아를 적대시하겠다는 뜻을 분명하게 표명한 국가이다. 한국 여당 대표가 자신의 방문이 평화 메시지일 뿐이라고 주장해도 집권 여당 대표인 만큼 국제사회가 그렇게만 이해하지는 않을 것이다. 여당 대표의 우크라이나 방문에 이어 한국 대통령의 나토정상회의 참석은 한국의 대러시아 적대시 정책을 공식 천명하는 것이나 다름없다. 이번 나토정상회의는 우크라이나에 대해 인도적 지원이 아니라 군사적 지원을 논의하는 자리가 될 것으로 예상된다. 우크라이나 사태 발발의 복잡한 배경을 잘 모르는 한국 국민이 우크라이나에 대해 강한 동정심을 갖는 것은 어느 정도 이해할 수 있으나 사태를 객관적으로 보면서 국익을 챙겨야 할 정부마저 그런 수준의 접근이라면 심히 우려되는 일이 아닐 수 없다.

우선 러시아 내 우리 국민과 기업들에 대한 고려는 전혀 없는가? 중국이 사드 배치 결정과 관련해 중국 내 우리 기업들을 야비하게 괴롭혔는데 러시아도 그런 조치를 취할 가능성은 없는가? 한국이 서방의 러시아에 대한 제재에 동참하자 러시아는 한국을 비우호국으로 지정은 했으나 비자면제협정을 유지하는 등 본격적인 보복 조치는 자제하고 있다. 한국의 러시아산 원유와 가스에 대한 의존도는 심각한 수준은 아니어서 당장은 문제없고 현재까지 러시아가 발표한 원자재 등 전략물자 수출 제한으로 인한 타격도 크지 않다고 하나 앞으로 제한품목이 확대되지 않을 것이라고 장담하기 어렵다. 최근 러시아는 일본에 대해 어업협정을 정지시켜 러시아

수역에서 일본 어선들의 조업을 금지했다. 러시아가 한국과의 어업 협정을 정지시킨다면 거의 전량 러시아에 의존하고 있는 국민 생선 명태의 공급에 비상이 걸릴 것이다. 국내 시멘트 제조업체가 러시아에 전적으로 의존하고 있는 유연탄 수입이 막히면 건설 현장에서는 어떤 일이 벌어질까? 국내 조선 3사가 러시아 기업과 맺은 LNG운반선 공급 계약 규모는 총 7조원이 넘는 것으로 추산되는데 계약이 해지되는 일이 일어날 수도 있지 않을까?

우크라이나 사태에 대해 정부가 미국의 요구를 전면 수용하는 것이 한미동맹의 강화를 위해 어쩔 수 없는 선택일까? 우크라이나 사태와 한미동맹은 법적으로는 연관이 전혀 없다. 대통령실 관계자는 '윤 대통령의 나토정상회의 참석은 가치와 규범을 토대로 하는 국제질서를 유지하기 위해 나토 동맹국, 파트너국과의 협력을 강화한다는 데 의미가 있고 글로벌 중추국가로서 우리나라의 역할을 확대할 수 있는 중요한 계기가 될 것으로 기대한다'고 했다. 참으로 한가한 이야기이다. 이번 나토정상회의 참석은 한국의 안보비용을 증가시킬 것이 뻔하다. 주러시아 북한 대사가 격렬한 전투가 벌어지고 있는 우크라이나 동부 돈바스 지역을 다녀갔다는 이야기가 있다. 러시아는 그간 자제했으나 북한에 대해 첨단 재래식 무기의 제공을 재개할 수도 있다. 나아가 러시아는 한반도의 안정을 위한 역할을 방기할 수도 있다.

문재인 정부에서 러시아를 비롯한 유라시아 지역과의 협력을 강화하기 위해 설치했던 북방경제협력위원회가 폐지된다는 이야기도 들린다. 그간 이 위원회가 얼마나 성과를 내었는지에 관계없이 그 존재 자체가 러시아에게는 의미가 있었다. 새 정부가 보여주고 있는 일련의 대러시아 행동으로 보아 노태우 대통령 시절부터 면면히 내려온 대러시아 정책의 기조가 무너지고 있다는 느낌이 든다. 한국의 외교사고에서 러시아는 사라지고 있는 것인가? 9월에 박근혜 대통령과 문재인 대통령이 참석한 동방경제포럼이 러시아 블라디보스톡에서 열리고, 11월에는 인도네시아 발리에서 G20 정상회의가 개최된다. 윤 대통령은 앞으로 푸틴 대통령을 만날 생각이 전혀 없는 것인가?

<2022-06-12 천지일보>

> ## 나토정상회의에는 왜 가는 걸까?

 윤석열 대통령이 29~30일 스페인 나토정상회의에 참석한다. 정부에 따르면 이번 참석은 나토 회원국들과의 자유민주주의에 기반한 가치 연대를 강화하고, 한국의 포괄적 안보 기반을 구축하고, 사이버, 기후 변화 등 새로운 안보 위협에 대한 효과적인 대응을 모색하기 위한 것이라고 한다. 또한, 북핵 관련 한국의 입장에 대해 참석국들의 지지를 확보하고, 우크라이나 사태에 대해 글로벌 리더 국가로서의 역할을 하겠다고 한다. 한편 국내 매체들은 '한국 대통령으로서는 최초로 초청을 받았다' '윤 대통령의 다자 외교무대 데뷔' '한미일 정상회담 가능성' '한일 정상회담 추진' 등의 제목으로 보도할 뿐이고 이번 참석으로 한국의 외교정책이 국제사회에 어떻게 비칠지에 대해서는 이렇다 할 관심을 보이지 않고 있다.

 나토는 2차 대전 이후 냉전 상황에서 소련의 위협을 느낀 북미와 유럽 국가 간 군사동맹으로서 공동의 적으로 상정한 소련이 1991년 무너졌음에도 오늘날까지 유지되고 있다. 소련을 승계한 러시아가 공산주의를 포기했으나 미국과 서구는 러시아에 대해서도 적대적인 입장을 취해온 바 나토의 경계 대상은 이념이 아니라 러시아라는 국가 자체인 것 같다. 나토는 나아가 지속적으로 구소련권 동유럽국가들을 회원국으로 받아들임으로써 러시아의 반발을 초래했으며, 이는 최근 우크라이나 사태의 가장 큰 요인이다.

윤 대통령의 나토정상회의 참석에 대한 의미 부여와 관련해 몇 가지를 지적하고 싶다. 첫째, 한국 대통령으로서 최초로 초청받았다는 사실이 무슨 의미를 갖는가? OECD 가입, G20 포함 및 G7 초청 등은 국제사회에서 한국의 위상 제고가 확인된다는 의미가 있으나 나토는 기본적으로 러시아에 적대하는 군사동맹체로서 한국의 국가 위상과는 직접 관련이 없다. 둘째, 한미일 정상회담은 우리보다는 미국이나 일본이 더 원하는 것일 것이다. 셋째, 한일 정상회담은 두 정상이 만날 계기가 없어서가 아니라 현재 강제징용 배상 등 양국 간 첨예한 현안이 풀릴 기미가 보이지 않기 때문에 성사되지 못하고 있다. 그러한 상황에서 한국 정부가 양국 정상이 회의장에서 오다가다 마주칠 가능성을 특별히 언급하는 것은 듣기 민망하다. 넷째, 포괄적 안보 기반 구축과 새로운 안보 위협에 대한 효과적인 대응을 이야기하고 있는데 유럽국가들이 한국의 안보에 무슨 이바지를 한다는 것이며 새로운 안보 위협에 대한 대처는 별도의 국제기구들이 있는데 나토 회의에 참석해야만 가능한 것인가? 다섯째, 북핵 관련 한국의 입장에 대한 지지를 확보하겠다고 하는

데 유엔 안보리에서의 북핵 문제 논의는 러시아 및 중국의 거부권 행사 여부에 달려 있다. 나토 회원국들은 항상 한국의 입장을 지지해 왔다. 무엇을 '확보'한다는 말인가? 마지막으로 우크라이나 사태에 대해 글로벌 리더 국가로서 역할을 한다고 했는데 바로 이것이 나토가 한국을 초청한 이유일 것이다. 그런데 대통령실 말대로 우크라이나에 대해 우회적으로도 살상무기를 지원하지 않을 것이라면 나토정상회의에서 윤 대통령은 별로 할 이야기가 없을 것이다. 우리 정부의 방침에도 불구하고 이번 회의에서 한국이 원하든 원하지 않든 군사적인 지원에 대한 청구서를 받게 될 가능성이 있다. 우크라이나 사태에 대해 나토가 원하는 수준의 지원은 하지 않기로 했다면 부담만 떠안게 될 것인데 참석 여부를 좀 더 신중히 검토했어야 하지 않나?

나토정상회의 참석이 새 정부의 반(反)러시아·반중국 기조를 상징적으로 드러낸다는 지적에 대해 안보실 관계자는 "이번 회의에서 채택될 가능성이 있는 새로운 전략 개념은 반중·반러 정책으로의 대전환으로 해석할 필요가 전혀 없다"고 했는데, 이미 블링컨 장관이 이번에 채택될 전략 개념에 기존 반러시아에 더하여 중국 견제가 포함될 것이라고 했다. 안보실 관계자는 무슨 소리를 하는 것인가? 또한, 주 나토 대표부 설치를 결정했다는데 아태 지역에서 나토의 파트너국인 한국, 일본, 호주, 뉴질랜드 중 한국을 제외한 3개국은 대표부를 두고 있다고 하나 나토의 30개 회원국 중에도 상주대표부를 운영하고 있지 않은 나라들이 있다. 굳이 별도의 대표부 설치가 필요한 것인지 심도 있는 검토가 있었는지 모르겠다.

한국 대통령의 나토정상회의 참석은 당연히 반러시아적이고 중국을 자극하는 행보로 비칠 것이다. 일본은 이미 러시아와 적대적인 관계이지만 전혀 처지가 다른 한국이 줏대 없이 미국 등 서방이 부추긴다고 해서 나토정상회의에 참석해 우크라이나 지원 확대라는 경제적 부담과 러시아를 적으로 돌리는 안보적 부담만 떠안게 되는 것은 아닌지 걱정된다.

<2022-07-03 천지일보>

나토정상회의에 대한 윤석열 정부의 설명 유감

국내 매체들은 연일 윤석열 대통령의 나토정상회의 참석을 띄우고 있다. 어떤 매체는 6월 29일 연설 순서가 영국 존슨 총리 다음 그리고 미국 바이든 대통령의 앞이었다는 점을 부각하는 촌스러움을 보이는가 하면, 전임 대통령들도 해외에 나가면 늘 하는 것인데 이번에 일부 나토 회원국 정상들과 약식 회담을 한 것에 대해 뜬금없이 'K-세일즈 외교'라고 추켜세우기도 한다. 그런데 대통령을 비롯한 정부 관계자들의 관련 발언을 보면 과연 외교·안보라인의 생각이 제대로 정리돼 있는지 의구심이 든다.

우선 무엇보다 중요한 것은 이번 회의 참석이 갖는 의미가 아닐까? 대통령실 관계자는 "나토 회원국들이 인도·태평양 지역 주요국인 한국을 장래 핵심 전략 파트너로 삼고자 한국을 초청했고, 우리는 그 협력 방안을 논의하고자 이곳 마드리드에 왔다"고 하면서 "우리는 중국과 대만해협을 논의하러 마드리드에 온 것이 아니라 세계 글로벌 질서의 중심에서 한국의 글로벌 중추 국가로서의 역할을 어떻게 우리 브랜드에 맞게 운용할 것인지를 참고하기 위해 논의하고 협력하러 왔다"고 했다. 이번 회의에서 서방국가들은 러시아의 우크라이나 침공과 중국의 팽창주의에 대응해 나토의 새로운 전략개념, 즉 러시아를 직접적 위협으로, 중국은 구조적 도전으로 규정하는 데 합의했다. 제3자가 보면 나토 회원국이 아닌 한국의 대통령이 나토정상회의에 참석한 것은 한국이 나토가 러시아 및 중국을 견제하는 데 뜻을 같이한다는 의미이다. 대통령실 관계자의 설명 앞부분은 이를 인정하고 있는 데 반해 뒷부분은 '술은 마셨지만 취하지는 않았다'는 말처럼 들린다. 게다가 외교부 대변인은 중국 관영매체가 윤 대통령의 나토정상회의 참석을 비판한 데 대해 "특정 국가나 지역을 배제하거나 반대하기 위한 목적이 결코 아니다"라고 답변했다. 나토의 러·중 적대시 정책에 동참하겠다면서 그렇게 이야기하면 말이 안 되는 이야기를 하는 것이다.

윤 대통령은 지난달 29일(현지시간) 나토정상회의 연설에서 "그동안 북한 문제에서 나토가 우리의 입장을 일관되게 지지한 것을 평가한다"며 "북한의 비핵화를 이끌기 위해서는 북한의 무모한 핵 개발의 의지보다 국제사회의 비핵화 의지가 더 강하다는 것을 분명히 보여줘야 한다"고 강조했다. 그런데 북핵 문제가 지금까지 해결되지 못하는 것이 서방국가들의 지지가 부족해서인가? 북한이 핵을 포기토록 하는 데 어쨌든 영향력을 행사할 수 있는 나라는 중국과 러시아이다. 논리적으로 북핵 문제의 해결을 위해 국제사회의 도움이 필요하다면 시진핑 주석과 푸틴 대통령을 만나야 하는 것 아닌가? 윤 대통령은 지난달 28일(현지시간) 참모진과 회의에서 "마드리드는 한국의 인도·태평양 전략과 글로벌 안보평화 구상이 나토의 2022 신전략개념과 만나는 지점"이라고 말했다. 한국에 인도·태평양 전략이라는 이름의 정책이 언제부터 있었나? 말실수인가 아니면 미국의 정책을 그대로 따르겠다는 것인가? 대통령실 관계자는 "한국이 나토 회의에 참여하지 않았을 경우에 닥칠 비판과 의구심이 훨씬 크다"고 했다. 이 말은 이번 한국의 참여가 자발적인 것이 아니고 무언가 눈치를 보아 결정한 것임을 공개적으로 인정하는 것이다.

지난 대선에서 윤 후보를 지지했던 유권자 대부분의 바람은 중국과 북한에 대해 당당한 태도를 취하고 한미동맹을 정상화해 북한의 위협에 빈틈없이 대비하라는 것 아니었나? 문재인 대통령이 중국인들 앞에서 중국은 '커다란 산'이요 한국은 그 옆에 '작은 봉우리'라고 했을 때 우리는 얼마나 분노하고 좌절했던가? 문 대통령은 한국이 중국과 운명공동체라고 했는데 이제 새 정부는 미국과의 운명공동체를 추구하려는가? 한국 방위를 위해서는 나토와의 협력관계를 격상하는 것이 반드시 필요한 것일까? 북한의 침략을 억지하거나 격퇴하기 위해 한미 연합방어 능력의 강화에 못지않게 중요한 것이 북한의 잠재적인 배후세력이 북한을 부추기거나 지원하지 않도록 하는 외교이다. 국가 간 동맹도 하나의 계약이다. 국익에 대한 냉철한 판단 없이 상대방이 하자는 대로 끌려 다녀서는 안 된다.

현재 서방은 우크라이나 전쟁에서 수세에 몰리고 있다. 과연 러시아가 서방의 제재로 고립됐는가? 국제사회 다수의 국가는 서방의 대러 제재에 대해 중립적이거나 동참하지 않고 있다. 국제질서가 지금 새로운 장에 들어서고 있다는 의견이 많다. 국제정세가 앞으로 어떻게 전개될지 아무도 자신있게 예측하기 어렵다. 이런 때일수록 정부가 중심을 잃지 않으려는 노력이 요구된다. 이와 관련해 새 정부의 외교·안보에 관한 생각이 정리돼 있지 않고, 접근이 치밀하지 못하고, 하는 말이 정제돼 있지 않아 보인다는 점을 지적하지 않을 수 없다.

<2022-07-03 천지일보>

우크라이나 사태 언제쯤 끝날 것인가?

　러시아군이 우크라이나를 침공한 지 5개월이 됐는데 무력충돌이 계속되고 있다. 그간 튀르키예의 중재로 몇 차례 평화협상이 있었으나 합의에 이르지 못했다. 우크라이나는 러시아가 점령한 지역을 탈환하겠다는 결의에 차 있고 미국과 영국 등 나토 국가들은 우크라이나가 러시아에 굴복하지 않도록 무기 지원을 계속하고 있다. 한편 러시아는 우크라이나에 대한 서방의 무기 지원은 전세에 아무런 영향을 미치지 못할 것이라 하며 서방에 대해 지원 중단을 요구하고 있다. 이러한 상황에서는 전쟁이 가까운 장래에 끝날 가능성은 낮아 보인다.

　우크라이나로서는 러시아군이 동남부 및 흑해 연안 지역을 점령하고 있는 상황에서 전쟁을 포기하기가 쉽지 않을 것이다. 적어도 러시아군에 상당한 타격을 주어 협상에서 우위를 차지하려 할 것이다. 당초 예상과는 달리 우크라이나가 러시아의 공격에 버티고 있는 것은 전적으로 미국과 영국 등 나토의 군사 지원 때문이다. 우크라이나의 전쟁 지속 의사는 서방의 지원이 계속되는 것을 전제로 한다. 전쟁 초기부터 전쟁이 길어지더라도 러시아의 힘을 빼기 위해 우크라이나를 적극 지원하고자 하는 미국 및 영국 그리고 러시아와의 타협을 선호하는 프랑스 및 독일 사이에 입장 차이가 있었다. 게다가 최근 들어 서방국가들에서 전쟁에 대한 피로감이 커지고 있다. 우크라이나 난민 수용에 따른 불만도 있으나 이보다 큰 이유는 그간 러시아의 전쟁 수행 능력을 약화시키기 위해 서방이 취한 대러시아 제재가 결과적으로 서방에 큰 고통을 가져다주고 있는 점이다. 에너지 및 곡물 가격의 급상승은 서방의 소비자들을 힘들게 하고 있으며, 그 결과 서방 각국의 국내 정치에 영향을 미치고 있다. 프랑스의 경우 6월 총선에서 마크롱 대통령이 이끄는 범여권이 의회 과반 확보에 실패했으며, 영국의 존슨 총리는 '파티 게이트'를 비롯한 각종 스캔들에 더해 경제난으로 인해 사퇴 압력을 받아 9월 초 사임할 예정이다. 독일은 러시아 가스 수입 감축으로 산업 전반이 휘청거리고 있어 숄츠 총리의 대러 강경 자세도 흔들리고 있다. 미국도 심각한 연료 가격 상승으로 현재 바이든 대통령의 지지율은 30%대에 머물고 있다. 이처럼 주요 서방국가들이 모두 어려움에 처해 있어 우크라이나 지원 정책이 현재의 기조를 유지하기가 쉽지 않아 보인다. 현재의 어려움은 겨울철이 다가오면서 가중될 것이다. 그렇게 되면 과연 서방 국가 국민들이 계속해서 우크라이나 사태를 '우리의 전쟁'이라고 생각할까? 사정이 이렇다 보니 최근 보도에 따르면 서방 국가들이 은밀하게 외교적 해법을 논의 중이라고 한다.

한편 러시아의 경우 군사적 목표가 어디까지인지 현재로서는 확실치가 않다. 당초 서방은 러시아에 혹독한 제재를 가함으로써 러시아에 경제난을 일으키고 그로 인해 러시아인들이 푸틴에 대해 반발해 '정권 교체'가 이루어지고 그럼으로써 전쟁이 종식되는 것을 기대했는데 러시아 내부 상황은 그런 기대에 전혀 미치지 못하고 있다. 러시아에 대한 제재는 중국, 인도, 브라질과 같은 나라들이 협조하지 않음으로써 별로 효과를 내지 못하고 있다. 미국은 국제 원유 가격을 안정시키기 위해 각국이 일정 가격 이상으로는 구매하지 말자는 합의 즉 원유 가격 상한제를 이끌어 내려고 하는데 설사 합의한다 해도 현재로서는 기대한 성과를 거둘지 미지수이다. 유가 안정을 위해 미국은 또한 사우디아라비아에 대해 증산을 요청하고 있는데 아직 긍정적인 반응을 얻지 못하고 있다.

젤렌스키 대통령이 8월에 100만 대군을 동원해 대대적인 반격을 가하겠다고 하나 서방의 지속적이고 충분한 무기 지원이 뒷받침되지 않는다면 전세가 역전되리라고 낙관하기 어렵다. 나토가 직접 개입한다면 상황이 달라질 수 있으나, 미국과 나토는 러시아의 침공 이전부터 파병은 논외임을 분명히 했다. 젤렌스키 대통령은 현재 전시계엄령을 통해 국내 반대세력을 억누르고 있으나 전쟁이 끝나게 되면 이번 전쟁을 막지 못한 책임을 추궁당할 가능성이 크다. 전쟁이 계속되면 될수록 난민은 더욱 늘어나고 국토는 더욱 황폐해질 것이며, 이미 엄청난 규모인 서방에 대한 채무가 더욱 불어날 것이다. 아마도 올 연말쯤 서방 국가들의 우크라이나 지원 정책에 변화가 생긴다면 젤렌스키 대통령은 고통스러운 결정을 강요받게 될지도 모른다. 최근 튀르키예의 에르도안 대통령이 또다시 평화 중재를 위해 푸틴 대통령 및 젤렌스키 대통령과 접촉을 시작했다. 많은 사람들이 이번 전쟁이 장기화되면 제3차 세계대전으로 비화될 수도 있다고 우려하고 있다. 이제 어떻게든 전쟁을 끝내고 평화를 회복할 때가 됐다. 모든 당사국이 아무쪼록 현명한 결정을 내리길 바란다.

<2022-07-17 천지일보>

시진핑에까지 손 벌리는 젤렌스키

　지난 4일 젤렌스키는 사우스차이나모닝포스트와의 화상 인터뷰에서 중국이 막강한 정치·경제적 영향력을 사용해 전쟁을 종식시키는 데 힘써 달라고 촉구하면서 "러시아의 공격이 시작된 이후 우리는 중국에 공식적으로 대화를 요청했지만 성사되지 않았다. 시진핑과의 직접 대화를 모색하고 있다"고 밝혔다. 하지만 중국은 나토의 확장 등이 이번 전쟁의 단초를 제공했다는 러시아의 입장에 동조하고 있다. 러시아와 중국은 지난달 7일 인도네시아 발리에서의 외교장관 회담에서 미국과 유럽연합이 유엔을 거치지 않고 채택한 대러 제재는 국제법에 어긋난 위법 조치이고, 따라서 용납할 수 없다고 의견을 모았다. 중국은 우크라이나 전쟁 발발 이후에도 서방의 제재 대상인 러시아산 석유를 대량으로 사들이고 있다. 중국의 입장이 이와 같고 현재 서방이 우크라이나를 적극적으로 지원하고 있는데 젤렌스키는 왜 중국의 도움을 청하고 있나?

이미 지난 6월 중순 영국 가디언은 서방 언론의 우크라이나 사태에 관한 관심이 줄어들고 있어 우크라이나 정부는 서방의 지원이 끊기지는 않을까 우려하고 있다고 보도했다. 우크라이나의 전쟁 수행은 전적으로 서방의 무기 지원에 의존하고 있는데 서방이 전쟁의 장기화 가능성을 우려할 것이므로 그러한 보도가 나오는 것은 자연스럽다. 그동안 서방에서 최신 정밀 무기를 지원할 때마다 '게임 체인저(game changer)'가 될 것으로 보고 우크라이나군의 선전을 기대했으나 괄목할 만한 성과를 내지 못하고 있다. 최신 무기들은 별로 써보지도 못하고 러시아군의 공격으로 파괴되거나 러시아군의 손에 넘어가기도 했으며 심지어 암시장에 매물로 나오기도 했다. 이러한 현실로 인해 지난 7월 워싱턴타임즈에 우크라이나에 대한 무기 지원은 러시아의 군사작전을 분쇄하는 방책이 못되며 이미 지원한 무기에 대해서는 통제를 강화해야 한다고 주장하는 글이 실리기도 했다. 조만간 서방이 우크라이나에 대해 무기 공급을 중단할 것이라고 예단하기는 어려우나 적어도 서방은 우크라이나가 지원받은 무기의 사후관리를 소홀히 하는 데 대해 상당한 불만을 갖고 있는 것 같다. 사정이 이렇다 보니 우크라이나는 서방이 신속하게 무기를 공급하지 않는다고 불만을 토로하고 있다. 서방의 무기 공급은 전쟁을 연장할 뿐이고 전세를 변화시키지는 못할 것이라는 러시아의 주장이 점차 설득력을 얻고 있다. 우크라이나는 그간 우크라이나군이 파괴한 러시아의 탱크 등 군사 장비의 잔해를 베를린에 있는 러시아 대사관 앞에 전시하려 했으나 현지 당국에 의해 거부됐다. 서방의 관심을 유지하려는 목적으로 보인다.

또한, 지난 5일 러시아 리아노보스치 보도에 따르면 서방이 우크라이나에 대해 재정지원(80억 유로) 약속 이행을 늦추고 있는 데 대해 젤렌스키 대통령이 불만을 토로했다고 한다. 그는 "매일 다양한 경로로 유럽연합 지도자들에게 우크라이나의 연금수급자, 난민, 교사 등 국가예산으로 현금을 지급해야 하는 사람들을 서방의 우유부단과 관료주의의 인질로 만들지 말라고 이야기하고 있다"라고 했다. 이는 한마디로 우크라이나가 나라 살림조차 상당 부분 서방의 지원에 의존하고 있다는 이야기이다. 서방의 대러 제재가 러시아의 전쟁 수행 능력에 타격을 주지 못하고 있고 오히려 부메랑이 돼 서방 국가들이 어려움을 겪고 있다 보니 '곳간에서 인심 난다'는 말이 있듯이 어느 나라고 우크라이나 국민들을 챙길 여유가 많지 않을 것이다. 객관적으로 말해서 현재 서방은 대러 제재가 기대한 효과를 내지 못하고 있고 무기 지원 역시 전세를 역전시키지 못하고 있어 우크라이나에 대해 '밑 빠진 독에 물 붓기'식 지원을 계속할 것인가 고민하고 있다고 할 수 있다.

이처럼 궁지에 몰리고 있는 젤렌스키 대통령은 서방에게 러시아에 대해 더 혹독한 제재를 취하라고 요구하는 한편, 대러 제재를 무력화시키고 있는 중국이 우크라이나 편에 서준다면 러시아에 결정적 타격을 줄 것이라고 기대하고 시진핑 주석과의 대화를 간절히 원하고 있는 것으로 보인다. 하지만 지난 5월 나토동맹국들이 중국을 '포괄적인 도전'으로 규정한 새로운 전략개념을 채택한 데다 지난주 펠로시 하원의장이 전격적으로 대만을 방문하는 등 미국이 노골적으로 중국을 자극하고 있는 상황에서 과연 중국이 우크라이나를 위해 나설 것인가? 중국이 젤렌스키 대통령의 희망에 부응할 가능성은 거의 없다. 러시아의 우크라이나 침공이 국제법을 위반하고 정의에 반하는 것이라고 아무리 외쳐봐도 우크라이나가 원하는 만큼의 국제적인 지원을 기대하기 어렵고 게다가 전쟁이 장기화되면서 우리는 각국은 자국의 이익을 우선시할 수밖에 없는 국제사회의 엄연한 현실을 목도하고 있다.

<2022-08-07 천지일보>

이집트 엘다바 원전 사업 참여와 한-러 관계

　8월 하순 국내 언론은 한국수력원자력이 총 300억 달러(약 40조원) 규모의 이집트 엘다바 원전 건설 프로젝트 중 약 3조원에 이르는 터빈 건물 시공과 기자재 공급권을 따냈다고 대대적으로 보도했다. 2009년 UAE 바라카 원전 4기 수주 이후 10여년 만에 한국이 외국의 원전 사업에 참여한 것이니 매우 반가운 소식이긴 하나 'K-원전이 스핑크스 뚫었다?' '이집트서 3조 잭팟 터졌다' 등 기사 제목은 선정적이다. 그리고 일부 매체 특히 방송은 한국 기업이 이집트에 원전을 수출하는 것처럼 보도했는데 과연 그러한가?

　한수원 보도자료에 따르면 한수원은 25일 카이로에서 러시아 로스아톰(Росатом)의 원전건설 담당 자회사 로스아톰스트로이엑스포르트(Росатомстройэкспорт)와 엘다바 원전의 원자로 건물을 제외한 부속 건물 건설 계약을 체결했다. 2017년 이집트 원자력청이 러시아 로스아톰에 엘다바 원전 건설사업을 발주했고 이번에 한수원은 주계약자인 러시아 회사와 하도급 계약을 체결한 것이다. 엄밀히 말하면 원전의 핵심 설비인 원자로와 증기발생기를 공급하는 경우에만 원전 '수출'이라는 표현이 적절할 것이다.

그런데 국내 매체들은 러시아 회사가 한국 측에 3조원이라는 결코 작지 않은 규모의 일감을 준 것에 대해 주목하지 않았다. 이번에 이집트 엘다바 원전 사업의 주계약자인 러시아 로스아톰이 한수원과 계약을 체결한 것은 과연 당연한 것일까? 올해 2월 러시아의 우크라이나 침공 이래 한국은 서방의 대러 적대정책에 보조를 맞춰 유엔에서의 대러 규탄 결의에 찬성하고 러시아 금융기관과의 거래 중지, 전략물자 수출 금지 등 각종 제재를 취했고, 한국 사회는 전반적으로 우크라이나에 대한 일방적인 지지 분위기이고, 윤 대통령은 대선 후보 시절부터 친우크라이나적 태도를 보였으며 지난 5월에는 나토정상회의에 참석해 반러시아 대열에 동참했다. 서방 무기가 우크라이나로 전달되는 통로인 폴란드에 대규모로 무기를 판매함으로써 러시아는 한국이 간접적으로 우크라이나에 살상무기를 지원하고 있다고 생각할 수도 있다. 이러한 이유로 한국은 당연히 러시아가 지정한 비우호국 명단에 올라있다. 한국의 이러한 대러 자세를 고려할 때 러시아의 국영기업이 한수원에 하청을 준 것은 상식적이지 않다. 일부에서는 UAE 원전 건설 사업 당시 사막의 먼지를 막기 위해 대형 텐트까지 쳐놓고 공사했던 한국 특유의 성실함과 실력을 인정받은 것이라고 주장한다. 이는 한국 기업이 하도급 후보 자격이 있다는 말은 되나 러시아 회사의 입장에서 선택의 여지가 없었다고는 볼 수 없다.

　우리 쪽에서는 러시아가 미국의 제재를 받고 있는데 이 사업에도 영향을 미칠까 우려했으나 기우였다. 사실 로스아톰은 미국의 제재 대상에 들어있지 않으며 에너지 분야의 대금 거래도 국제 금융 결제망 배제 대상에서 빠져 있다. 로스아톰은 현재 11개 국가에서 총 35개 원자로를 가동하거나 건설하고 있는데 서방이 제재하는 경우 단순히 로스아톰의 재정적 손실로만 끝나는 것이 아니라 해당 국가들의 전력 공급에 심각한 문제가 발생해 정치적 불안정으로까지 이어질 수 있다. 11개국에는 유럽연합 국가들도 포함돼 있다. 이번 이집트 엘다바 원전에 들어가는 터빈은 미국이 공급하기로 돼 있다.

　따라서 로스아톰의 사업에 한국 기업이 참여하는 것이 놀라운 일은 아닐지라도 그렇다고 그냥 지나칠 일은 아니라고 본다. 한수원의 이번 하청 수주를 보면서 러시아가 어려운 상황에서도 길게 보고 한국과 협력의 끈을 유지하려 한다는 느낌을 받았다. 현실을 들여다보면 러시아는 한국과의 비자면제협정을 유지하고 있고 비우호국에 대해 주요 원자재 수출을 제한하면서 일부 품목의 경우 한국은 예외로 하고 있다. 이른바 '가치 외교' 운운하며 우크라이나 사태로 빚어진 반러시아적 분위기에 휩쓸리기보다는 장기적인 안목에서 제한된 범위에서라도 러시아와 관계의 끈을 유지하는 것이 바람직하다. 그런데 박진 외교장관은 4강 가운데 유일하게 러시아 외교장관은 아직 만나지 않았으며, 매년 9월 초 블라디보스토크에서 개최되고 푸틴 대통령이 참석하는 동방경제포럼에 과거 박

근혜 및 문재인 대통령이 참석한 바 있으나 이번에는 누가 참석하는지 아직 알려진 것도 없다. 경제통상 분야에서 정부 간 협의 채널이 유지되고 있는지도 의구심이 든다. 외교부는 우크라이나 사태 해결을 위한 국제사회의 노력에 동참하며 한·러 관계를 안정적으로 관리하겠다고 보고했는데 어떻게 보면 양립할 수 없는 목표이며 그러려면 정교한 외교가 요구된다. 한국 정부는 그처럼 어려운 목표를 설정해 놓고는 러시아에 대한 생각은 별로 없어 보여 안타깝다.

<2022-09-04 천지일보>

미국 패권에 대한 러시아와 중국의 도전과 새로운 국제질서 도래

2차 대전 후 미·소 냉전은 1991년 소련의 붕괴로 종식되고 1998년 러시아가 서방 선진국 협의체인 G7에 초대받아 G8의 일원이 되었으며 2001년 중국이 세계무역기구에 가입했다. 이는 냉전 이후 국제 체제의 기본이 형성된 것을 상징하는 것이었다. 당시 미국은 냉전에서 적국이었던 러시아와 중국이 미국 중심의 세계 체계에 진입하도록 허용함으로써 포용적이고 전 세계적인 체제를 지향하였다. 그러나 2010년대 중반 트럼프의 집권을 계기로 미국은 미국을 위협할 정도의 대국으로 부상하는 중국에 대해 대대적인 무역전쟁을 벌이며 봉쇄 정책을 추진함으로써 미·중 사이에 이른바 '신냉전'이 거론되기 시작하였다. 게다가 올해 러시아가 나토의 지속적인 동진에 대항하여 우크라이나를 침공한 데 대해 미국 등 서방 국가들이 전례 없는 혹독한 제재를 가하고 그런 와중에

러·중이 더욱 밀착함으로써 세계가 또다시 진영 간 대립으로 갈라지는 것 아닌가 하는 우려가 제기되었다. 라브로프 러시아 외교장관은 이번 전쟁이 미국 주도의 세계질서를 끝내기 위한 것이고 또한 평등한 국제사회의 출현을 추동하기 위한 것이라고 주장하였는데, 과연 '신냉전'이 현실화될 것인지 그리고 그렇게 된다면 어떤 양상을 띨 것인지 모두의 관심사이다. 이는 미국 등 서방이 러시아와 중국에 대해 어떻게 대처하는가에 달려 있다고 본다.

중국의 부상과 미국의 대응

1970년대 말 개혁개방이 시작된 이래 대규모 외국자본의 유입에 힘입어 '세계의 공장'이라고 불리며 중국 경제는 비약적으로 발전하였다. IMF 통계에 따르면 2019년에 명목 GDP가 미국이 21조 4,395억 달러이고 중국이 14조 1,402억 달러이지만 구매력 평가 기준 GDP는 미국이 20조 2,900억 달러이고 중국은 27조 8,050억 달러로 미국을 추월하였다. 미국이 전반적으로는 아직 중국에 대해 우위를 유지하고 있으나 중국이 경제 규모에서는 미국을 거의 따라잡았다고 볼 수 있다. 그간의 경제성장에 자신감을 얻은 시진핑은 2012년 중화민족의 위대한 부흥 즉 '중국몽'을 주창하였고 2013년에는 세계 무역을 주도할 중국의 계획으로 '일대일로'를 발표하였다. 일대일로 프로젝트에는 아시아·아프리카 국가들뿐만 아니라 동유럽 및 남유럽 국가들도 일부 참여하고 있다. 미국은 이러한 움직임을 패권 도전으로 인식하였고 일대일로와 관련하여 2013년 중국이 아시아인프라투자은행(Asian Infrastructure Investment Bank)을 설립할 때도 예민한 반응을 보였다. 2017년 트럼프 대통령 취임 이후 미국은 중국이 불법적인 수출 보조금을 주고 있다며 중국산 수입품에 대해 고율의 보복 관세를 부과하였고 중국 기업의 미국 증시 상장 제한 등 조치를 취하였으며 불법적인 기술 탈취를 이유로 중국인들의 미국 첨단기술연구기관에 대한 접근을 차단하였다. 중국 정부의 홍콩에 대한 일국양제 무시 및 신장 위구르 지역에서의 인권 유린 등을 놓고도 양국은 심각한 갈등을 겪고 있으며, 2020년 7월 미국은 휴스턴 주재 중국 총영사관을 스파이 소굴로 규정하고 폐쇄를 요구하는 강경한 조치를 취하기도 하였다. 군사적 측면에서도 2010년대부터 남중국해에서 중국의 영유권 주장과 미국이 주장하는 항행 자유 원칙이 충돌하면서 군사적 대치상태가 이어지고 있고 중국 공군기의 대만 위협 비행에 대해 미국이 대응하는 등 미·중 사이 긴장이 지속되고 있다. 이러한 상황에서 미국은 공식적으로는 '하나의 중국 원칙'을 폐기하지 않았지만, 중국이 대만에 무력을 행사할 경우 대응조치를 할 것을 지속적으로 밝히며 대만에 대해 무기 지원을 늘리고 있다.

    2021년 미국은 중국을 여러 방면에서 견제하기 위해 일본, 인도, 호주와 더불어 쿼드(QUAD)를, 또한 영국과 호주와 함께 군사동맹 성격의 오커스(AUKUS)를 결성하였고, 올해는 인도·태평양 경제협력프레임워크(IPEF: 미국, 일본, 인도, 호주, 동남아 7개국, 뉴질랜드, 피지)를 발족시키는 등 대중 압박정책을 강화하고 있다. 또한, 올해 마드리드 나토정상회의에서 '중국이 체계적인 도전'이라고 규정한 새로운 전략개념을 채택함으로써 중국도 나토의 경계 대상에 포함하였다. 또한, 반도체와 전기차용 배터리 등 주요 핵심 부문에 있어 중국을 국제공급망으로부터 배제하는 조치를 취하는 한편 유럽연합이 중국과의 경제교류를 축소하도록 압력을 넣고 있으나 독일과 같이 중국에 대한 수출 의존도가 높은 나라들은 미온적인 태도를 보이고 있어 중국의 경제적 부상을 막을 확실한 대책이 없어 보인다.

군사력에서는 아직 중국이 미국의 상대가 아니라는 평가가 지배적이다. 대만해협과 남중국해에서 중국이 도발적 움직임을 보이는 것이 사실이나 미국의 움직임을 볼 때 미국은 경제적으로는 중국을 통제하기 어려우니 군사적으로 손을 볼 구실을 만들기 위해 중국을 자극하려는 의도도 있어 보인다. 또한, 공식적으로는 대만의 독립을 인정하지 않는다고 하면서 한쪽으로는 중국의 위협을 빌미로 독립 움직임을 부추기는 듯한 모습도 보이고 있다. 최근 수년간 미국 장관급 등 고위인사들의 대만방문이 이어졌으며 특히 8월로 예정되었던 펠로시 하원의장의 대만 방문이 그녀가 코로나 양성 판정을 받아 연기되었으나 이에 관해서 시진핑이 바이든과의 통화에서 강력히 경고한 바 있다. 어쨌든 이러한 미국의 행보는 우크라이나 전쟁 발발 전후 미국 고위인사들의 우크라이나 키예프 방문을 연상케 한다. 미국 측에서 중국이 대만을 공격하는 경우를 가정하여 워게임(War Game) 시뮬레이션을 하여 보니 미국이 밀리는 것으로 결과가 나왔다고 공개하는 것도 자연스러워 보이지 않는다. 자유무역의 챔피언을 자부하는 미국이 중국을 견제하기 위해 보호무역주의 경향을 보이고 다자주의적 국제무역질서를 훼손하는 조치를 취하고 있는 것은 앞으로 등장할 국제질서가 어떤 모습일지 예측하게 한다.

우크라이나 사태와 러·미 대립

우크라이나 사태는 사실상 러시아와 미국 간 대립이라고 할 수 있다. 달리 말하면 미국이 우크라이나군을 이용하여 러시아와 싸우고 있는 것이다. 1991년 소련이 해체되고 나서 사회주의권 군사 블록인 바르샤바 조약기구가 해체되었음에도 서방의 군사동맹체인 나토는 오히려 지속적으로 동유럽 국가들을 회원국으로 끌어들이고 병력과 전략무기를 배치하였다. 그 결과 이제 러시아와 나토 사이에는 우크라이나만 남았다. 특히 우크라이나는 위치상 러시아에 적대적인 세력이 들어오게 되면 러시아에 대해 치명적인 위협이 된다. 그런데 우크라이나는 우크라이나대로 안보 불안을 해소하기 위해 나토 가입을 희망하여 2019년에는 헌법에까지 나토 가입 목표를 규정하고 나토와의 군사 협력을 강화해왔다. 이런 동향에 불안을 느낀 러시아는 무력시위를 하며 미국과 나토에 대해 우크라이나의 나토 가입 불허와 동유럽내 나토 병력 및 무기의 철수를 요구하였으나 서방측은 러시아의 요구를 무시하였고 우크라이나는 러시아에 대해 비타협적 자세를 견지하였다. 이처럼 자신의 요구가 거부되자 러시아는 무력행사를 선택한 것이다. 물론 러시아-우크라이나 양자 관계 차원의 갈등요인도 있다. 2014년 우크라이나에서는 극심한 정치적 혼란 끝에 친러 정부가 무너지고 친서방 정권이 들어섰다. 신정부가 강경한 반러 정책을 펴자 동부 돈바스 지역 러시아계 주민들이 분리 독립하겠다고 하여 내전이 발생하였다. 서방 언론은 당시 거의 주목하지 않았지만 지난 8년간 우크라이나군과 민병대가 반군 지역에 대해 '인종청소' 수준의 군사 행동을 자행하였기 때문에 러시아는 반군을 적극 지원해왔고 이번에 아예 분리 독립을 승인하였다.

그러면 이번 전쟁이 언제 어떻게 끝날 것인가? 어찌 되었든 우크라이나는 러시아가 점령한 지역을 탈환하겠다는 결의에 차 있고 미국과 영국 등 나토 국가들은 우크라이나가 러시아에 굴복하지 않도록 무기 지원을 계속하고 있다. 한편 러시아는 우크라이나에 대한 서방의 무기 지원은 전세에 아무런 영향을 미치지 못할 것이라 하며 서방에 대해 지원 중단을 요구하고 있다. 이러한 상황에서는 전쟁이 가까운 장래에 끝날 가능성은 낮아 보인다. 우크라이나로서는 러시아군이 동남부 및 흑해 연안 지역을 점령하고 있는 상황에서 전쟁을 중지하기가 쉽지 않을 것이나 우크라이나의 전쟁 지속 의사는 서방의 지원이 계속되는 것을 전제로 한다. 그런데 전쟁 초기부터 전쟁이 길어지더라도 러시아의 힘을 빼기 위해 우크라이나를 적극 지원하고자 하는 미국 및 영국 그리고 러시아와의 타협을 선호하는 프랑스 및 독일 사이에 입장 차이가 있었다. 게다가 그간 러시아의 전쟁 수행 능력을 약화시키기 위해 서방이 취한 대러시아 제재가 부메랑이 되어 서방에 큰 고통을 가져다주고 있다. 에너지 및 곡물 가격의 급상승은 서방의 소비자들을 힘들게 하고 있으며, 그 결과 서방 각국의 국내 정치에 영향을 미치고 있다. 현재의 어려움은 겨울철이 다가오면서 가중될 것이다. 사정이 이렇다 보니 최근 보도에 따르면 서방 국가들이 은밀하게 외교적 해법을 논의 중이라고 하고, 튀르키예의 에르도안 대통령이 평화 중재를 위하여 푸틴 대통령 및 젤렌스키 대통령과 접촉을 시작하였다고 하는데 평화를 향한 타협점을 찾을 수도 있을 것이다.

한편 러시아의 경우 군사적 목표가 어디까지인지 현재로서는 확실치가 않다. 당초 서방은 러시아에 혹독한 제재를 가함으로써 러시아에 경제난을 일으키고 그로 인해 러시아인들이 푸틴에 대해 반발하여 '정권 교체'가 이루어지고 그럼으로써 전쟁이 종식되는 것을 기대하였는데 러시아 내부 상황은 그런 기대에 전혀 미치지 못하고 있다. 전쟁 초기에 서방에서는 '러시아는 너무 작아서 우크라이나에 대한 전쟁에서 승리할 수 없다(Russia is too small to win a war against Ukraine)'라는 말도 나왔다. 최근 러시아의 명목 GDP 규모가 대한민국이나 미국 텍사스주와 비슷하다는 것을 가지고 한 말일 텐데 이는 러시아의 광대한 영토, 무궁무진한 자원 그리고 수준 높은 인적 자원을 망각하고 단순히 연간 명목소득만 가지고 러시아의 저력을 과소평가한 것으로 보인다. 미국과 유럽연합 국가들이 우크라이나에 대해 지원을 계속한다면 전쟁은 더 길어질 것이며 그 대가는 우크라이나 국민이 고스란히 떠안게 될 것으로 보인다. 이번 전쟁을 통해서 유럽연합에 균열이 생기기 시작하였으며 미국도 민주당이 패배할 것으로 예상되는 11월 중간선거를 거치면서 정책의 변화가 있을 것이다. 다만 전쟁이 종결되더라도 미국과 유럽연합이 러시아에 대한 제재를 해제하거나 완화하지 않는다면 러시아와 서방 사이 소원한 관계가 고착될 것이며 세계가 몇 개의 그룹으로 나뉘게 될 것으로 예상된다. 만일 서방이 자신들의 고통을 감수하고라도 그들이 말하는 가치를 수호하기 위해 대리전을 계속한다면 어느 단계에 이르러서 3차 세계대전으로 비화할 수도 있다.

새로운 국제 질서의 도래

새로운 세계 질서의 형성에 미치는 영향을 말한다면 중국에 대한 봉쇄 정책보다 러시아의 우크라이나 침공에 대한 서방의 혹독한 제재의 충격이 훨씬 크다고 본다. 미국 등 서방의 전방위적인 제재는 역설적으로 그간 서방이 구축해온 국제질서 특히 경제 질서를 사실상 허무는 효과를 가져왔다. 따라서 우크라이나 전쟁이 종결된 이후 그 제재가 계속되느냐가 중요하다. 1991년 이래 세계는 사실상 미국 일극 체제였다고 하여도 지나친 말이 아닐 것이다. 2000년대까지 미국이 모든 면에서 절대적 우위에 있었고 미국을 포함한 범서방권의 경제력이 세계 경제에 차지하는 비중이 압도적이었으나 현재는 그렇지 못하다. 중국은 물론 인도, 브라질 같은 비서구권의 비중이 커졌다. 중동 산유국들도 예전같이 고분고

분하지 않다. 아시아·아프리카 개도국들도 냉전 시대처럼 어느 한쪽에 줄을 서기보다는 사안에 따라 선택하는 실용적인 노선을 취할 것으로 예상된다. 러시아의 우크라이나 침공이나 중국의 신장 위구르 지역내 인권문제에 대해 비서방권은 그리 비판적이지 않다. 물론 가까운 장래에 미국을 중심으로 한 서방권이 러시아와 중국을 군사적으로 제압한다면 모를까 미국이 주도하는 국제질서는 계속되기 어려울 것이다. 역사적으로 나폴레옹도 히틀러도 러시아를 굴복시키지 못하였고 미국에게도 어려울 것이다. 중국이 경제력이 우월하다고 러시아가 그에 종속될 가능성도 매우 낮다. 더욱이 중국이 경제력에서 미국을 추월한다고 해도 미국을 대체하기에는 아직 부족한 점이 너무나 많다.

따라서 신냉전이라고 할지라도 과거 냉전 시대처럼 소위 제3세계의 비중이 미미하여 사실상 미국 중심의 자본주의 진영과 소련 중심의 사회주의 진영 둘로 나뉘기보다는 세계가 느슨한 결집의 두 세개 그룹과 어느 그룹에도 속하지 않은 대부분의 나라들로 나뉠 것으로 보인다. '느슨하다'는 것은 이제 이념에 따른 구분은 있을 수 없고 미국이 주장하듯이 민주, 인권, 자유 등 가치 공유는 기준으로서 명확하지 않고, 또한 당시에는 상호의존이 거의 없었으나 현재와 같이 긴밀한 상호의존이 일시에 단절될 수는 없기 때문이다. 경제적 측면에서 그동안 신자유주의가 주창하였고 실제로 진행되었던 자본의 자유로운 이동을 통한 경제 세계화는 미국 자신이 '탈 중국화'에 앞장서고 있듯이 서서히 퇴조할 것이며 이른바 제조업의 본국 귀환(on-shoring)현상이 대세를 이룰 것이다. 미국이 기축통화로서의 공공성을 훼손하면서까지 달러를 다른 나라를 제재하기 위한 무기로 사용함에 따라 많은 나라들이 달러에 대한 의존을 줄이는 '탈 달러화' 현상이 가속화할 것으로 보인다. 결국 전 세계 관리 체계의 약화 현상이 일어날 것으로 예상된다. 물론 만일 미국이 러시아의 우려를 존중하고 중국의 부상을 용인하는 정책을 편다면 전쟁의 위험을 피하면서 진영으로 갈라지더라도 미국의 권위는 상당기간 유지될 수도 있을 것이다.

<2022-09 고우경제 가을호>

노르드스트림 해저 가스관 누출 사고는 누구의 소행일까

우크라이나의 대대적인 반격과 러시아의 부분 동원령 발동으로 전쟁이 더 길어지고 더 격해질 것이라는 우려가 나오는 가운데 9월 하순 예기치 못한 사고가 발생했다. 러시아와 독일 사이 발트해저 가스관 노르드스트림-1과 노르드스트림-2에서 잇따라 누출 사고가 있었고 현재 배후를 놓고 서방과 러시아 사이에 공방이 이어지고 있다. 두 가스관은 러시아가 과반의 지분을 소유하고 있으며 각 2개 라인씩 모두 4개 라인으로 돼 있다. 이 중 3개 라인에서 가스 누출을 초래한 파열이 네 군데 발견됐다. 현재까지 예비조사 결과 관련국(독일, 스웨덴, 덴마크)들은 "최근 발견된 파열은 단순한 물리적 사고가 아니라 심각한 고의적 파괴 활동의 결과이다. 누출 직전에 폭발이 있었으며 수백 톤의 폭발물이 사용된 정황이 있다"고 판단했다.

과연 누가 이런 엄청난 일을 저지른 것일까? 서방에서는 지난달 26일 첫 발견 직후 러시아의 소행일 수 있다는 주장이 제기됐다. 겨울이 다가오면서 천연가스 가격을 크게 올리기 위해 은밀한 작전을 벌였다는 것이다. 특히 4개 라인 중 1개 라인은 아무런 일이 없어 계속해서 가스를 공급할 수 있다는 점이 더욱 그러한 의심을 하게 한다는 이야기가 나왔다. 이에 대해 푸틴 러시아 대통령은 이번 사건은 국제적 테러라고 비난했으며 러시아 외교부는 미국 배후설을 제기했다. 현재 덴마크, 스웨덴 및 독일이 합동 조사팀을 구성했는데 러시아는 러시아가 참여하지 않는 '사이비 조사 결과'는 인정하지 않을 것이라고 미리 경고했다. 일반적으로 범죄 행위의 용의자는 그 범죄 행위의 결과 때문에 가장 큰 이익을 보는 사람일 가능성이 크다. 러시아가 유럽에 대해 에너지를 갖고 장난(?)을 치고 싶으면 얼마든지 가스관을 잠그거나 공급을 줄이면 되는데 굳이 거액을 들여 건설한 가스관을 훼손할 이유가 있을까? 서방의 주장처럼 러시아가 동절기에 가스값을 올리려고 그런 짓을 했다는 말은 설득력이 별로 없어 보인다.

노르드스트림-2가 지난해 가을 완공되기까지 있었던 잡음을 복기해 볼 필요가 있다. 우선 폴란드와 우크라이나가 강하게 반대했다. 노르드스트림-2가 개통돼 러시아로부터 곧바로 독일로 가스가 공급되게 되면 자기 나라를 통과하는 기존 러시아 가스관의 이용이 감소하거나 중단돼 통과료 수입이 대폭 줄어드는 것은 물론 러시아로부터 안보 위협이 커질 것을 우려했다. 미국은 가스관 공사에 참여하는 서방 회사들을 마구잡이로 제재하면서 독일 정부에 대해 건설공사를 중단하라고 강하게 압박했다. 트럼프 대통령은 대놓고 러시아 가스 대신에 미국 가스를 사라고 요구했다. 하지만 가스관으로 운송되는 러시아산 가스(PNG)에 비해 LNG 형태로 공급할 수밖에 없는 미국산 가스는 가격경쟁력이 없다. 당시 메르켈 독일 총리는 필사적으로 미국의 압력에 맞섰다. 바이든 대통령은 독일의 강한 반발에 부딪혀 마지못해 공사 완공 자체는 용인했다. 그런데 최근 미국 폭스 뉴스의 터커 칼슨이 공개한 영상에 따르면 지난 2월 바이든 대통령은 "러시아가 침공하면 노르드스트림-2를 끝장내겠다"고 했다. 이에 대해 독일이 통제하고 있는데 어떻게 할 수 있느냐는 질문이 나오자 "약속한다. 그렇게 할 수 있다"라고 했다. 또한, 중국의 인터넷 매체들은 어떤 미국 정치인의 "미국이 독일로부터 동의를 받았다"라는 말을 보도했다.

한편 이번 사고가 일어나기 얼마 전 노르웨이로부터 폴란드로 연결되는 가스관이 개통됐고 폴란드 가스회사가 노르웨이 측과 연간 100억 ㎥의 가스를 공급받는 계약을 체결함으로써 러시아산 가스의 공급 없이도 가스 허브가 될 수 있게 됐다. 폴란드 정치인들이 이번 사고에 대한 책임은 미국에 있다는 식으로 나오자 미국에서는 폴란드가 이번 테러행위에 대한 자신들의 책임으로부터 시선을 돌리게 하려는 것이라고 보고 있다. 그런데 폭발 당시 현장에 폴란드 선박뿐만 아니라 폴란드 그단스크 기지 소속 미군 헬리콥터가 있었던 것으로 알려졌다. 이에 따라 폴란드와 미국이 공범이라고 보는 견해도 있다. 물론 이런 정황들만 가지고 미국의 소행이라고 단정하기는 어려울 것이다. 조사 결과가 어떻게 나올지 주목된다. 어쨌든 이번 사건으로 미국은 유럽의 가스 시장을 확실하게 장악하는 동시에 러시아가 전쟁 비용을 조달하는 데에 타격을 주는 이익을 보고 있다. 그런데 이번 사건은 이제까지 미국 등 나토가 우크라이나에 무기를 지원하는 것과는 달리 사실상 러시아에 대한 직접적인 공격에 해당된다는 점에서 매우 심각한 사안이며 그로 인한 파장이 우크라이나 사태를 더욱 악화시키지는 않을까 우려된다.

<2022-10-16 천지일보>

러시아는 얼마나 고립되었나?

　지난 2월 러시아가 우크라이나를 침공한 이래 미국, 유럽연합 등 서방은 수많은 경제제재를 발동했다. 서방은 러시아 경제에 타격을 주고, 그 결과 러시아 국민들이 불만을 품게 되고 이어 푸틴을 권좌에서 물러나게 할 정도로 대규모 소요가 일어나길 기대했으나 러시아의 국내상황은 그와는 거리가 멀다. 서방은 또한 러시아를 국제적으로 고립시키고자 했으나 현재까지 서방의 예상과는 달리 비서방권의 대부분은 러시아에 대해 중립적이거나 우호적인 태도를 보이고 있다. 9월 하순 러시아가 우크라이나 동남부 점령지를 병합하자 유엔은 10월 중순 긴급특별총회를 개최해 러시아의 조치를 규탄하는 결의를 압도적 다수로 채택했다. 이를 두고 러시아의 외교적 참패 이야기가 나오는데 러시아로서는 그러한 결의가 채택되는 것을 충분히 예상했을 것이고 유엔총회 결의는 회원국에 대한 구속력이 없는 만큼 러시아는 이를 대수롭지 않게 여길 것이다.

현재까지 대러 제재를 발동하거나 그러한 제재에 동참해 러시아가 '비우호국'으로 선언한 나라는 미국, 영국, 캐나다, 유럽연합 27개국, 오스트레일리아, 뉴질랜드, 한국, 일본, 대만, 싱가포르 등 48개국이다. 이는 유엔 회원국 193개국의 4분의 1 수준이며, 면적과 인구로 보면 그 비중은 훨씬 더 낮아진다. 그간 유엔에서 러시아를 규탄하는 결의가 수차례 있었지만, 아시아, 아프리카 및 중남미 국가의 대부분은 러시아에 대해 어떤 제재도 취하고 있지 않다. 더욱이 수십 년 전과 비교하면 세계 경제에서 차지하는 비중으로 볼 때 서방권의 절대적 우위는 옛말이고 비서방권의 비중은 지속적으로 상승했다. 1999년 G20이 발족한 것은 G7만으로는 국제사회의 문제를 다루기가 역부족인 현실의 결과이다. 2022년 G20 주최국인 인도네시아는 이번 11월 정상회의에 서방의 압력에도 불구하고 푸틴 대통령도 초청했다.

미국의 일방주의에 공동 대응하는 비서방권 강대국들이 모인 브릭스(BRICS: 브라질, 러시아, 인도, 중국 및 남아공)는 우크라이나 사태와 관련해 서방과는 다른 행보를 보이고 있다. 인도와 중국은 서방이 수입을 제한하고 있는 러시아산 원유와 가스의 수입을 대폭 늘림으로써 러시아에 숨통을 틔워주고 있다. 더욱이 브릭스는 앞으로 지속적으로 세를 불려 나갈 것으로 전망된다. 현재 아르헨티나와 이란이 가입을 추진하고 있고, 튀르키예, 인도네시아, 사우디아라비아, 멕시코, 이집트, 태국 등도 가입을 희망하는 것으로 알려져 있다. 즉, 서방권의 일방주의에 거부감을 느끼는 나라들이 브릭스에 합류하고 있는 추세이다.

중동 지역도 분위기가 예전 같지 않다. 우선 대표적 친미 국가인 사우디아라비아는 최근 미국의 원유가 안정을 위한 증산 요구에 대해 오히려 감산 조치로 대응했고, 미국의 맹방인 이스라엘도 러시아의 행동을 비난하지만 제재는 자제하고 있다. 그리고 우크라이나의 대공 무기 시스템 지원 요청에 응하지 않고 있다. 유럽 내에서도 헝가리, 세르비아 등은 유럽연합의 대러 제재 정책에 저항하고 있으며 튀르키예는 나토 회원국임에도 불구하고 서방과는 다른 행보를 보이고 있다. 더욱이 현재 유럽 각국에서는 러시아산 원유와 가스의 수입을 차단한 결과 발생한 에너지 가격 폭등에 분노한 시민들이 대러 정책을 재고하라고 대규모 시위를 벌이고 있다. 유럽국가들과 미국 사이에 균열이 일어날지는 이번 겨울이 고비로 보인다.

러시아가 극동지역 개발을 위한 투자 유치를 위해 매년 9월 블라디보스톡에서 개최하는 동방경제포럼이 올해도 열렸는데, 60여 개국에서 정부 인사와 기업인 등 7천여명이 참석해 우크라이나 사태에도 불구하고 러시아와 협력하고자 하는 나라와 기업이 여전히 많이 있음이 확인됐다. 우리나라에서는 과거 대통령이 참석한 적도 있고 올해도 러시아와 이미 비즈니스를 하고 있거나 러시아에 관심 있는 기업인들 상당수가 참석했으나 정부에서는 현지 공관에서 참가했을 뿐이며 국내 언론은 대부분 이번 포럼에 대해 보도조차 하지 않았다.

국내 매체들은 이번 전쟁의 배경을 알아보려고 하지도 않으면서 단순히 이분법적으로 판단해 일방적으로 러시아를 비난하거나 조롱하는 듯한 태도를 보이고 있다. 한마디로 국제 언론 시장을 장악하고 있는 영미 언론의 편파적인 보도에 춤을 추고 있다. 우크라이나 사태는 그들의 전쟁이지 결코 우리의 전쟁이 아니다. 언론에서 흔히 '국제사회의 여론' '국제사회의 규탄' 등과 같은 표현을 쓰는데 대부분은 미국을 비롯한 서방권의 의견일 뿐이며 전 세계적인 것은 아니다. 우리가 국익을 지키고 증진하려면 중심을 잡고 국제사회의 흐름과 분위기를 정확히 그리고 객관적으로 파악하는 것이 긴요하다.

<2022-10-30 천지일보>

> ## 우크라이나 전쟁이
> ## 우리의 전쟁이 되어선 안 된다

지난 27일 모스크바에 개최된 국제토론클럽 <발다이> 연례 회의에서 푸틴 대통령이 한국 측 참석자(김흥종 대외경제정책연구원장)의 북핵 관련 질문에 답변하면서 "한국이 우크라이나에 무기와 탄약을 제공하기로 결정한 것으로 알고 있으며 그것은 양국 관계를 파멸시킬 것이다"라고 하여 국내에서 반향이 일고 있다. 5월 윤석열 정부가 출범하였을 때부터 한국이 우크라이나에 살상무기를 제공할지도 모른다는 예상이 있었는데 대통령실 관계자는 그렇게 하지는 않을 것이라고 하였다. 그런데 최근 우크라이나의 이웃이며 러시아에 대해 매우 적대적인 폴란드에 한국산 무기 판매가 알려지면서 그러한 우려의 목소리가 다시 나오고 있다. 일부 매체에서는 푸틴 대통령이 한국에 대해 '으름장'을 놓았다고 평가하였는데 푸틴 대통령의 발언 맥락과 한국 내 반응에 대해 평가해 보고자 한다.

푸틴 대통령의 생각을 정확히 이해하기 위해 우선 그의 발언을 우리 말로 직역하면 다음과 같다. "우리는 한국과 매우 좋은 관계이다. 우리는 항상 한국뿐만 아니라 북한과도 대화할 가능성을 갖고 있다. 그런데 현재 한국이 (폴란드를 통해서) 우크라이나에 무기와 탄약을 제공하기로 결정하였다고 알려져 있다. 이것은 양국 관계를 파멸시킬 것이다. 우리가 북한과 이와 같은 방향으로 협력을 재개한다면 한국은 이에 대해 어떻게 반응할 것인가? 한국은 이를 기뻐할 것인가?" 푸틴은 이제까지는 한국이 우크라이나에 무기를 지원하지 않았지만 앞으로 그렇게 하기로 하였다고 하면서 우려를 표명하고 처지를 바꿔 생각해 보라고 촉구한 것이다. 이에 대해 윤 대통령은 출근길 기자들의 질문에 "우리는 우크라이나에 대해 늘 인도적, 평화적인 지원을 국제사회와 연대해서 해왔고 살상무기는 공급한 사실이 없다. 그렇지만 어디까지나 우리 주권의 문제"라고 답변하였다. 그런데 앞으로 살상무기를 지원할 계획이 없으면 "그런 사실이 없으며, 앞으로도 그럴 것이다"라고 답하면 충분한데 '주권' 이야기는 무슨 말을 하고자 한 것인가? 푸틴 대통령의 주장은 한국의 주권을 침해하는 것이라는 이야기인가? 아니면 이제까지는 지원하지 않았지만 앞으로는 그렇게 할 수도 있다는 뜻인가?

푸틴 대통령은 미래에 대해 이야기하였는데 윤 대통령의 답변은 단지 과거만 이야기하였다. 외교부도 우크라이나에 살상무기를 지원하지 않는다는 입장을 재확인하였는데 뜬금없이 "우리로서는 러시아가 북한 무기를 구매할 가능성이 있다는 언론 보도를 예의 주시하고 있다"라고 덧붙였다. 러시아가 북한에서 무기를 구입하는 것이 한러 관계에 어떤 중대한 의미를 가질까? 문제가 되는 경우는 러시아가 북한에 무기를 공급하는 경우 아닌가? 대통령의 답변과 외교부의 설명에 붙은 사족은 오해를 일으킬 수도 있다고 본다. 더욱 이해 안 되는 것은 어느 매체도 이 점을 지적하지 않았다는 점이다.

푸틴 대통령은 모두에서 "우리는 한국과 매우 좋은 관계"라고 하였는데 이례적이지 않은가? 한국은 서방의 대러 경제제재에 동참하였고 이에 따라 러시아는 보복 제재를 하는 대상인 비우호국 명단에 한국을 올렸다. 그러한 한국과의 관계가 매우 좋다고 한 것은 무슨 의미인가? 우선 2014년 발효된 비자면제협정이 유지되고 있어 현재 양국 국민들이 자유롭게 왕래하고 있다. 우크라이나 사태 발발 이후에도 양국 간 교역은 한국 쪽에서 제한하고 있는 품목을 제외하고는 대부분 정상적으로 이루어지고 있다고 한다.

특히 러시아가 비우호국에 대해 수출을 금지하고 있는 품목들도 한국에 대해서는 해제하였거나 건별로 허가해 주고 있다. 예를 들어 우리 반도체 산업에 필수적인 품목인 제온, 크립톤 등 특수가스가 제한 품목에서 해제되었고 레이더 등 무선통신 장비의 부품은 건별로 허가해 주고 있다. 현재 우리 기업들이 제재 때문에 러시아로 직수출하지 못하고 있는 휴대전화 등 전자제품의 경우 러시아 측은 제3국을 통해 우회 수출할 수 있도록 허용하고 있다. 그 결과 올해 들어 대러 수출 규모가 줄어들었으나 대신에 카자흐스탄 같은 러시아 이웃 국가들에 대한 수출이 급증하였다. 또한, 지난 8월에는 러시아 국영 로사톰(Росатом)의 자회사가 원청으로 수주한 이집트 엘다바 원전 건설 공사와 관련하여 일부 공사에 대해 한국의 한수원에 하청계약을 통해서 3조 원 규모의 일감을 주었다. 과연 그 하도급 공사는 한국만이 할 수 있으므로 어쩔 수 없이 준 것일까? 러시아가 서방의 대러 제재에 동참하고 있는 다른 국가들과는 달리 긴 안목에서 한국과의 관계는 원만하게 유지되길 바라고 있음을 보여 주는 것 아닌가?

이와 같은 러시아의 배려에 한국은 러시아를 어떻게 대하고 있는가? 우리는 미국 등 서방의 경제제재에 동참하는 데 그치지 않고 지난 5월 마드리드 나토정상회의에 참석함으로써 반러시아 전선에 명시적으로 합류하였다. 사실상 현재 양국 정부 간 협의 채널은 거의 모두 단절된 상태이다. 양국 간 투자서비스 분야 FTA 협상은 언제 재개될지 알 수 없다. 러시아가 극동지역 개발을 위한 투자 유치를 위해 매년 9월 블라디보스토크에서 개최하는 동방경제포럼이 올해도 열렸는데, 60여 개국에서 정부 인사와 기업인 등 7천여 명이 참석하여 우크라이나 사태에도 불구하고 러시아와 협력하고자 하는 나라와 기업이 여전히 많이 있음이 확인되었다. 그런데 우리나라에서는 과거 대통령이 참석한 적도 있고 올해도 러시아와 이미 비즈니스를 하고 있거나 러시아에 관심 있는 기업인들 상당수가 참석하였으나 정부에서는 현지 공관에서 참석하였을 뿐이며 국내 언론은 대부분 이번 포럼에 대해 보도조차 하지 않았다.

러시아 극동 지역 개발에의 참여는 중장기적으로 우리에게는 비단 경제적인 의미뿐만 아니라 전략적인 중요성도 갖는 문제인데 그렇게 무관심해도 괜찮은 것인가? 이 지역 개발과 관련하여 러시아는 중국의 과도한 진출을 견제하기 위해 그간 한국의 참여를 상당히 기대하였으나 이제는 그런 기대를 접고 한국의 대안으로 인도를 선택한 것으로 보인다. 또한, 9월 하순 러시아가 우크라이나 동남부 점령지를 병합한 뒤 10월 중순 유엔 긴급특별총회에서 있었던 러시아의 조치를 규탄하는 결의 표결에 한국이 찬성한 것까지는 이해되나 총회에서 굳이 한국 대사가 러시아에 대한 비난 발언까지 할 필요가 있었을까? 외교부 대변인이 이번 러시아의 병합 조치를 인정하지 않는다고 정부 입장을 밝혔으면 된 것 아닌가? 한 마디로 현 정부의 한러 관계를 유지하고 관리하겠다는 말을 무색하게 만들었다.

앞서 본 바와 같이 러시아는 우크라이나 사태 이후에도 여전히 호의를 갖고 한국을 대하고 있다고 보이는데 러시아가 한국에 대해 무슨 해코지를 하였다고 한국은 러시아를 대하는 태도가 그런가? 푸틴 대통령의 "한국이 우크라이나에 무기를 제공하기로 결정하였다"라는 말이 전혀 근거가 없다고 할 수 있을까? 그가 아무런 정보 보고 없이 언론에서 떠도는 이야기만 갖고 그런 말을 했을까? 물론 한국은 폴란드에 무기를 수출할 뿐이지 우크라이나를 지원하는 것은 아니라고 강변할 수 있다. 그런데 일반적으로 방산 수출 계약은 최종사용자 증명서를 받은 후에 체결하고, 구매자가 제3자에게 재판매, 공여 또는 대여하는 것은 원칙적으로 금지하고 판매자가 사전 승인하는 경우에만 예외적으로 허용한다. 또한, 구매자가 이를 어겼을 경우 판매자는 구매자에게 책임을 묻는다는 조항이 들어가기도 한다. 즉, 한국이 폴란드에 무기를 팔면서 제3자 이전 금지 조항을 넣지 않으면 무기가 우크라이나로 갈 수 있는 것이다. 이 대목에서 미국의 입김이 작용할 가능성을 상정할 수 있다.

또한, 체코 프라하 소재 인터넷신문 이드네스(Idnes)는 9월 말 정통한 소식통을 인용해 한국이 신궁 휴대용 단거리 지대공 미사일, 포탄 등 무기를 체코를 통해 우크라이나에 공급할 예정이며 총 공급액은 무려 30억 불에 이른다고 보도했다. 이 소식통에 따르면, 체코 방산업체는 헬리콥터 같은 저공비행 항공기 공격용 차이론(Chiron, 원명은 신궁) 지대공 미사일과 포탄을 우크라이나에 공급할 목적으로 구매하는 것이라고 한다. 이 신문은 나아가 "군사 물자 구매 비용은 미국이 부담한다"라고 보도하였다. 자국 매체의 이러한 보도에 대해 체르노코바 체코 국방부 장관은 "언론에서 나오는 추측성 보도에 대해 코멘트하지 않겠다. 전반적으로 우크라이나에 대한 체코의 지원이 계속되고 있는데 보안상 우크라이나에 보낼 군사 물자를 자세히 공개하지는 않겠다는 정부 입장을 이미 수차 밝혔다"라고 하였다.

이러한 맥락에서 한국이 우크라이나에 무기를 직접 공급하지는 않지만, 한국산 무기를 수입한 나라가 그 무기를 어떻게 처리할 것인지는 불문에 부친다는 방침을 정한 것은 아닌지 의구심이 들 수밖에 없다. 물론 한국산 무기가 우크라이나 전장에 투입된 것이 확인되면 결국 진실은 드러날 것이다. 그전까지는 단정적으로 말하기는 어려울 것이다. 다만 러시아 측의 우려는 이해할 수 있다고 본다. 푸틴 대통령의 발언은 한국과의 관계 유지를 희망하는데 관계가 한국 측의 신중하지 못한 조치로 파국으로 내몰릴 가능성을 제기하고 우려를 표명한 것이다. 윤 대통령의 발언은 이제까지는 우크라이나에 무기를 지원하지 않았다는 것을 확인해줄 뿐이고 미래의 일은 알 수 없다는 우려를 자아내게 한다. 한국이 우크라이나 사태를 놓고 무슨 큰 이해관계가 있는가? 아니면 미국과의 포괄적인 글로벌 가치동맹을 추구한다고 선언했으니 그렇게 행동해야겠다고 결심한 것인가?

한국 사회에서 이번 우크라이나 사태가 왜 일어나게 되었는지에 대해 지식을 갖고 있는 사람이 과연 얼마나 될까? 국제사회는 결코 선과 악의 대결장이 아니며 국익이 충돌할 뿐이다. 아무리 우크라이나를 동정하는 마음이 넘친다고 해도 우크라이나 사태는 어디까지나 그들의 전쟁인데 이러다 잘못하면 우리의 전쟁이 되지는 않을까 우려된다. 일부 매체들이 이번 푸틴 대통령의 발언을 놓고 '으름장' '협박' 등의 표현을 쓰고 있는데 한마디로 약소국 콤플렉스를 드러내는 반응이다. 사실이 아니면 아니라고 말하고 '괜한 걱정하지 말라' 하면 될 걸 가지고 왜 과민반응을 보이는가? 제발이 저려서 그런 것인가? 우크라이나 사태에 대해 한국은 냉철한 손익계산을 하여 임해야 한다. 한러 관계는 안중에도 없이 오로지 미국의 정책에 맹목적으로 동조하는 것이라면 한심한 정책이고 손익계산을 한다면 미국에 요구할 것은 요구해야 할 것이다. 마침 한국의 한수원이 폴란드 원전 수주 경쟁에서 미국에 밀렸다는 소식이 들린다.

개인 간 관계와 마찬가지로 국가 간 관계는 한번 틀어지면 회복되기가 쉽지 않은 법이다. 2016년 한국이 사드를 배치하기로 한 데 대해 중국이 강력히 반발하고 있는데 한국이 자기 영토에 안보를 위해 방어용 무기를 배치하는 것은 주권적 행위인 바 중국이 이를 적대행위로 간주하고 시비를 거는 것은 말이 안 된다. 이에 반해 한국이 어떤 방식으로든 우크라이나에 살상무기를 제공하는 것은 러시아에 대한 명백한 적대행위에 해당한다. 11월 중순 인도네시아 발리에서 열리는 G20 정상회의에 푸틴 대통령도 참석할 가능성이 있다는데 윤석열 대통령이 진정으로 한러 관계를 유지하고 관리할 의지가 있다면 이번 기회에 상견례를 겸하여 만남을 추진하길 기대해 본다.

<2022-10-30 프레시안>

젤렌스키 대통령의 물귀신 작전?

　지난 15일 미사일 두 발이 폴란드에 떨어져 2명이 사망했다. 언론은 러시아에서 발사된 것으로 추정하며 마침내 러시아가 나토 동맹국을 공격했다고 호들갑을 떨었고, G20 정상회의에 참석하고 있던 정상들은 긴급 회동을 가졌다. 하지만 나토는 "러시아 순항 미사일을 막기 위해 발사된 우크라이나 방공미사일로 인한 사고"로 잠정 결론지었다. 폴란드는 폴란드대로 폴란드를 겨냥한 미사일이 아니며 따라서 폴란드에 대한 공격은 아니라고 발표했다. 미사일 파편을 조사한 결과 러시아군이 사용하는 것이 아니었기 때문이다. 그런데도 젤렌스키 대통령은 러시아가 쏜 미사일이라고 계속 우기면서 나토의 정밀 조사에 참여를 요청했으나 나토는 이를 거절했다. 왜 그는 억지를 부리는 것일까?

　최근 우크라이나군이 8개월 만에 우크라이나 남부 도시 헤르손을 탈환하는 등 전과를 올렸지만, 전체적으로 볼 때 아직은 전황의 근본적인 변화는 없다. 그동안 러시아군이 우크라이나의 주요 도시에 미사일과 드론 공격을 퍼부어 전기, 수도, 가스 등 인프라를 파괴함에 따라 우크라이나의 전쟁 수행 능력이 현저하게 떨어지고 있다. 미국과 유럽국가들은 이번 전쟁 발발 전부터 최근까지 수많은 대러 경제제재를 발동했으나 서방의 예측과는 달리 러시아는 여러 경제 지표로 볼 때 적어도 아직은 서방의 제재를 잘 견디고 있으며 전쟁 수행 능력에도 문제가 없어 보인다. 서방국가들이 자신들의 무기 재고가 떨어질 정도로 우크라이나에 무기를 보내고는 있으나 우크라이나군이 러시아군을 몰아낼 것으로 확신하고 있지 못하다. 이런 가운데 최근 러미 양국의 대통령 안보보좌관, 그리고 참모총장 사이 물밑 접촉이 있었던 것으로 알려졌다. 또한 미국과 프랑스는 시기와 조건은 우크라이나가 결정할 문제라고 하면서도 러시아와의 협상 필요성을 내비쳤다.

미국과 영국 등 서방이 우크라이나를 이용해 러시아를 전쟁의 늪에 빠지게 하는 데 성공했고 국제사회에서 러시아가 따돌림을 받게 하는 데도 어느 정도 성과를 거뒀으나 대리전을 수행하는 데 따른 정치적 경제적 부담이 점점 커지고 있다. 역설적으로 이번 전쟁으로 유럽국가들의 경제적 번영이 사실은 그동안 러시아가 유럽에 가스와 원유를 저렴하게 공급한 데 따른 것이었음이 드러났다. 유럽국가들은 말로는 러시아로부터 에너지 수입을 끊겠다고 하면서 실제로는 러시아가 인도와 중국에 판매한 원유나 가스를 웃돈을 주고 사들이는 것과 같은 어처구니없는 행태를 보이며, 미국에 대해서는 대체재인 미국의 셰일가스가 러시아산에 비해 3~4배나 비싸다고 불평을 늘어놓고 있다. 에너지 가격의 급격한 상승 때문에 유럽 기업들 특히 러시아 가스에 대한 의존도가 높은 독일 기업들이 위기를 맞고 있다. 또한 에너지 가격 폭등으로 야기된 경제난에 시달리는 유럽 각국에서는 시민들이 우크라이나에 대해 지원을 중지하고 대러 제재를 해제하라고 대규모 시위를 벌이고 있다. 유럽의 정치 엘리트들이 우크라이나의 '자유와 민주주의'를 수호하겠다는 결의를 자주 천명하고 있으나 우크라이나 사태에 대한 피로감을 마냥 감출 수는 없어 보인다.

젤렌스키 대통령은 전쟁의 종결이 두려울 것이다. 이른바 서방 언론이 만들어 준 '월드 스타'로서의 짜릿함은 한순간에 끝나버릴 것이다. 물론 전쟁이 끝나게 되면 더 이상의 사상자는 나오지 않겠지만, 어떤 방식으로 전쟁이 끝나든지 그를 기다리고 있는 것은 엄청난 후폭풍일 뿐이다. 우크라이나 야당과 국민들은 침략자 러시아에 대한 증오와 분노와는 별개로 젤렌스키 대통령에 대해 반러시아 강경파에 휘둘린 나머지 회피할 수 있었던 전쟁을 자초함으로써 국민들에게 막대한 희생을 치르게 한 책임을 물을 것이다.

젤렌스키 대통령은 폴란드에 떨어진 미사일이 러시아 것이라고 우기고 있다. 설사 그렇지 않더라도 책임은 러시아에 있다는 황당한 주장을 펼치고 있다. 그는 서방이 그동안 실컷 우크라이나를 이용해 놓고 이제 '나 몰라라'하는 것은 아닐까 걱정하고 있지 않을까? 이번 사고가 나토 측 발표대로 '러시아 순항미사일을 막기 위해 발사된 우크라이나 방공미사일로 인한 사고'가 아니라 나토의 직접 개입을 유도하려는 이른바 거짓 깃발 작전(false-flag operation)으로서 우크라이나의 '고의에 의한 오폭'은 아니었을까? 최근 젤렌스키 대통령은 러시아군이 완전 철수하고 지난 9월 러시아가 자국 영토로 선언한 동남부 지역을 비롯해 2014년 병합한 크림반도까지 돌려줘야 종전 합의에 응하겠다는 입장을 밝혔다. 이러한 조건은 러시아로서는 수용할 수 없을 것이다. 러시아가 수용할 수 없는 방안을 고집한다면 그는 과연 전쟁을 끝낼 생각이 있는지 묻고 싶다.

<2022-11-27 천지일보>

러시아 원유 가격 상한제는 성공을 거둘까?

　서방이 12월 5일부로 러시아산 원유에 대해 가격 상한제를 시행하였다. 일단 상한 가격을 배럴당 60달러로 책정하고 시장가격보다 5% 낮은 수준으로 유지하기 위해 2개월마다 조정한다고 한다. 이번 조치는 가격 상한보다 높은 가격에 수출되는 러시아 원유에 대해서는 보험과 운송 서비스를 금지하는 방식으로 시행된다. 다만 송유관으로 수송되는 원유는 대상에서 제외한다. 따라서 이번 조치에 직접 참여하는 나라들뿐만 아니라 해상으로 수입해야 하는 나라들도 결과적으로 영향을 받게 된다. 한 마디로 러시아산 원유 가격을 배럴당 60달러 이하로 묶겠다는 것이다. 서방은 이번 조치를 통해 러시아의 원유 판매 수입을 제한하여 전쟁자금 조달에 영향을 주고 동시에 러시아산 원유의 가격을 통제하여 고유가에도 대응한다는 계산이다. 서방의 이러한 반시장적인 가격 규제

조치는 러시아의 강한 반발은 물론 시장의 교란을 초래하고 거래 당사자들은 다양한 방법으로 규제를 벗어나려 할 것으로 예상된다.

서방의 이번 조치에 대해 러시아는 현재, 첫째 이번 규제에 직접 참여한 국가들에는 단 한 방울의 원유도 수출하지 않는다, 둘째 가격 상한이 포함된 계약 체결 자체를 금지한다, 셋째 우랄산 원유의 북해산 브렌트유에 대한 할인 폭 최대치를 설정하고 이를 초과하는 판매는 금지한다 등과 같은 대응책을 검토하고 있는데 첫 번째 방안이 가장 유력해 보인다. 또한, 러시아는 필요하면 서방 기업들이 장악하고 있는 보험과 운송 서비스를 이용하지 않는 소위 '그림자 선단'을 이용해 수출하겠다고 한다. 물론 이번 가격 상한제 시행으로 어느 정도가 되었든 러시아산 원유의 공급 감소는 불가피해 보인다. OPEC+는 수급 불안정을 고려하여 추가 감산을 고려하지 않지만 증산 계획도 없다. 사우디아라비아는 이미 미국의 증산 요청에 대해 이런 입장을 분명히 밝힌 바 있다. 중동 산유국들은 모두 가격 상한제에 대해 회의적이다. 서방 전문가들도 현재와 같은 세계적인 경기 침체가 이어지는 경우 중장기적으로는 원유에 대한 수요가 감소하여 유가가 떨어질 것으로 보면서도 단기적으로는 러시아 원유의 공급이 줄어들어 유가가 상승할 것으로 전망하고 있다.

러시아가 서방의 조치에 굴복하여 상한 가격 이하로 원유를 팔 수밖에 없을 것이라는 바람은 과연 현실성이 있을까? 러시아는 조세수입에서 차지하는 원유 수출세의 비중이 상당한 것이 사실이나 양호한 재정수지와 상당한 경상수지 흑자를 고려할 때 앞서 살펴본 첫째 대응책으로 맞서며 관망할 수 있는 여유가 있다. 유럽국가들이 유럽의 경제에 필수적인 러시아산 가스를 배척하여 얻은 것은 무엇인가? 대체재인 미국의 셰일가스를 러시아산보다 3~4배 비싼 가격을 주고 사야만 했고 러시아가 중국과 인도에 싼값에 판매한 것을 웃돈을 주고 수입하는 어처구니없는 일이 벌어지기도 하였다. 유럽연합이 러시아산 에너지원 수입을 제한하면 국민들은 큰 고통을 받고 에너지 기업들은 떼돈을 벌게 된다. 그래서 서유럽 정부들은 떼돈을 번 기업들로부터 '횡재세'를 거두어 국민들에게 에너지 보조금을 나눠주겠다고 법석을 떨고 있다. 이번 가격 상한제 시행도 결국 유럽 사람들을 더욱 고통스럽게 만들지 않을까 걱정이 앞선다. 유럽의 정치 지도자들이 자국민들을 애꿎은 희생양으로 삼는 일은 이제 멈추어야 할 것이다.

   이미 유럽연합은 러시아에 여러 차례 강력한 제재를 취하였는데도 러시아의 전쟁 수행 능력에 결정적인 영향을 주지 못하였다. 그렇다면 유럽연합은 왜 자신은 물론 이번 전쟁과는 무관한 나라들마저 어렵게 하는 것일까? 존망의 위기에 처한 우크라이나를 지켜주기 위해 다 함께 피해를 무릅쓰자는 것인가? 아니면 단순히 러시아를 힘들게 하는 것이 목적인가? 서방에서 러시아가 명분 없는 전쟁을 일으켰다고 주장하지만, 객관적으로 말하면 지난해 하반기 러시아가 공개적으로 나토와 미국에 대해 러시아의 안보 우려를 해소해 달라고 요구하였으나 거부됨에 따라 우크라이나에 대해 군사작전을 전개한 것 아닌가? 서방이 진정으로 우크라이나의 자유를 수호하겠다는 목표를 갖고 있다면 지금이라도 러시아와 협상에 나서야 하지 않을까? 서방은 우크라이나 사람들의 목숨을 가볍게 여기고 있는 것은 아닐까? 서방은 러시아와의 협상에 있어 우위에 서기 위해서라는 명분을 내걸고 우크라이나에 대해 나토의 지원이 없었다면 벌써 끝났을 전쟁을 계속하도록 독려하고 있는데 우크라이나군이 러시아군을 몰아낼 정도의 전면적인 승리를 거두기는 어려워 보인다. 그렇다면 앞으로도 우크라이나 사람들의 희생은 계속될 것이다. 서방의 생각과 행동이 이성적이고 합리적이지 못하다는 우려를 떨칠 수가 없다.

<2022-12-11 천지일보>

> ## 벌써 몇 번째 게임 체인저인가?

러시아 국방부에 따르면 지난 1월 1일 0시 1분 우크라이나군이 발사한 하이마스(HIMARS, 고속기동 포병로켓시스템) 미사일에 의해 우크라이나 동부 도네츠크 지역에 주둔 중인 러시아군 약 90명이 사망하였으며, 이에 대한 보복으로 러시아군은 돈바스 지역에 있는 우크라이나군의 하이마스 미사일 발사대 4개를 파괴하였고 루간스크와 헤르손 지역에서 하이마스 미사일 9기를 요격하였다. 하이마스는 지난해 6월부터 미국이 우크라이나에 제공하였으며 서방 언론이 이번 전쟁의 소위 게임 체인저(game changer)라고 불렸던 것인데 그간 우크라이나군이 이를 사용하여 러시아군을 상대로 다소 전과를 올린 것은 사실이나 전쟁의 흐름을 근본적으로 바꾸지는 못하였다.

지난해 2월 우크라이나와 러시아 간 무력충돌이 시작된 이래 미국을 비롯한 서방국가들이 우크라이나에 각종 무기를 지속적으로 제공하고 있으며 그중에는 게임 체인저가 되리라 전망하였던 것들이 여럿 있었다. 예를 들어 재블린(Javelin) 휴대형 대전차 미사일, M777 곡사포, 크라프(Krab) 자주포, 고속 대(對)레이더 미사일(HARM: High-speed Anti-Radiation Missiles), 첨단 지대공 미사일 시스템 나삼스-2(NASAMS-2), 바이락타르 TB2(Bayraktar TB2)로 불리는 전투 드론, 스위치블레이드(Switchblade) 자폭 드론 등이 있다. 이와 관련하여 국내 언론들은 서방 언론보다 한술 더 떠서 '판 뒤집힌다' '러시아군에 마지막 여름 될 것' 등 제목으로 소식을 전하였다. 하지만 우크로니아 전쟁은 판이 뒤집히지도 않았고 지난 여름은 러시아군의 '마지막 여름'이 되지 않았다.

지난해 12월 우크라이나 전쟁의 흥행(?) 유지를 위해 미국 내 대러 강경파가 기획한 바에 따라 젤렌스키 대통령이 워싱톤을 깜짝 방문해서 의회에서 연설하였는데 일부 의원들은 이에 반발하였다. 어쨌든 이번 방문을 계기로 미국은 그간 우크라이나가 끈질기게 요청하였던 패트리어트 미사일 외에 브래들리(Bradley) 경보병차도 지원하기로 하였다. 이에 대해 어느 국내 매체는 '푸틴 떨고 있나?'라고 보도하였다. 일반적으로 패트리어트의 성능은 높은 평가를 받지만 사우디아라비아에 배치된 패트리어트가 예멘 후티 반군의 로켓 공격을 제대로 막아 내지 못하는 바람에 그러한 평가가 흔들리고 있는 것도 사실이다. 또한, 미국 등 서방이 우크라이나에 최신 정밀 무기를 공급할 때마다 러시아는 그에 상응하는 강력한 수단으로 맞서왔다. 패트리어트가 앞서 게임 체인저로 기대되었던 무기체계와는 달리 명실상부한 게임체인저가 될지는 두고 볼 일이다.

 12월 초 우크라이나군이 남부 전선 헤르손 지역을 탈환한 것 말고는 우크라이나 전쟁은 현재 교착 상태에 있다고 보는 것이 객관적 평가이다. 러시아군이 교착상태를 타개하기 위해 이번 겨울이 끝나기 전에 대규모 공세를 감행할 것이라는 전망이 있다. 지난해 2월 이후 우크라이나 5천만 인구의 1/4 이상이 외국으로 피난하였으며 우크라이나군의 사상자는 늘어나고 국토는 점점 더 황폐해지고 있다. 만일 전쟁이 기약 없이 계속되어 우크라이나가 영토를 모두 잃고 결국 소멸된다면 국제사회는 어디서 '우크라이나의 민주주의'를 찾을 수 있을 것인가? 현재까지 미국의 정책을 보면 무기를 대줄 테니 우크라이나에게 끝까지 러시아와 싸우라고 부추기는 것은 아닌가 하는 의구심이 든다. 미국은 우크라이나인들에게 우크라이나가 아니라 러시아의 약화를 바라는 미국의 이익을 위해 총알받이를 하도록 내몰고 있는 것은 아닐까? 미국 내에는 이번 전쟁으로 쏠쏠한 재미를 보며 표정 관리를 하면서 '우크라이나의 자유와 민주주의 수호'를 외치는 집단이 있지 않은가? 최근 수년간 코로나 펜데믹 덕분에 돈을 쓸어 담다시피 하는 백신 제조회사들처럼 미국의 방산업체들은 2차대전 이래 최대 호황을 맞이하고 있다고 한다. 미국이 우크라이나의 자유를 위협하는 러시아를 응징하기 위해 나토의 직접 개입과 같은 방안을 생각하지 않으면서 우크라이나에 무기를 지원하며 계속 싸우라고 하면 오히려 우크라이나의 생존 자체를 위태롭게 하는 정반대의 결과가 빚어지지는 않을까 우려된다. 그간 서방이 러시아에 대해 전방위적으로 혹독한 제재를 가하고 있지만 서방의 예상과는 달리 적어도 현재까지는 러시아가 서방이 바라는 만큼 흔들리고 있지는 않아 보인다. 그렇다면 우크라이나 전쟁이 언제 끝나서 우크라이나 국민들이 정상적 삶을 되찾을 수 있을 것인가? 미국 등 서방이 우크라이나 국민들의 고통이 끝나도록 하는데 조금이라도 생각이 있다면 이제 러시아와의 대화, 그리고 협상을 시작해야 한다고 본다.

<2023-01-08 천지일보>

미국은 대러시아 제재에 대해 큰소리칠 수 있나?

최근 국내 언론 보도에 따르면 대러시아 제재와 관련하여 한국 기업의 러시아 진출을 제약하려는 미국의 압박이 본격화되고 있는 듯하다. 한미 양국 간 고위급 회담 등 여러 계기에 미국 측은 한국 기업의 러시아 내 활동 유지 등에 대해 우려를 표명하였다고 한다. 이번 주 초 호세 페르난데스 국무부 경제성장·에너지·환경 담당 차관의 방한과 관련하여 우리 측 관심사는 인플레이션 감축법(IRA) 내 한국산 전기차 차별조항 완화이지만, 미국 입장에서는 대러 제재 관련 한국에 대한 요구가 주요 의제일 가능성이 있다. 미국의 입장은 한마디로 한국은 러시아와의 경제 교류를 최대한 축소하라는 것이라 하겠다. 그런데 한국은 지난해 러시아의 우크라이나 침공 이후 미국이 주도하는 대러 제재 캠페인에 호응하여 이미 금융 및 수출입에 있어 독자적인 조치를 취하는 등 성의 표시를 한 바 있고 이 때문에 러시아의 비(非)우호국 리스트에 포함되었다.

동맹국들에 지지 이상 요구는 지나쳐

미국이 '우크라이나의 자유와 민주주의 수호'라는 명분을 내세우며 실제로는 러시아의 약화라는 전략적 목적으로 우크라이나로 하여금 대리전을 수행하게 하면서 동맹국들에 대해 단순한 지지와 지원이 아니라 그 이상을 요구하는 것은 지나치다. 더구나 한국 기업들이 입게 될 손실을 미국이 보상해 준다는 보장도 없다. 유럽 국가들이 러시아산 가스의 수입을 대폭 줄일 수밖에 없게 되자 미국이 대체재로 미국산 셰일가스를 공급하면서 러시아산 가스보다 3~4배 비싼 가격을 요구하고 있는 것에 대해 유럽국가들의 불만이 상당하다. 대러 제재에 동참하는 동맹국들에 대한 미국의 배려가 자기 배만 불리는 것인가?

미국이 대러 경제 관계를 단절한다고 하지만 미국 자신이 감수해야 할 피해는 무시할 정도이다. 실제로 2021년 미-러 교역은 미국의 대외교역 전체에서 차지하는 비중이 0.8%도 안 된다. 그런데도 미국은 자국이 아쉬운 분야에 대해서는 제재를 유보하는 이중성을 보이고 있다. 예를 들어, 미국은 소형모듈원자로(small module reactor)의 연료로 쓰이는 고순도 저농축 우라늄(HALEU, High-Assay Low-Enriched Uranium)을 여전히 러시아에서 수입하고 있는데, 이

연료는 러시아의 테넥스(Тэнэкс)가 세계에서 유일한 공급자이다. 또한, 미 재무부가 애초 미국 금융기관에 대해 러시아 국채와 회사채 거래를 금지하였으나 미국 투자자의 이익을 보호하기 위해 지난 8월 제재를 취소함에 따라 JP Morgan Chase, Bank of America, Citigroup, Deutsche Bank, Barclays, Jeffries Financial Group 등이 모스크바에서 영업을 계속하고 있다. 그런데 어처구니없는 것은 JP Morgan Chase는 러시아 경제가 2023년이면 채무불이행(default)에 직면할 것이라는 보고서를 내놓고는 계속 러시아에서 영업을 벌이고 있는 점이다. 미국이 제재한다고 큰소리를 치려면 모범(?)을 보이면서 다른 나라들에 동참하라고 해야 한다. 미국 자신은 이렇다 할 피해를 보지 않으면서 동맹국들에 대해 희생을 강요하는 것은 부당하다.

유럽국가들도 대러 제재 패키지를 이미 아홉 차례나 발동했지만, 자신들의 필요 때문에 러시아와의 교역을 완전히 중단하기가 쉽지 않다. 우선 유럽국가들도 소형모듈원자로의 연료인 고순도 저농축 우라늄을 여전히 러시아에서 수입하고 있다. 대부분 유럽국가의 경우 2022년 2~8월에 지난해 같은 기간보다 러시아로부터의 수입이 늘어났다. 유럽연합 통계(Eurostat)에 따르면 독일, 프랑스, 이탈리아, 폴란드 등은 러시아로부터의 수입이 대폭 늘었고, 유럽연합 27개국 가운데 7개국만이 수입이 줄었다.

일본은 어떤가? G7의 일원으로서 적극적으로 미국의 정책에 호응하고 있는 것으로 보이고 때때로 러시아에 대해 노골적으로 적대적인 제스처를 취하면서도 실속은 챙기고 있다. 니시무라

야스토시 일본 경제산업장관은 미국의 엑슨 모빌이 러시아 사할린-1(해저 석유·가스 광구) 프로젝트에서 철수했지만 일본 콘소시엄 SODECO는 계속해서 지분을 유지한다고 발표했다. 일본은 과거 러시아와 전쟁까지 치렀고 지금도 쿠릴열도(일본명 북방영토)를 놓고 러시아와 대치하고 있지만 나름 유연한 자세를 취하고 있다.

지난주 안드레이 루덴코 러시아 외무차관은 타스통신과의 인터뷰에서 "한국을 러시아로부터 억지로 떼어내려는 워싱턴의 강한 압박으로 한국이 2022년 3월 반러시아 제재에 동참할 수밖에 없었다. 한국은 러시아와의 관계가 급격히 축소되는 것을 막으려고 애쓰고 있다. 서방의 제한으로 인한 러시아-한국 관계의 손실을 최소화하기를 바라는 것은 러시아도 마찬가지이다"라고 답변하였다. 우크라이나 사태로 야기된 어려운 상황에서 한국 정부는 나름 한러 양국 관계의 끈을 놓지 않으려고 노력을 기울이고 있는 것으로 보인다. 앞에서 보았듯이 대러 제재와 관련하여 유럽국가들과 일본은 물론 선봉장인 미국조차도 자신의 피해를 최소화하려는 마당에 한국이 미국의 가치, 인권 등 외교적 수사에 휘둘려 중심을 잃고 국익을 포기하는 일은 없어야 한다.

미국의 국익이 한국의 국익과 항상 일치할 수는 없어

현재 우크라이나 사태와 관련하여 미국과 유럽연합은 사실상 전쟁 당사자이나 한국은 그렇지 않다. 러시아의 침공을 규탄하고 우크라이나에 인도적인 지원을 제공할 뿐이고 전쟁에 개입하지 않고 있다. 지난해 6월 윤석열 대통령이 마드리드 나토정상회의에 참석함으로써 한국이 반러시아 전선에 동참하였다고 해석될 여지가 없는 것은 아니지만 한국은 나토 회원국이 아니며 나토와 제한된 범위에서 협력하고 있을 뿐이다. 한국이 미국의 동맹국이라고 해서 러시아가 자동적으로 한국의 적이 될 수는 없다. 더구나 우크라이나는 한국의 동맹이 아니다. 1953년 한미상호방위조약에 근거하고 있는 한미동맹은 모든 분야에 대한 것이 아니고 공간적으로 전(全)지구적인 것도 아니다.

동서고금을 막론하고 모든 전쟁은 표면적으로 내세우는 구호나 명분과 관계없이 정치적 목적을 달성하기 위한 것이다. 동맹국의 적이라고 해서 반드시 우리에게도 적이 되는 것이 아니다. 경제적 측면에서만이 아니라 전략적 측면에서 특히 중국의 부상으로 동아시아 정세가 복잡해지고 있는 가운데 앞으로 중국의 압박을 상쇄하고 남북통일에 유리한 주변 정세를 조성하는 데 있어 러시아가 유용한 이웃이 될 수 있다는 점을 고려할 때 러시아의 약화가 우리 국익에 부합한다고 하기도 어렵다. 물론 한국외교에 있어 대미 관계는 최우선적이고 가장 중요한 관계이다. 그렇더라도 항상 미국의 국익이 한국의 국익과 일치할 수는 없다. 한국의 유일한 동맹국인 미국의 입장과 요구에 유의하되 우리 나름의 손익을 따져 보고 그 계산에 입각한 우리 입장을 가져야 한다.

<2023-01-13 민들레>

우크라이나 전쟁, 향후 전망과 서방의 의도

　우크라이나 전쟁이 시작된 지 거의 1년이 된다. 현재 서방 언론의 보도를 보면 마치 우크라이나군이 전세를 뒤집은 것처럼 보인다. 최근 국내 언론들도 덩달아 푸틴의 패배를 거론하면서 이로 인해 야기될 러시아의 내부 혼란 나아가 분열에 대비하여야 한다는 몇몇 서방 학자들의 주장을 보도하였다. 우크라이나군이 작년 9월 동북부 지역인 하리코프 그리고 11월 남부 지역인 헤르손을 탈환한 것이 사실이다. 하지만 모두 우크라이나군이 격전 끝에 러시아군을 몰아낸 것이 아니라 러시아군이 작전상 일방적으로 철수하였다는 점에서 두 지역의 탈환이 군사적 승리로서 갖는 의미는 반감될 수밖에 없다.

　현재 러시아군이 우크라이나 영토의 20% 이상을 장악하고 있는 전반적인 전쟁 판세에 근본적인 변화는 없다. 올해 1월 중순 동부 지역인 돈바스 지역에서 우크라이나군이 러시아군의 맹렬한 공격을 견디지 못하고 솔레다르를 빼앗겼으며 현재 인근에 있는 전략 요충지인 바흐무트에서 치열한 공방전이 벌어지고 있는데 이마저 뚫리게 되는 경우 러시아군이 우크라이나 중부 드네프르강 유역까지 진출할 수 있게 된다. 게다가 현재 러시아군은 하리코프와 헤르손도 동시에 공격하고 있다.

앞으로 이 전쟁은 어떻게 전개될 것인가? 정확한 수치는 공개되지 않았으나 우크라이나와 러시아 양측 모두 상당한 병력과 장비 손실을 본 것으로 보이며, 크게 볼 때 전선에 급격한 변화가 없는 상태이다. 현재 러시아군이 동북부, 동부 그리고 남부에서 동시에 공세를 취하고 있는데 이것이 임박했다고 하는 대공세의 서막인지는 확인할 수 없으나, 러시아가 지난해 부분 동원령으로 확보한 수십만의 병력을 동원하여 펼칠 것으로 예상되는 대공세가 이번 전쟁의 분수령이 될 것으로 보인다.

최근 미국을 비롯한 나토국가들이 우크라이나에 탱크를 지원하기로 하였다 하나 실제로 전장에 배치되기까지 몇 개월이 걸릴지 알 수 없으며 더욱이 그간 서방이 각종 무기를 제공할 때마다 '게임 체인저(game changer)가 될 것이라고 하였으나 초반에 반짝하였을 뿐이고 러시아가 상응하는 무력으로 대응하자 별 의미가 없어지곤 하였다.

객관적으로 볼 때 전쟁이 얼마나 더 지속될 것이냐는 미국 등 나토국가들이 우크라이나에 대한 무기 지원을 언제까지 할 것인가에 달려 있다. 현실적으로 우크라이나는 서방의 무기 지원이 끊기면 전쟁을 지속할 수 없고, 러시아는 서방이 계속 우크라이나에 무기를 대주면 이에 상응하는 무력으로 맞대응해야 하므로 전쟁의 수렁에서 빠져나오기가 쉽지 않기 때문이다. 현재 우크라이나는 자기 국민들을 희생하면서 서방을 위해서 싸우고 있는 형국인데, 달리 말하면 서방은 대러 전쟁에서 우크라이나를 도구로 이용하고 있다. 이것을 인식하고 있는 듯이 젤렌스키 대통령은 나토국가들에 큰소리를 치며 마치 맡겨 놓은 물건을 내놓으라는 듯이 무기를 요구하고 있다.

냉정하게 말해서 미국 등 서방국가 지도자들은 마지막 우크라이나인까지 싸우다 죽더라도 개의치 않을 것이고 우크라이나의 영토와 평화를 회복하는 것보다 전쟁을 가능하면 오래 끌어 러시아를 약화시키는 데 더 관심이 있어 보인다. 실제로 작년에 전쟁 발발 이후 얼마 안 되어 튀르키예가 주선하여 우크라이나와 러시아 사이 평화협상이 타결될 듯이 보였으나 미국이 우크라이나에 무기 지원을 늘리면서 전쟁을 계속하도록 종용하여 결국 평화협상은 깨지고 말았다. 이런 서방의 의도는 서방측 고위인사들의 최근 발언에서도 확인할 수 있다.

예를 들어 조셉 보렐 유럽연합 외교수장은 2023년 1월 20일 마드리드에서 열린 어느 행사에서 "러시아를 만만하게 보면 안 된다. 러시아는 나폴레옹과 히틀러의 침략을 물리친 역사가 있고 러시아는 끝까지 싸워 이겼으며 러시아가 이번 전쟁에서 지고 있다든지 러시아군이 무능하다고 생각하는 것은 터무니없다."라고 했다. 또한, 마크 밀리 미국 합참의장도 2023년 1월 20일 독일 람슈

타인 미 공군기지에서 열린 우크라이나 방위 연락 그룹회의에 참석하여 기자들에게 "우크라이나가 러시아를 격퇴하길 바라는 것은 현실적으로 무리"라고 하였다.

미국의 관점에서 우크라이나가 설사 러시아에 의해 완전히 파괴되더라도 직접적인 안보 위협은 없는 데 반해 러시아의 경우 패배한다면 안보 위협이 증가할 뿐만 아니라 러시아 자체가 분열 위기에 처할 수 있다. 사실 미국은 이미 기대한 목표를 달성하였다고 볼 수 있다. 즉, 러시아를 우크라이나 함정에 빠뜨려 쉽게 헤어나오지 못하게 하는 데 성공하였다. 또한, 미국은 말로는 우크라이나를 수호하겠다고 하지만 막상 우크라이나가 지도상에서 사라지더라도 3차 세계대전의 위험을 감수하면서까지 직접 개입할 생각은 없어 보인다. 이미 미국은 유사한 사례에서 큰 재미를 본 적이 있다. 1979년 미국은 소련을 아프가니스탄 함정에 끌어들여서 10년간이나 엄청난 국력을 소모하게 하였고 이것이 소련의 붕괴를 촉진하였다.

이번 주에 나토와 미국의 국방 책임자가 잇따라 한국을 찾았다. 2023년 1월 30일 스톨텐베르그 나토 사무총장은 최종현 학술원 특별강연에서 "한국이 우크라이나에 군사적으로 지원하기 바란다. 일부 국가가 교전 중인 국가에 무기 수출을 금지한 정책을 선회한 전례가 있으며 한국이 군사적 지원이라는 특정한 문제에 나설 것을 촉구한다"라고 하였다. 2023년 1월 31일 오스틴 미국 국방장관은 연합뉴스 기고에서 "한국 안보에 대한 미국의 확장억제 공약이 철통같으며 우리의 적과 경쟁자들은 만약 그들이 우리

중 한 나라에 도전할 경우 한미동맹 전체에 도전하는 것이라는 점을 안다."라고 하였다.

나토의 맹주인 미국 측의 이런 언급은 한국에 대한 안보 공약을 재확인하는 것뿐만 아니라 전체적인 맥락으로 보면 한국도 우크라이나에 무기를 지원하라는 이야기이다. 현 정부가 이른바 가치를 공유하는 국가들과의 긴밀한 연대를 주장하며 나토와의 협력을 확대하고 있는데, 우크라이나의 주권과 영토 보전을 지지하고 인도적 지원을 하며 전후 피해 재건에 적극 참여하는 것 모두 좋으나 무기 지원만은 자제하여야 한다. 이제 우크라이나 전쟁이 우리의 전쟁이 되지는 않을까 심히 우려된다.

<2023-02-02 민들레>

서방의 대러 경제 제재는 효과가 있었나?

　미국과 유럽연합은 작년 2월 우크라이나를 침공한 러시아에 대해 역사상 유례가 없을 정도로 혹독한 경제 제재를 가했다. 전쟁 발발 직후 대부분 러시아 은행이 서방의 은행간 국제 결제 시스템(SWIFT)에서 축출됐고, 러시아에 대한 수출입 제한 또는 금지 조치도 취해졌다. 신용평가기관 S&P는 러시아의 국가신용등급을 BB+에서 SD(신용등급 최악)로, 무디스와 피치는 등급을 6단계나 각각 낮췄다. 제재 폭격을 맞은 루블화의 가치 폭락 사태를 수습하기 위해 러시아 중앙은행은 기준금리를 9.5%에서 20%로 대폭 올렸으며, 러시아의 국채 가격은 액면가의 10% 이하로 폭락했다. 그리고 상당수 글로벌 기업들이 러시아 시장에서 철수하거나 조업을 중단했다.

　2022년 러시아의 국내총생산 성장률에 대해 지난해 3월 국제

금융협회(IIF)는 기존 전망치인 3%보다 18%포인트 낮은 마이너스 15%로 추락할 것으로 내다봤고, 제이피 모건과 골드만삭스는 마이너스 7%로 그리고 블룸버그는 마이너스 9.6%로 예상했다. 7월에 들어서는 더욱 암울한 진단이 나왔다. 제프리 소넨펠드 예일대 교수는 대러 경제 제재가 효과적으로 작동하면서 러시아의 경제는 애초 우려했던 수준보다 훨씬 심각한 '재앙적' 상황에 직면했다고 하면서 글로벌 기업들이 떠난 결과 러시아 국내총생산의 40% 수준과 일자리 100만개를 잃었으며 이는 소련 붕괴 이후 외국인 투자를 통해 성장해 온 러시아의 시장 경제를 30년 전으로 후퇴시킨 정도의 효과라고 주장했다.

    하지만 이러한 서방의 예측과 기대는 빗나갔다. 우선 루블화 가치가 전쟁 발발 직후 한 달 남짓 폭락하며 혼란이 있었던 것은 사실이나 서방이 러시아의 석유와 가스 수출에 제한을 가하자 오히려 국제시장에서 가격이 폭등했고 여기에 러시아가 가스 대금을 루블화로 결제하도록 하면서 이미 4월에는 루블화 가치가 전쟁 전 수준을 상회했다. 2023년 2월 현재 1달러에 70루블대로 전쟁 전 수준을 유지하고 있고 중앙은행 금리도 안정됐다. 대외 교역도 상당한 흑자를 계속 시현해 외환보유고가 2023년 1월 27일 현재 5977억 달러에 이르고 있다. 많은 글로벌 기업이 러시아에서 철수했다고 하나 스위스 국제경영개발연구소 자료에 따르면 실제로는 8.5%만이 러시아를 떠났다. 국제통화기금(IMF)은 지난 10월에는 러시아의 2022년 국내총생산이 3.4% 감소할 것이라고 예상했는데 올해 1월에는 2.2% 감소로 추정했고 경제가 호전돼 2023년에는 0.3%, 2024년에는 2.1% 증가할 것으로 예측했다. IMF는 또한 유럽연합이 주도한 러시아산 석유에 대한 가격 상한제가 소기의 성과를 거두지 못하고 있다고 평가했다.

이처럼 서방의 제재가 약발이 먹히지 않은 이유는 무엇일까? 우선 러시아는 2014년 크림 합병 이래 서방의 제재를 받고 있어 제재에 대한 내성이 생겼고 2022년 제재는 예상된 것이어서 대비책을 강구해 놓았다. 그리고 서방의 제재 캠페인에 중국, 인도는 물론 대부분의 아시아, 아프리카 및 중남미 국가가 동참하지 않았다. 서방이 러시아산 에너지 수입을 제한하자 러시아는 중국, 인도 등 에너지 수요가 많은 국가들에 가격을 낮춰 대량으로 판매해 돌파구를 찾았다. 서방이 러시아의 제조업에 타격을 주기 위해 주요 품목의 수출을 금지했으나 러시아는 상당 부분을 자국산 또는 중국산으로 대체하거나 제3국을 통해 유럽 물품을 수입하고 있다. 또한, 러시아는 비서방 국가들과 거래를 할 때 서방의 금융 인프라를 거치지 않고 결제하는 방법들을 잘 활용하고 있다. 이에 관해서는 지난 12월 아가세 데마라이스가 'Foreign Affairs'에 기고한 '제재의 시대는 끝났다?(The End of the Age of Sanctions?)'가 잘 설명해 주고 있다. 즉, 러시아는 비서방 국가들과 거래 시 상대방 국가와 통화스와프(currency swap)로 결제하거나 서방의 결제 시스템인 SWIFT를 대체하기 위해 중국이 구축한 CIPS(Cross-border Interbank Payment System)을 이용함으로써 제재를 무력화시키고 있다. 그간 미국이 달러화의 우월적 지위를 이용해 비우호국에 제재를 남발하자 국제거래에서 달러화 회피 현상이 나타났는데 이번 우크라이나 전쟁을 계기로 그러한 추세가 강화될 가능성이 있다. 한마디로 미국이 주도하는 G7이 세계 경제에서 차지하는 비중이 점점 줄어들어 대러시아 제재의 약발은 더욱 떨어질 수도 있다. 서방이 러시아에 대해 경제적으로 심각한 타격을 가해 우크라이나 전쟁의 승기를 잡겠다는 구상은 현실성이 없어 보인다.

<2023-02-05 천지일보>

2 외교 단평

러시아는 왜 벨라루스와의 연합국가를 원할까

러시아와 벨라루스 양국 대통령은 9월 초 "연합국가 창설을 위해 정치통합에 앞서 경제통합을 가속하기로 했다"고 발표했다. 경제 분야에서 양국의 법률을 단일화하고, 경제 주체들의 활동 조건을 균등하게 만들고, 단일 금융·에너지 시장을 조성하고, 공통되는 산업 및 농업 정책을 수립하기로 했다. 양국은 20여년 전부터 연합국가 창설에 대한 논의를 시작해 이미 의회, 최고국가평의회, 각료협의회, 법원 등 연합국가의 조직은 갖추고 있다. 그런데 러 측이 적극적인 데 반해 벨라루스 측은 소극적인 태도를 보여 실질적인 진전이 없다가 2020년 8월 이후 벨라루스의 루카셴코 대통령이 대내외적으로 위기에 봉착해 러시아에 지원을 요청하면서 급진전됐다. 왜 러시아는 경제적으로 실익이 있어 보이지 않는 연합국가 창설에 공을 들여왔을까?

1991년 소련이 붕괴함에 따라 독립한 벨라루스는 러시아 및 우크라이나와 마찬가지로 슬라브족이며, 지리적으로 폴란드, 우크라이나, 그리고 발트해 국가인 리투아니아 및 라트비아와 이웃하고 있다. 그간 러시아는 주변 구소련 공화국들과의 경제통합을 추진해 2010년 카자흐스탄 및 벨라루스와 '관세동맹'을 결성했고, 2012년 '관세동맹'을 상품뿐만 아니라 자본과 노동력의 자유로운 이동을 보장하는 '단일경제구역'으로 발전시켰으며, 2015년에는 시장 통합과 거시경제정책 조정을 통한 완전한 경제통합을 지향하는 '유라시아경제연합'을 출범시켰다. 즉 러시아와 벨라루스 사이에는 이미 경제통합이 진행되고 있는데 따로 연합국가 창설을 추진하는 데는 어떤 배경이 있는가? 러시아가 벨라루스와의 연합국가 창설에 매달리는 것은 벨라루스의 지정학적 위치 때문이다.

　러시아와 서방 사이에는 기복이 있지만 긴장이 상존한다. 전통적으로 러시아는 잠재적인 적과의 사이에 우호적인 완충지대를 가지려 한다. 러시아와 서방의 군사동맹인 나토 진영 사이에는 벨라루스와 우크라이나 두 나라가 있다. 우크라이나와의 관계는 10여 년 전 틀어지기 시작해 2014년 우크라이나 내전이 발발하고 그 과정에서 러시아가 우크라이나에 속했던 크림반도를 합병함으로써 완전히 적대관계가 됐다. 이제 완충지대의 역할을 수행해 줄 수 있는 나라는 벨라루스밖에 없다. 이러한 상황에서 러시아는 서방에서 우려하듯이 벨라루스를 병합하지는 않더라도 완전한 통제 아래 두려는 것으로 보인다.

　그런데 연합국가에 대한 양측의 이해에는 차이가 있다. 러시아는 연방제와 유사한 관계를 염두에 두고 있는 것으로 보이나 벨라루스는 주권의 상실이 없는 국가연합 정도를 상정하고 있다. 벨라루스가 러시아의 제의에 어느 정도 부응해 왔으나 속을 들여다보면 목적은 러시아로부터 경제적 지원을 받기 위한 것으로 보인다. 심각한 경제난을 겪고 있는 벨라루스는 지난해 10월부터 올 6월까지 러시아가 주도하는 '유라시아안정·발전펀드'로부터 15억 달러의 차관을 받았는데 이번에 러시아는 내년 말까지 추가로 최대 6억 4000만 달러의 차관을 지원키로 했다. 또한, 유럽에는 1000㎥당 650달러에 파는 천연가스를 벨라루스에는 128.5달러에 제공키로 했다.

루카셴코 대통령이 과거와는 달리 이번에 러시아의 제의에 대해 적극적인 반응을 보인 데는 경제적 고려에 더해 지난해 8월 이래 대통령 선거 부정 논란 속에 대규모 반정부 시위가 발생하고 이와 관련해 서방이 제재조치를 취해 정치적 위기 상황에 처한 것이 큰 요인으로 작용했다. 사실 벨라루스 국민들은 러시아와의 연합국가 창설에 대해 그리 긍정적이지 않으며 루카셴코 대통령 자신도 2019년 12월 러시아와의 통합 반대 시위에 대해 방조하는 태도를 보였다.

그간의 연합국가 창설 논의 과정을 보면 양국은 '동상이몽(同床異夢)'이 아닌가 하는 생각이 든다. 소련으로부터 독립한 벨라루스는 그간 러시아에 대해 일정한 거리를 두면서 러시아로부터 유럽과의 관계를 지렛대 삼아 이익을 취해 왔다. 러시아가 이를 지나치게 경계하고 초조한 나머지 벨라루스에 대한 '당근'으로 자국의 경제발전을 위해 써야 할 자원을 허비하는 것은 재고해야 할 것이다. '당근'이 단기적으로는 효과가 있을지 모르나 중장기적으로는 벨라루스를 잘못 길들일 수 있고 상황이 꼬이면 최악의 경우 우크라이나와의 관계처럼 될 가능성이 우려된다. 러시아가 주변 나라들을 러시아에 묶어두려는 것은 이해되나 그들에게 당근을 주기보다는 러시아가 번영을 구가해 매력적인 존재가 되는 것이 지속가능한 방책이라고 본다. 번영보다 더 강한 유혹은 없기 때문이다.

<2021-10-03 천지일보>

고토 회복 주장과 러시아에 대한 착각

한국 언론은 러시아를 그리 자주 다루지 않지만 최근 유튜브에는 러시아에 관한 것이 자주 올라오고 조회수도 상당하다. 그런데 문제는 상당수가 러시아의 한국에 대한 의도를 잘못 이해하거나 왜곡한다는 점이다.

이러한 현상은 한러관계에 부정적인 영향을 미칠 수도 있다. 그 주장이나 해석이 한국정부와는 무관하더라도 러시아 사람들이 보면 한국이 러시아에 대해 엉뚱한 생각을 하는 것은 아닌가 의구심을 가질까 우려된다.

문제가 될만한 영상들 가운데 몇개의 제목을 보면 '사할린 한국 매입설' '시베리아 땅, 한국 땅이 된다!!' '50년 계획의 한러 비밀협약' '일본에 줄 바에야 한국에게만 넘긴다는 섬' '러시아 사회학자들이 시베리아 양보하고 한국인들과 통일하자는 이유' '한국,

새로운 영토 획득 임박!! 러시아 대통령이 한국에 태평양 섬 넘기겠다고 말하는 이유' 등이다.

이러한 것들은 다음의 2개 사실을 갖고 상상을 펼치고 있다.

첫째, 블라디미르 수린이라는 러시아 학자가 2005년에 '코리아 선언'을 발표했다. 요지는 우랄산맥 동쪽의 극동시베리아 지역은 인구가 매우 적고 경제적으로 낙후되어 있는데 중국인들의 '평화적 잠식'이 진행되고 있는 만큼 이에 대처해 영토를 보전하려면 '코리안'(남한 및 북한)만 받아들여 이 지역을 개발해야 한다는 내용이다. 나아가 이를 촉진하기 위해 한국과 러시아가 '공생국가'(국제법상 국가연합과 유사한 개념)를 이루어 광대한 미개척지에 새로운 문명을 창조하자고 제안했다.

둘째, 그간 러시아는 극동시베리아 개발에 한국의 참여를 적극적으로 요청해왔다. 최근에는 일본과 영토분쟁이 있는 남(南)쿠릴 열도 개발계획을 발표하면서 역시 한국의 참여를 희망했다.

수린 박사의 '코리아 선언'에 대한 오해

수린 박사의 '코리아 선언'은 러시아에서 아는 사람은 소수이고 주목을 끈 것도 아니다. 러시아정부도 이런 주장을 인지하고는 있겠지만 진지하게 검토하고 있는지는 확인하기 어렵다. 문제의 유튜브 영상물들을 본 사람들이 그 내용을 어떻게 받아들였을지 확인하기 어려우나 조회수가 상당하다는 것이 우려스럽다. 조회수가

적은 것도 40만회 이상, 많은 것은 100만회가 넘는다. 최근의 유튜브 현상에 앞서 2018년에는 '한러 공생국가 위원회'라는 민간단체가 생겨났는데 이 단체는 수린 박사의 주장을 근거로 '고토 회복을 위한 절호의 기회가 왔다'는 어처구니없는 주장을 폈다.

영토 문제에 관한 러시아 정부의 태도를 보면 아무르강 유역 국경선 획정에 관한 중국과의 협상에 40년이 걸렸고, 남쿠릴열도를 둘러싼 일본과의 협상은 2차대전 이래 지금까지 답보 상태다. 최근 푸틴 대통령의 발언으로 봐도 러시아는 그 섬들을 일본에 넘겨줄 의사가 전혀 없는 것 같다. 그런데 한국에 그 섬들을 매각한다는 것은 말이 안되는 얘기다.

개발을 위해 그 지역을 보세구역으로 지정하고 외국기업들에 토지소유를 허용하겠다고 하는 것을 어떻게 러시아 영토를 한국에 넘긴다는 뜻으로 해석할 수 있나?

과거 러시아를 방문한 한국의 어느 유력 정치인이 러시아 인사에게 연해주 지역에 고려인자치주를 세우면 어떻겠냐고 질문하였는데 필자는 나중에 러시아 측으로부터 그때 불쾌했다는 소리를 들은 바 있다.

한국정부 러시아에 대한 관심 저조

2004년에는 러시아의 인터넷 신문에 '서울이 우리의 연해주에 대해 꿈꾸고 있다'(И Сеул мечтает о нашем Приморье)라는 제목의 기사가 실렸는데 의역하면 '한국이 우리의 연해주를 넘보고 있다'이다.

한국정부가 러시아에 대해 그렇게나 전략적이고 적극적인 생각을 갖고 있다면 국내에서 한국정부의 러시아에 대한 관심이 저조한 것을 안타깝게 생각하는 사람들로서는 오히려 다행(?)이라고 생각할지 모르겠다.

최근 러시아정부가 극동 러시아 지역에의 외국인 투자를 유치하기 위해 매년 블라디보스토크에서 개최하는 동방경제포럼의 6차 회의가 지난 9월 초 열렸는데 국내에서는 전혀 주목을 받지 못했다. 수린 박사의 주장은 중국의 팽창에 따라 우랄 동쪽 영토가 중국에 잠식될 가능성에 대한 우려이고, 그 지역 개발을 위한 최적의 파트너로서 한국을 지목한 것으로 이해하는 것이 올바르다.

<2021-10-15 내일신문>

하바롭스크 전범 재판의 재조명과 최근 러일 관계

　지난 9월 초 러시아의 하바롭스크에서 일본군의 2차 대전 전쟁범죄에 대한 1949년 하바롭스크 재판을 재조명하는 국제학술회의가 열렸다. 회의는 특히 731부대의 생체실험을 강력히 비난했다. 학술회의가 끝나고 9월 중순 일본 해상 자위대가 일본 주변 해역에서 대잠수함 훈련을 실시했다. 그리고 지난주에는 러시아 태평양함대가 동해에서 미사일 발사 훈련을 했다. 양국의 훈련이 상대방을 겨냥한 것인지는 분명하지 않지만 지난해부터 러시아와 일본은 상대방을 자극하는 움직임을 이어가고 있다.

　일본에서 '북방영토'라고 부르는 남(南)쿠릴열도는 2차 대전 이후 러시아가 실효 지배하는 가운데 일본이 반환을 요구하고 있는, 러시아 캄차카반도와 일본 홋카이도 사이 열도의 남쪽 4개 섬을 말한다. 2019년 6월 푸틴 대통령과 아베 총리는 쿠릴열도 4개 섬의 공동개발 사업에 대해 합의했는데 합의에 대한 양측의 해석이 달라 마찰이 있었으나 갈등이라고 할 정도는 아니었다. 그런데 작년 8월 일본에서 '종전 75주년'을 맞아 소련의 1945년 대일본 전쟁 참전은 1941년 중립조약을 위반한 행위라는 주장이 또다시 제기됐다. 이에 대해 러시아는 먼저 중립의무를 위반한 것은 소련과 전쟁 중인 나치 독일을 지원한 일본이며 이로써 중립조약은 무효가 됐다고 반박했다. 이러한 분위기의 영향이 있었는지 러시아는 이번 하바롭스크 국제학술회의를 대규모로 개최했다. 푸틴 대통령이 화상으로 축사를 했으며 연방정부 장관들이 대거 참석했다. 특히 검찰총장은 일본 관동군 731부대를 중심으로 자행된 생체실험과 생물무기 연구개발을 규탄하고 이제라도 국제사회는 일본의 전쟁범죄에 대해 법적 및 도덕적 책임을 묻는 방안을 논의해야 한다고 주장했다. 또한, 냉전 상황에서 소련에 대항하기 위해 일본을 동맹으로 끌어들인 미국의 결정에 따라 일본의 많은 전쟁범죄가 그냥 묻혔다는 비판도 있었다.

　　러시아-일본 간에 갈등이 상존하는 것은 남쿠릴열도 영유권 분쟁 및 평화조약 체결 문제가 해결되지 않았기 때문이다. 러시아는 평화조약 체결 후 남쿠릴열도 문제를 논의하자는 입장이고 일본은 영토 문제의 해결이 선행돼야 한다고 주장하고 있다. 러시아는 2차 대전 중 대일 전쟁 참전의 대가로 연합국이 남쿠릴열도의 영유권을 승인했고 1951년 샌프란시스코 강화조약에서 확인됐다는 입장인 데 반해 일본은 샌프란시스코 조약을 달리 해석하면서 소련은 이 조약의 당사국이 아니었으므로 조약을 원용할 수 없다는 입장이다.

일본 사회의 전반적 우경화에 따라 독도뿐만 아니라 남쿠릴열도 등에 대한 일본의 영유권 주장이 강해지고 있고 이에 대해 러시아는 맞대응하는 상황이 전개되고 있다. 7월 중순에는 러시아 미슈스틴 총리가 남쿠릴열도를 방문했고 10월 중순 러시아 태평양함대가 동해상에서 미사일 발사 훈련을 실시하자 일본에서는 러시아를 '응징'해야 한다는 주장까지 나왔다. 신임 기시다 총리는 일본의 주권이 남쿠릴열도에 미친다는 일본 정부의 입장을 재확인했다. 이런 분위기에서는 남쿠릴열도 영유권 문제나 평화조약 체결은 물론 남쿠릴열도의 공동개발 구상도 제대로 이행되기 어려워 보인다.

쿠릴열도를 둘러싼 분쟁에 대해 우리 정부의 공식 입장은 '어느 편도 들지 않는다'이다. 그런데 의원 시절 2011년 5월 독도특위 소속 의원들과 함께 한국 국회의원으로서는 처음으로 남쿠릴열도의 하나인 쿠나시르섬을 방문해 일본의 강력한 항의를 받은 강창일 주일 대사는 지난 6일 주일대사관에 대한 화상 국정감사에서는 일본의 주장을 옹호하는 것으로 해석될 수 있는 발언을 했다. 우리 정부의 입장이 바뀐 것인지 아니면 강 대사가 경솔한 것인지 모르겠다. 남쿠릴열도 분쟁은 이웃 국가들 사이 갈등이고 간접적으로 우리와도 관련이 있으므로 예의주시하되 중심을 잘 잡아 공연히 한일 및 한러 관계에 부정적 영향을 미치는 일이 없도록 해야 할 것이다.

이번 하바롭스크 국제학술회의에는 중국, 이스라엘, 인도, 몽골

등에서도 참석했는데 한국에서는 모스크바 거주 학자 한 사람이 참석했다고 한다. 러시아 내 우리 공관에서는 참석하지 않은 것은 의외이다. 당시 일본군 731부대의 생체실험 대상의 상당수가 조선인이었다는 역사적 사실과 문재인 정부가 취임 이래 과거사 관련 내내 일본에 대해 날 선 태도를 보여온 것을 생각하면 더욱 그러하다.

<2021-10-17 천지일보>

푸틴, 중국, 대만

　올해 들어 대만에 대한 중국의 발언이 더욱 거칠어지고 무력시위도 발생해 대만해협에서 긴장이 고조되고 있다. 시진핑 주석은 지난 7월 공산당 창당 100주년 기념사에서 미국을 겨냥해 "어떤 외세의 괴롭힘이나 압박도 용납하지 않을 것이며 만약 그런 망상을 한다면 반드시 14억 중국 인민이 피와 살로 쌓아 올린 강철의 만리장성 벽에 머리가 부딪쳐 피를 흘릴 것"이며 "어떤 대만 독립 계략도 분쇄하겠다"고 했다. 중국은 10월 초에는 군용기 150대를 투입해 대만해협에서 대대적인 무력시위를 했다. 이에 대해 대만 차이잉원 총통은 결사항전 의지를 천명하고 있고 지난 27일에는 CNN과의 인터뷰에서 미군의 대만 '주둔'을 공개했다. 이에 앞서 바이든 대통령은 지난 21일 CNN에 "중국이 대만을 침공할 경우 미국은 방어할 준비가 돼 있다"고 했고 27일 화상으로 열린 동아시아정상회의에서는 미국이 대만에 '바위처럼 단단한' 약속을 했다고 하였다. 상황이 악화될 경우 향후 미·중 사이 군사적 충돌 가능성을 배제할 수 없고 그러한 충돌이 발생할 경우 대만해협에 국한되지 않고 확대될 수도 있다. 이런 점에서 실제로 미·중 전쟁이 일어날 경우 러시아는 과연 어떤 입장을 취할 것인지에 대해 관심이 쏠리고 있다. 러시아가 중국 쪽에 가담한다면 전쟁의 양상은 물론 결과도 달라질 수 있기 때문이다.

러중 관계에 대해 한국언론은 자주 '러중 밀착' '반미 전략적 동반자 관계' 등 표현을 쓰고 있지만, 양국 관계는 동맹이라고 할 정도로 견고하다고 판단하는 것은 맞지 않는다. 푸틴과 시진핑의 잦은 만남 및 양국의 연합군사훈련 실시 등으로 양국 관계가 그렇게 보일 수 있으나 러시아의 속내는 꼭 그런 것은 아니다. 러시아에서 강력한 지도력을 갖고 있는 푸틴 대통령의 반응을 살펴보면 그는 일찍이 2019년 말 '국민과의 대화'에서 러시아는 "중국과 군사동맹을 맺고 있지 않으며 그럴 계획도 없다"고 했다. 금년 들어 러시아의 반응을 보면 지난 6월 데니소프 주중 러시아 대사는 중국 환구시보와의 인터뷰에서 미·중 사이 무력충돌이 발생한다면 러시아는 어떤 입장을 취할 것인가라는 질문을 받고 "미·중 사이 무력충돌 가능성이 없다고 보며 만일 일어나면 러시아가 어느 편을 들든지 인류가 몰살될 것"이라고 전제하고 "러시아에 제재를 가하는 미국의 태도를 용납할 수 없지만, 미국과의 무력충돌은 원하지 않으며 러시아-미국-중국 간 삼각균형이 유지되는 것을 원한다"라고 답변했다.

대만해협의 긴장이 고조되는 가운데 푸틴 대통령은 지난 12일 모스크바 개최 '에너지 주간' 회의에서는 미국 경제매체 CNBC 기자에게 "중국은 무력을 쓸 필요가 없으며 경제적 잠재력을 증진해 국가 목표를 관철할 수 있다"고 했다. 푸틴 대통령의 말은 외교적 표현으로서 러시아는 중국의 대만에 대한 무력행사에 반대하며 중국이 무력을 행사하는 경우 엮이고 싶지 않다는 뜻으로 해석된다. 이어 지난 21일 '발다이 클럽' 국제토론회에서는 러중 군사동맹 가능성에 대해 '아무런 근거도 없는 이야기이며 양국 간 우호관계는 상호 이익을 위한 것일 뿐 제3국에 대항하는 것은 아니다'라고 했다. 중국은 미국에 대항하기 위해 러시아를 끌어들이고 싶어 하지만 러시아의 생각은 이처럼 다르다. 러중 양국은 긴밀한 관계를 맺고 있으나 결코 '운명공동체'는 아니다. 러시아에서는 중국과의 관계를 '동맹'이 아니라 '제휴'로 본다. 중국은 러시아가 자기편에 서주기를 바라지만 러시아는 그럴 생각이 없는 것이다. 더욱이 지난 6월 러·미 정상회담 이후 러시아는 제한적인 범위에서나마 미국과의 관계 개선을 추구하고 있다.

시진핑으로서는 미국과의 충돌을 감수하고라도 대만을 침공하고 싶은 국내정치적 목적이 있으나 푸틴 대통령은 중국-대만, 나아가 미·중 간 갈등으로부터 얻을 것이 거의 없어 보인다. 혹자는 중국-대만을 러시아-크림반도에 대비해 러시아가 중국의 입장을 이해하지 않겠느냐는 의견을 제시하는데 크림반도의 경우, 주민의 대부분이 우크라이나로부터 이탈해 러시아로의 복귀를 희망했다. 즉, 대만과는 전혀 다른 구도이다.

러시아 입장에서 볼 때 미·중 전쟁에서 만일 중국이 이긴다면 러시아는 더욱 강해지고 민족주의가 거세진 이웃을 상대해야 한다는 부담만 발생한다. 미국이 승자가 될 경우에는 얻는 것은 없고 미국에 대한 상대적 위치가 뒷걸음질을 칠 뿐이다. 결론적으로 러시아는 중국에 대해 현재의 '제휴'를 너머 미국과 충돌하는 길로 나아가도록 중국을 부추기거나 충돌 발생 시 중국 편을 드는 선택은 하지 않을 것으로 보인다.

<2021-10-31 천지일보>

정부의 교황 방북 추진 왜 이러나?

문재인 정부는 몇 년 전부터 교황의 방북을 추진해 왔다. 교황에게 한반도의 평화를 위해 방북해 달라고 요청했으며 이에 교황은 북한으로부터 초청이 있으면 기꺼이 방북하겠다는 반응이라고 청와대는 설명해 왔다. 그런데 문재인 정부의 교황 방북 추진에는 한두 가지 부적절한 점이 관찰된다. 첫째, 국가 간 관계에서 A국 정부가 B국 정상에게 C국을 방문할 것을 요청하는 것은 적절치 않다. 한반도의 분단 상황을 감안하더라도 매우 이례적이다. 다음으로 북한이 교황 방북을 초청할 가능성이 불투명한데 무작정 교황에게 방북을 요청하는 것은 무책임하고 교황청으로서는 당혹스러운 일이다. 문재인 정부는 혹시 교황이 방북하면 무언가 좋은 일이 일어나지 않을까 기대하는지 모르겠으나 교황청 내부적으로는 한국 정부가 교황을 이용하려는 것은 아닌가 의심을 가질 수도 있겠다. 종교의 자유가 최악인 북한을 어떤 바람직한 성과가 예견되지 않는데 교황이 방문할 가능성은 현실적으로 없다고 본다. 둘째, 청와대는 문 대통령의 교황에 대한 방북 제안 사실과 교황의 반응을 공개했는데 적절치 않아 보인다. 우리 쪽이 그렇게 밝히는 데 대해 교황청으로부터 사전에 양해를 받았는지 모르겠다.

지난 10월 하순 문 대통령이 G20 정상회의 참석차 로마 방문 중 교황을 만난 것과 관련한 청와대 당국자의 보충설명은 개탄스러운 수준이다. 박경미 청와대 대변인은 교황의 방북 시기에 대해 "교황님이 아르헨티나 따뜻한 나라 출신이기 때문에 겨울에는 움직이기 어렵다고 알고 있다"라고 설명했다. 이 설명은 문재인 정부가 교황의 방북에 공을 들이고 있으나 얼마 남지 않은 문 대통령의 임기 중 방북이 성사될 가능성이 없음을 의식한 것으로 보인다. 박 대변인의 말에 대해 지적하자면 첫째, 외국 정상의 사정에 대해 이러쿵저러쿵 이야기하는 자체가 부적절하다. 청와대 대변인은 우리 대통령의 입장 또는 사정을 설명하는 자리이지 외국 정상의 사정에 관해 설명하는 자리가 아니다. 둘째, 아르헨티나가 남반구에 위치하고 있어 "따뜻한" 나라라는 박 대변인의 지식 또는 인식은 창피한 수준이다. 외국에서도 아르헨티나가 '따뜻한' 나라라는 박 대변인의 이해에 대해 무슨 이야기냐는 반응이 나왔다. '미국의 소리' 방송은 "아르헨티나는 박 대변인의 묘사처럼 항상 '따뜻한' 나라가 아니라 일부 지역은 혹한 피해를 볼 정도로 기온이 떨어진다"라고 지적했고 미국 인권단체 북한인권위원회의 그레그 스칼라튜 사무총장은 "아르헨티나에 스키장이 있다는 것을 아느냐?"고 반문했다고 한다. 박 대변인은 이번에 두고두고 사람들의 입에 오르내릴 이야깃거리를 제공하고 말았다.

또 하나 지적할 것은 청와대가 이번에 한미 정상회담이 없었던 데 대한 설명에 교황을 끌어들인 것이다. 청와대는 희한한 논리를 제시했다. 즉, 박수현 국민소통수석은 "교황님을 중심으로 문재인 대통령과 바이든 대통령이 연쇄 면담을 했다는 것은 양국의 관심사, 한반도 평화에 대한 문제가 직접 정상회담은 아니지만 간접 정상회담을 통해 논의되는 효과를 가졌을 것으로 평가한다"고 했다. 국제정치에서 정상 간 회담에 '간접' 개념을 도입한 것은 이번이 최초일 것이다. 나아가 교황과 바이든 대통령 면담에서 한반도 평화라든지 교황의 방북이 화제로 올랐을 가능성은 거의 없다고 봐야 할 것이다. 굳이 설명이 필요하다면 바이든 대통령과는 이미 정상회담을 가졌고 한미 간에는 계속 긴밀 소통하고 있어 이번에는 정상회담을 추진하지 않았다고 설명하면 되는 것 아닌가? 해외에서 박 대변인의 "아르헨티나는 따뜻한 나라"라는 설명에 대해서는 반박이 나온 데 반해 한미 '간접' 정상회담 설명에 대해서는 황당해서인지 반응이 아예 없다.

청와대는 3년 전 문 대통령의 교황청 방문 후 교황이 북한에 갈 것처럼 이야기했지만 방북은 지금까지 성사되지 않았다. 과연 교황의 방북이 한반도 평화에 어떤 기여를 할 수 있을지 묻고 싶다. 물론 청와대가 문 대통령의 임기가 끝날 때까지 한반도 평화 증진에 도움 된다고 생각하는 것을 추진하는 것은 그 생각이 맞는지를 떠나 타박할 수는 없다. 지난 11일 정의용 외교부 장관은 정부가 북한 측에 교황의 방북을 검토해보라고 했다고 밝혔다. 실현 가능성은 없으나 분위기라도 띄우기 위해 '교황 방북 추진' 자체를 홍보하는 것도 이해가 된다. 그런데 그 과정에서 사람들을 갸우뚱하게 하는 발언은 나오지 않도록 누군가가 챙겨주었으면 좋겠다. 왜냐하면, 그러한 발언은 교황 방북 추진에 도움이 되지 않을 뿐만 아니라 국제사회에서 우리나라의 국격에도 영향을 줄 수 있기 때문이다.

<2021-11-14 천지일보>

종전선언 추진을 해부한다

지난 9월 문 대통령은 유엔 사무국에서 코로나 상황을 고려해 원격 화상으로 연설하도록 권고했는데도 굳이 뉴욕을 방문해 우리 쪽 인사를 빼고는 청중이 거의 없는 썰렁한 유엔 총회장에서 또다시 종전선언을 제안했다. 정부는 종전선언에 대한 한미 간 협의가 순조롭게 진행되고 있다고 하지만 미국 측의 반응을 보면 그렇게 보이지 않는다. 무엇보다도 북한의 수용 가능성이 불확실하다. 왜냐하면, 북한 역시 종전선언의 유용성을 인정하지 않는다는 반응을 보였기 때문이다. 정부의 종전선언 추진을 평가해 본다.

첫째, 현 정부의 종전선언 추진을 보면 2007년 노무현 대통령의 방북과 10.4 선언이 연상된다. 문재인 정부는 임기가 얼마 남지 않았는데 자신도 종전선언은 정치적, 상징적인 것이라고 하면서 이렇게 집착하는 것이 과연 적절하거나 필요한 것인지 묻고 싶다. 10.4 선언은 '대못'을 박아 정권이 교체되어도 어떻게 할 수 없게 무언가 '합의'를 만들겠다는 의도였던 것으로 일반적으로 이해되고 있다. 둘째, 대북한 정책은 여야 사이 의견 일치를 기하고 추진하는 것이 바람직하다. 종전선언에 대해 야권은 대부분 부정적인 것으로 보인다. 이에 대해 정부는 이해를 구하는 노력을 기울인 것이 거의 없다. 나아가 국민적 공감대도 형성돼 있지 않다. 셋째, 종전선언의 핵심 당사자는 당연히 남북한인데 북한과의 협의가 물밑에서 진행돼왔는지 모르겠으나 적어도 표면적으로는 그렇게 보이지 않는다. 종전선언은 채택 여부와 문안 등에 관해 먼저 남북한 간에 합의가 있고, 미국 등 관련국들의 의견을 청취하고 입장을 조율해 추진하는 것이 맞는 순서이다. 따라서 미국과의 협의를 선행시키는 것은 부담스럽다고 본다. 넷째, 한국의 소위 '진보' 정부는 그간 북측의 프레임에 동조해 북핵 문제를 북미 간의 문제로 접근해 왔다. 그러한 접근이 지속되다 보니 북핵 문제에 대한 당사자 의식이 더욱 희박해졌다. 종전선언 추진에서도 그러한 면이 여실히 나타나고 있다. 즉, 정책이 오락가락하고 있다. 한때는 종전선언은 북한이 취하는 비핵화 조치에 따라 검토한다고 하더니 이제는 종전선언이 비핵과 과정의 입구라고 강변하고 있다. 다섯째, 정부의 종전선언 문안에 대한 미국의 반응이 우려된다. 특히 양측 간에 비핵화의 주체가 '한반도'인가 '북한'인가를 놓고 상당한 이견이 있다고 하는데 정부는 양측 간 의견접근이 다 된 것 같이 말하고 있다. 정부의 입장처럼 종전선언이 비핵화 과정의 입구라면 이 문제는 분명히 해야 한다. 혹시 정부가 미국에 대해 북한의 입장을 대변

(?)하고 있는 것은 아닌지 우려된다. 여섯째, 종전선언 추진에 있어 미·중 갈등 등 국제정세를 염두에 두어야 함에도 거의 신경을 쓰지 않고 있었던 것으로 보인다. 미·중 정상회담 직후인 지난 18일 바이든 대통령은 베이징 동계올림픽에 대해 외교적 보이콧을 검토하고 있다고 했다. 이미 올해 초부터 미국을 비롯한 서방국가들이 신장 위구르 자치구 및 홍콩 문제 등을 이유로 베이징 올림픽 보이콧을 거론했는데도 정부는 내년 베이징에서 남북미중 정상이 만나 종전선언에 서명하는 것을 목표로 하고 있었던 것으로 보인다. 베이징 올림픽에 대한 외교적 보이콧이 현실이 될 가능성이 보이자 통일부 장관은 종전선언은 베이징 올림픽을 겨냥한 것은 아니라고 발을 빼는 모습을 보이고 있다. 그리고 정작 중국의 지지를 확보하는 데도 소홀했던 것 같다. 최근 주한 중국대사는 종전선언 문제는 중국과도 상의해야 한다고 주장했다. 정전협정의 당사자는 아니지만 6자회담 참여국인 러시아와 일본도 목소리를 낼 가능성이 있다.

현재로서는 남북 간에 군사적 충돌이 없으니 종전선언을 할 수도 있는 것 아니냐고 주장할 수 있겠으나 남북한 사이 적대관계가 완전히 해소되지 않은 상황에서는 전쟁이 발발할 수도 있다. 그런데도 종전선언을 추진하는 것이 과연 올바른 것인가? 유엔의 대북한 제재에 있어 미국, 프랑스, 캐나다 등 여러 나라가 한반도 인근 공해상에서 북한의 불법 환적 사례를 적발했는데 당사자인 한국은 단 한 건도 적발한 것이 없다. 이러한 문재인 정부가 추구하는 종전선언에 대해 우리는 의구심을 갖지 않을 수 없다. 사실 지금까지 남북한 간에는 '종전선언'의 효과를 갖는다고 볼 수 있는 선언이나 합의가 있었다. 거기에 문서 하나 더 보태는 것이 무슨 도움이 되겠는가? 문재인 정부만 종전선언이 유용하다고 믿고 있으므로 성사될 가능성은 희박하다. 그 점에서 종전선언 추진으로 외교력이 낭비되고 있는 것이 안타깝다.

<2021-11-28 천지일보>

투르크족은 뭉치는데 우리는?

지난 11월 중순 터키 이스탄불에서 터키와 카자흐스탄, 아제르바이잔, 우즈베키스탄, 키르기즈스탄 등 중앙아시아 국가들로 구성된 '투르크 국가기구(Organization of Turkic States)'가 출범했다. 흑해에서 중앙아시아 천산산맥에 이르는 투르크족 국가들의 밀착은 유라시아 대륙에서 지정학적 변화를 예고하고 있다. 이들 투르크족 국가들의 결속이 한국에 대해 시사하는 바가 무엇인지 살펴본다.

투르크어 사용국가들의 모임은 1991년 소련이 붕괴하면서 중앙아시아의 투르크계 국가들이 독립하자 터키가 주도해 1992년부터 정상회의(Summit of the Heads of Turkic Speaking States)를 개최하면서 시작됐다. 그 후 2009년 나자르바예프 카자흐스탄 대통령의 제의로 회원국들의 연대를 증진하기 위해 모임의 명칭이 투르크 평의회(Turkic Council)로 개칭됐으며, 지난달에는 회원국들의 단합과 결속을 더욱 다지기 위해 투르크 국가기구(OTS: Organization of Turkic States)로 격상됐다. 기구 회원국 전체의 인구는 1억 7천만명, 면적은 450만㎢(동서 연장: 6,149㎞), 국내총생산은 1조 3천억 달러에 달한다. OTS가 지향하는 바는 범(汎)투르크주의(pan-Turkism)이고, 아직 이른 감이 있으나 투르크 연합(Turkic Union) 내지 1500년 전 투르크 제국의 부활이라는 이야기도 나오고 있다. 투르크족은 6~8세기 오늘날 내몽골에서 흑해에 이르기까지 유라시아 지역 동서에 걸쳐 1천만㎢가 넘는 광대한 영역에서 활동한 민족이다. 최근 OTS의 출범에 대해 중국이 가장 긴장하고 있고 예민하게 반응하는 이유는 우선 과거 중국 왕조들이 투르크족의 침입에 시달렸던 역사가 있기 때문이다. 더욱이 현재 중화인민공화국 서북부 신장 지역의 위구르족이 인종적으로 문화적으로 투르크족과 한 뿌리어서 범투르크주의가 위구르족의 분리독립 움직임에 영향을 줄 수 있기 때문이다. 러시아는 소련 붕괴 이후에도 중앙아시아 국가들과 긴밀한 관계를 유지하고 있는데 OTS가 앞으로 어떤 방향으로 나아갈지 주시하고 있다. 중국을 압박하기 위해 군사적 경제적 역량을 인도 태평양 지역으로 집중하고 있는 미국으로서는 중국의 서북 쪽에 중국을 견제할 수 있는 커다란 세력이 형성되고 있는 것에 대해 호의적으로 관망하고 있다. 투르크족은 우리 민족과도 상당한 관계가 있다. 역사서에 '돌궐'이라고 표기된 민족으로서 고구려와 동맹을 맺어 중국의 수(隋)와 당(唐) 왕조를 공격했다. 그런 인연도 작용해 터키 사람들은 한국을 '형제국'으로 부른다.

    한국은 이제 실질적인 국력 면에서 G7 반열에 올랐다. 그런 수준의 나라로서 한국의 외교는 스케일이 너무 작고 국제사회에서 존재감이 별로 없다. 단순히 북한과의 관계 개선에 매달린다고 해서 통일이 되는 것도 아닌데 앞으로는 남북 관계에만 몰입하지 말고 시야를 넓게 가지고 큰 꿈을 꾸어야 한다. 현재까지 한국은 국제사회의 어떤 그룹에도 끼지 못해 흉금을 터놓고 대화할 수 있는 친구가 없는, 너무도 외로운 처지에 있었는데 이제는 그런 상태를 벗어날 때가 되지 않았는가? 2000년대에 한·몽 연합, 범(汎)몽골연합, 알타이연합 등이 거론된 바 있었다. 특히 황석영 작가가 주창해 (사)알타이문화포럼이 설립되고 2009년 서울에서 '알타이문화연대'를 결성하는 행사가 개최됐는데 황석영 작가가 이명박 정부에 협조했다는 이유로 진보진영으로부터 거센 비난을 받아 활동이 위축됐고 이어지지 못했다. 2016년에는 헝가리에서 개최되는 범(汎)훈족 축제인 쿠룰타이에 한국도 초대됐다. 최근에는 2019년 문희상 국회의장이 아제르바이잔을 방문했을 때 투르크 평의회에 한국이 옵서버로 참여하고 싶다는 뜻을 밝혔고 이에 대해 아제르바이잔 측은 "헝가리가 참여하고 있는데 한국도 '우랄알타이어족'이므로 참석했으면 좋겠다"는 반응을 보였다고 하는데 후속 조치 이야기가 들리지 않는다. 일단 새로이 발족한 투르크 국가기구와 어떤 형식이든 관계를 구축하는 것을 적극적으로 검토했으면 좋겠다. 투르크어권 국가들은 언어적, 민족적 친연성이 있을 뿐만 아니라 선진국 반열에 오른 한국에 대해 충분히 매력을 느낄 것으로 보인다. 한국이 웅비하기 위해서는 중국과의 갈등이 불가피한데 한미동맹 강화와 러시아와의 전략적 협력 추진에 더하여 언어적, 민족적 친연성과 역사적 인연을 최대한 활용해 세를 불리는 전략도 도움이 될 것이다.

<2021-12-12 천지일보>

" 정부는 재외국민 보호 책무를 다하고 있는가? "

　문재인 정부는 출범 이래 북한과의 평화 쇼를 벌이는데 외교력을 허비했다. 최근 1년여간은 종전선언과 관련해 바이든 정부의 지지를 얻고자 안쓰러울 정도의 노력을 쏟았다. 그 과정에서 한미관계는 동맹의 균열이라는 말이 나오기도 했다. 그 결과인지 바이든 행정부가 출범한 지 1년이 지났음에도 주한 미국대사 자리는 공석이다. 한편 일본과의 관계는 문 정부가 징용 및 종군 위안부 문제를 갖고 극심한 반일 몰이를 해 1965년 수교 이래 최악의 상태에 놓여있다. 양국관계 개선을 위해 최일선에서 뛰어야 할 사람이 대사인데 2021년 1월에 부임한 강창일 주일 대사는 아직 일본 외상을 만나지도 못하고 있다. 중국에 대해서는 무엇보다도 북한에 대한 중국의 영향력을 과대평가한 나머지 대통령부터 중국에 대해 스스로 우리의 자존심을 훼손하는 행동을 서슴지 않고 있으며, 중국 시장에 대한 의존이라는 자기 강박증 속에 미·중 대결 상황에서 한미동맹보다는 중국과의 관계를 더 의식하는 태도를 보이고 있다. 한마디로 현 정부는 오로지 북한과의 관계 개선에 집착함으로써 미국 및 일본과의 관계는 뒤틀리고 중국과의 관계에서는 중국의 노골적인 한국 무시가 이어지고 있다. 이런 상태는 우려스럽지만, 집권세력에 따라 가치관, 세계관, 정책의 전제 등이 다를 수 있으므로 다른 가치관, 세계관, 정책의 전제 등을 갖는 정부가 나올 때까지 감수해야 하는 측면이 있다. 그런데 어떤 정부에서도 외교부가 결코 소홀히 할 수 없는 것이 있다. 바로 재외국민의 보호이다. 현 정부는 이 점에서도 문제가 있다는 생각이 든다.

2020년 12월 여당이 단독으로 통과시킨 '대북전단금지법'에 따라 문재인 정부는 남북한 접경지역에서 대북 전단 및 기타 물품을 살포하는 행위를 처벌하고 있는데 이제는 충분한 법적 근거도 없이 해외에서 탈북민을 돕는 행위까지 처벌하는 일이 벌어지고 있다. 최근 언론 보도에 따르면 중국에서 탈북민을 돕다가 중국 공안에 체포돼 옥살이를 한 적이 있는 A씨에 대해 외교부가 여권 무효 및 발급 제한 조치를 했는데 여권법상 제재 근거로서 '외국에서 위법한 행위 등으로 국위를 크게 손상시키는 행위'를 들었다고 한다. A씨 변호인단은 '북한이탈주민지원법'이 '대한민국은 외국에 체류하고 있는 북한이탈주민의 보호 및 지원 등을 위하여 외교적 노력을 다하여야 한다'라고 규정하고 있는바 '탈북민의 한국으로의 무사 입국을 돕는 행위는 국위를 손상시키는 행위가 아닌 국가가 가지는 법적 보호 의무에 부합할 뿐 아니라 국가가 장려하고 지원해야 하는 행위'라고 주장한다. 전후 사정을 볼 때 적어도 한국 법상으로는 적법한 행위를 한 데 대해 중국 당국이 A씨를 구금해 처벌하는 과정에서 우리 외교부는 과연 A씨에 대해 최대한의 외교적 보호를 제공했을까?

지난해 초 우리나라 유조선 '한국케미호'가 공해상에서 이란 혁명수비대에 의해 나포돼 억류됐다가 배와 선원들이 95일 만에 풀려났다. 그런데 최근 언론 보도에 따르면 외교부의 노력 때문에 풀려난 것이 아니라 한국케미호의 선사 '디엠쉽핑'이 이란에 돈을 지불하고 나서 풀려난 것이며, 선사 측은 지난해 9월 정부를 상대로 손해배상(26억원) 소송을 제기했다고 한다. 선사 측은 해양 오염 사실이 없음에도 불구하고 억류된 선원들이 하루빨리 풀려나게 하려고 할 수 없이 혐의를 인정하는 합의서에 서명하고 거액의 벌금을 지불했으며, 이란과의 협상은 전부 선사의 몫이었고 정부 관계자는 그 자리에 동행했을 뿐이라고 주장하고 있다. 이에 대해 외교부는 '당시 우리 국민의 안전과 보호에 최우선 순위를 두고 최선의 노력을 기울였으며 이란 정부가 요구했던 벌금 액수를 줄이는 등 의무를 다했다'라는 입장이다. 그런데 당시 외교부는 정부의 노력만으로 선원과 선박이 석방된 것처럼 홍보하면서 선사가 강압에 못 이겨 잘못을 인정하고 거액의 벌금을 지불한 사실은 왜 밝히지 않은 것인가? 외교부가 무혐의 석방을 관철하지 못했으면서도 벌금 액수를 줄여 줬다고 생색을 내는 것은 부끄러운 일 아닌가? 아예 부끄러움을 몰라 그런 말을 하는 것은 아닌가? 이란에 억류됐던 선원들과 선박이 풀려났지만, 정부가 선사로부터 소송을 당하는 것을 보고 정부가 외교력을 쓸데없는 데에 허비해 왔고 그 결과 정작 기본적 책무를 소홀히 한 것은 아닌가 안타까운 생각이 든다.

<2022-02-06 천지일보>

주한 중국 대사관은 총독부인가?

　　베이징 동계올림픽 개막 후 한국인들의 반중 감정이 거세지고 있다. 그동안 중국의 각계에서 자주 김치, 한복 등 한국의 고유문화를 도용하거나 자신들의 것이라고 우겨 한국에서 특히 젊은 세대의 중국에 대한 반감이 쌓일 대로 쌓여 있었는데 올림픽 개막식에 중국 내 소수민족들을 소개한다고 한복을 입은 여성이 등장하고, 조선족이 사는 지린성 소개 영상에서 장구춤, 상모돌리기 등이 나오는 것을 보고 반중 감정이 고조되었다. 게다가 쇼트트랙 남자 1000m 준결승전에서 한국 선수들이 석연치 않은 판정으로 실격으로 처리되어 탈락하고 대신 중국 선수들이 결승에 진출하는 일이 벌어지자 반중 감정이 폭발하였다. 한국 선수들에 대한 편파 판정에 대해 일부 주요 외신도 우려를 표한 것을 보면 판정에 문제가 있는 것은 분명해 보인다.

이에 대해 당연히 국내 여론은 정부가 중국 정부에 항의할 것을 요구하였는데 문재인 정부는 미적지근한 반응을 보였다. 올림픽 개막식에 참석한 국회의장과 문체부 장관은 무엇이 두려운지 제대로 항의는커녕 두리뭉실한 말만 하였고 청와대는 '속상한 국민의 마음 잘 안다'라고만 하였다. 청와대가 이러니 외교부도 답답한 반응을 보였다. 평소 어떤 이슈가 발생하면 미국이나 일본에 대해서는 거친 말을 서슴지 않았던 민주당 의원들은 절제된 반응을 보였다. 다만 한 표가 아쉬운 민주당 대선 후보는 강경한 견해를 밝히었는데 그간 중국에 대한 태도와는 전혀 다른 반응이라 사람들을 어리둥절하게 하였다. 이런 상황에서 중국의 환구시보는 "포퓰리즘 측면에서 민의를 오도하자, 한국 정부가 나서서 해명하지 않을 수 없었다"라고 보도하였다. 중국 정부가 보기에도 한국 정부는 중국에 반발하지는 않고 한국민에게 중국의 입장을 이해시키기 위해 노력하였다.

　현 상황에서 눈에 거슬리는 것은 주한 중국 대사관의 행태이다. 중국 대사관은 SNS에서 "최근 일부 한국 언론과 정치인들이 중국 정부와 베이징올림픽 전체를 겨냥해 반중 감정을 부추기고 양국 국민의 감정을 격화시켜 중국 네티즌들의 반발을 사고 있다"라고 하고 "엄중한 우려와 엄정한 입장을 표명하지 않을 수 없다"라고 하였다. 외국공관이 주재국 언론과 정치인들을 상대로 공개적으로 경고하는 듯한 발언을 하는 것은 누가 보더라도 선을 넘은 것이다. 이에 대해 우리 외교부 대변인은 정례브리핑 답변에서 "주재국 언론 보도와 정치인 발언 등에 대한 외국공관의 공개적 입장

표명은 주재국의 상황과 정서를 존중해 신중하게 이루어져야 할 필요가 있다"라고 하였다. '경고'의 뉘앙스는 전혀 읽히지 않는다. 중국 대사관의 행동은 외교부에서 중국 대사관 고위인사를 외교부로 불러 항의하고 경고할 만한 행동이다. 만일 일본 대사관이었더라면 어떠했을까?

　이번 중국 대사관의 행태에 대해 여러 관점에서 설명할 수 있겠는데 큰 요인 중 하나는 문재인 정부가 그간 중국 대사관이 이와 같은 행동을 보일 때마다 미온적으로 대응한 것이다. 싱하이밍 중국대사의 외교관으로서 부적절한 처신과 오만은 이번이 처음이 아니다. 지난해 7월 야당 대선 후보가 중국의 사드 배치 철회 요구의 부당성과 공고한 한미동맹의 중요성을 강조한 데 대해 모 일간지에 기고하여 '한미동맹이 중국의 이익을 해쳐선 안 된다. 중한관계는 결코 한미관계의 부속품이 아니다'라고 주장하였다. 이는 1961년 <외교 관계에 관한 비엔나 협약>에서 규정하고 있는 주재국 내정 개입 금지 조항을 위반한 것이다. 야당 대선 후보는 한국 정부를 대표하는 사람이 아니므로 그러한 견해 표명은 한국의 국내정치에 대한 개입이다. 당시에도 외교부는 원론적인 언급을 하였을 뿐 중국대사에 대해 분명하게 주의를 주지 않았다. 싱하이밍 대사는 2020년 1월 부임하였는데 외교사절은 주재국 국가원수에게 신임장을 제정한 이후에 비로소 공식적인 활동을 개시하게 되어있는 국제사회의 관례를 무시하고 신임장을 제정하지 않은 상태에서 기자 회견을 했으며 이때에도 한국 정부의 코로나 방역 조치와 관련하여 공개적으로 한국 정부에 대해 불만을 표하였다. 이런 결례에 대해 외교부가 어떤 조치를 하였는지는 알려진 바 없다.

　중국 대사관의 오만방자함은 기본적으로 중국 정부 또는 중국 사람들의 한국을 바라보는 시각과 관련되어 있다 하겠다. 그러한 시각은 하루아침에 형성된 것은 아니겠으나 문재인 정부가 조장한 부분도 있음을 부정할 수 없다. 시진핑이 2017년 4월 트럼프 대통령과의 회담에서 "한국은 역사적으로 중국의 일부"라고 말한 사실이 밝혀졌어도 한국 정부로부터 이렇다 할 대응이 없었다. 그해 12월 문재인 대통령은 중국을 방문하였는데 베이징 대학 연설에서 '중국은 높은 산봉우리, 한국은 작은 나라'라고 하고 '중국몽을 함께 하겠다'라고 하였다. 한국에 대해 중국의 일부라고 이야기한 것이 드러났는데도 한국으로부터 아무런 반응이 없고, 한국 대통령은 '중국은 높은 봉우리이고 한국은 작은 나라'라고 하면 중국은 한국을 어떻게 볼까? 당시 한국 매체의 사진기자가 중국 보안요원들에게 집단폭행을 당했는데 모 여권 인사는 '기자가 맞을 짓을 한 것은 아니냐'고 하였다. 중국 정부는 집단폭행에 대해 책임자를 처벌하겠다고 약속하였다는데 뒷이야기는 아직 듣지 못했다.

　그 외 있었던 일을 살펴보면 문재인 정부의 첫 주중 대사는 신임장을 제정할 때 방명록에 중국에 대한 충성 맹세(?)라는 비판을 받을 정도의 글을 남겼다. 중국의 외교 사령탑인 양제츠 공산당 정치국 위원은 2018년과 2020년 방한 때 '서울에서 보자'라는 한국 측 요청을 일축하고 한국 측 고위인사를 부산으로 불러내었다. 2021년 6월 한·중 외교장관 통화 이후 중국 측 발표에 따르면 왕이 외교부장은 미국의 중국 견제 구상인 아시아·태평양 전략을 맹

비난하며 정의용 장관에게 "(미국의) 편향된 장단에 휩쓸려선 안 된다" "옳고 그름을 파악해 올바른 입장을 견지하라" 등 훈계조의 발언을 쏟아냈다. 주권국가 사이에서 오고 간 대화라고 믿기 어려운 내용이다. 왕이 부장이 2020년 11월 방한하였을 때는 중국에서 서열이 25위에 불과한 인물을 만나려고 한국의 당·정·청 인사들이 총출동하였다. 저간의 사정이 이러니 앞으로도 한국 측의 적절한 대응이 없으면 주한 중국대사는 그간의 도를 넘는 행동을 계속할 것으로 우려된다. 싱하이밍 중국대사를 보면서 구한말 이 땅에서 횡포를 부렸던 위안스카이를 연상하는 것은 지나친 피해의식일까? 갑신정변 다음 해인 1885년 위안스카이는 스물여섯 살 나이에 오늘날의 주한 중국대사에 해당하는 조선 주재 총리교섭통상대신(駐箚朝鮮總理交涉通商事宜)으로 부임하여 약 10년간 조선의 내정과 외교에 마구잡이로 간섭하며 마치 식민지 총독처럼 행동하였다. 그의 오만방자함과 당시 조선 군주와 관리들의 비굴함에 관해서는 책 한 권이 될 정도 분량의 기록이 남아 있다.

현재 대한민국은 19세기 말 조선이 아니다. 세계 10위권 경제대국이며 상당한 수준의 군사력과 소프트파워도 보유하고 있다. 19세기 말 동북아시아라는 좁은 울타리에 갇혀 여전히 중화질서에 함몰되어 있던 조선은 중국을 혼자 상대해야 한다는 생각을 갖고 있었지만, 작금의 국제 판세는 전혀 다르지 않은가? 한국은 무엇보다도 최강국 미국을 동맹으로 두고 있다. 세상이 한참 바뀌었는데도 소국의식에서 탈피하지 못하여 중국에 대해 계속 쩔쩔매는 사람들은 도대체 왜 그러는 것인가? 중국이 북한에 대해 한국이

원하는 방향으로 영향력을 행사해 주기를 기대하여 그런 것인가? 중국으로서는 북한이 약화되는 것을 원하지 않으므로 그러한 기대는 접어야 한다. 소위 '안미경중(安美經中)' 고려 때문인가? 한중 경제 관계는 오로지 우리만 득을 보는 관계가 아니다. 중국도 얻는 것이 있는 관계이다. 그리고 미중 갈등 속에 안보와 경제는 연계되고 있다. 그만큼 안보와 경제를 분리하여 접근하기 어려워지고 있다. 이런 설명에도 불구하고 중국에 대한 저자세를 계속한다면 무조건 '중국 편'임을 자인하는 것이다.

<2022-02-16 미디어시시비비>

한국의 국제적 위상 타령은 이제 그만하자

　이제 문재인 정부의 임기가 다음 주면 끝난다. 문재인 정부 사람들은 지난 5년간 앞선 정부들에 비해 국제사회에서 한국의 위상이 높아졌다는 이야기를 유난스럽게 자주 한 것 같다. 그리고 그런 이야기를 할 때마다 위상이 높아진 것이 문재인 정부에 와서 이루어졌다는, 즉, 문재인 정부의 치적이라는 뉘앙스를 풍겼다. 문재인 정부의 국가 위상 타령에 대해 세 가지를 지적하고 싶다. 첫째, 국제사회에서 한국의 위상은 이미 오래전에 상당히 높아졌다. 지난 60년을 돌이켜 보면 1962년 1차 경제개발5개년계획을 시작한 한국은 한 세대만인 1996년 12월 경제선진국들의 모임인 OECD에 가입했다. 그 후 경제력이 더욱 신장된 한국은 2009년 OECD의 개발원조위원회에 가입해 국제사회에서 OECD가 설정한 조건(GDP의 일정비율 이상 원조 등)에 따라 원조를 주는 국가가 됐다. 그리고

2018년에는 세계에서 7번째로 1인당 소득 3만불 이상 인구 5천만 명 이상 국가, 소위 '30-50클럽' 국가가 됐다. 2021년 7월에는 유엔무역개발회의(UNCTAD)가 한국의 지위를 개발도상국인 그룹A에서 선진국인 그룹B로 상향 조정했는데 1964년 UNCTAD의 발족 이후 최초의 사례이다. 또한, 한국은 2020년 및 2021년 G7 정상회의에 게스트로 초청받았으며, 국제사회에서 G7이 확대된다면 가장 유력한 후보 국가의 하나로 평가받고 있다. 문재인 대통령은 지난해 G7 정상회의에 다녀온 후 국무회의에서 "한국의 달라진 위상과 국격을 다시 한번 확인할 수 있었다"고 했고 지난 11월 '국민과의 대화'에서는 '임기 중 가장 큰 성과가 무엇인가'라는 질문에 대해 "한국의 위상이 높아졌다"고 답했다. 모르는 사람이 들으면 한국의 위상이 최근에 높아진 것으로 오해할 수 있는 발언들이다. 한국의 위상은 오랜 기간에 걸쳐 지속적으로 높아져 왔고 분수령이 된 OECD 가입은 4반세기 전 일이다. 한국의 위상이 높아졌다는 이야기는 이제 진부한 이야기가 됐다. 그런데도 국가 위상 이야기를 하는 것은 다 된 밥에 숟가락을 올리려는 불순한 의도인가 아니면 정말로 그간의 경과에 대한 지식이 없어서인가?

둘째, 대한민국의 눈부신 발전은 지난 60년간 온 국민이 일하고 또 일한 결과이다. 누가 가장 많이 이바지했느냐는 답하기 어려운 질문이다. 온 국민이 각자 위치에서 우리도 잘살아보자고 최선을 다한 결과이다. 수십 년간 온 국민이 피와 땀과 눈물로써 일궈낸 결과가 지난 5년간 더욱 현저하게 나타났을 수는 있다. 그렇다고 그것을 현 정부의 성과인 것처럼 이야기하는 것은 자화자찬을 넘어 염치없는 행동이다. 셋째, 이제 대단한 나라가 된 지 꽤 됐으니 '국가 위상' 이야기는 그만했으면 한다. 미국이나 영국, 독일, 프랑스 등 국가의 정부 고위인사들이나 국민들이 그 나라 위상 이야기를 하는가? 자랑을 많이 하는 사람은 열등감을 갖고 있는 경우가 많다. 이미 우리나라는 자랑할 필요가 없는, 그런 수준의 나라가 됐다.

이제 중요한 것은 정부와 국민이 국제사회에서 높아진 위상과 국격에 걸맞은 행동을 하는 것이다. 문재인 정부는 이 점에서 국민들을 실망시키는 경우가 많았다. 국민의 자존심을 의식하는 언행을 보여 주지 못했다. 2017년 12월 문재인 대통령은 중국을 방문해 베이징 대학 연설에서 중국을 '높은 산봉우리'라고, 한국을 그 주변의 '작은 나라'라고 해 대한민국 국민들을 어리둥절하게 했다. 국제사회에서 아무리 작은 나라일지라도 국가의 정상이 외국에 가서 그런 발언은 하지 않을 것이다. 또한, 2020년 12월 왕이 중국 외교부장이 방한해 청와대를 예방했을 때 왕이 부장을 안내하는 문 대통령의 자세는 보기에 민망했다. 지난해 G7 정상회의 이후 문화체육관광부에서는 문 대통령의 참석을 홍보하기 위해 정상 단체 사진을 올리면서 문 대통령이 중앙에 나오도록 남아공 대통령을 사진에서 빼는 한심한 짓을 벌였다. 2020년에 구매력 기준 1인당 국민소득에서 한국이 일본을 앞질렀는데도 한국은 여전히 일본에 대해 피해의식만 갖고 있다. 차기 정부에서는 국격에 걸맞고 국민의 자존심을 의식하는 언행을 기대하고 있는데 대통령 당선인의 모습에서도 다소 우려되는 사례가 발견된다. 대통령 당선인은

4월 중순 차관보급인 미국 국무부 대북정책특별대표가 방한했을 때 그와 친구 사이인 국민의힘 소속 모 의원이 마련한 식사 자리에 참석했다. 새 정부에서는 국격, 의전 등에 대해 신중하게 접근하길 바란다. 그러려면 대통령 주위 사람들이 그러한 점에 대해 투철한 인식을 가져야 한다.

<2022-05-01 천지일보>

문재인 정부의 4강 외교를 결산해 본다

　문재인 대통령은 5년 전 취임식에서 '누구도 흔들 수 없는 나라'를 만들겠다고 하고 100대 국정과제 가운데 외교 분야에서는 '주변 4국과의 당당한 협력외교 추진'을 제시하였다. 문재인 정부가 외교 분야에서 거둔 성과를 2017년 7월 발표한 국정운영 5개년 계획 중 4강 외교 분야 내용을 기준으로 평가해 본다.
　첫째, 미국 조야를 대상으로 활발한 외교를 전개하여 한미동맹 저변 공고화, 연합방위태세 강화 및 한·미 간 현안 합리적 해결을 꾀하겠다고 하였다. 그러나 북미 정상회담이 열렸던 기간을 제외하고는 한미동맹의 '균열'이라는 말이 나올 정도로 양국 관계는 틀어졌다. 출범 초에 중국 측에 소위 3불(사드 추가 배치, 미국의 미사일 방어 체계에의 편입 및 한미일 군사동맹의 추진 자제)을 약속하였고 임기 말에는 북한과의 종전선언 추진에 편집증에 가까울 정도로 매달렸다. 사드 배치는 이미 반입된 장비의 정상 가동을 현재까지 미루고 있다. 연합방위태세와 관련하여서는 정례적인 합동훈련의 규모가 축소되었으며 그나마도 야외기동훈련은 하지 않고 컴퓨터 시뮬레이션 방식으로 진행되었다. 게다가 여권에서는 '북한을 자극한다'면서 매번 훈련 자체를 하지 말아야 한다는 목소리까지 나왔다. 쿼드에 관해서는 한미상호방위조약에서 규정하고 있는 동맹의 지리적 범위(한반도를 포함한 태평양 지역)를 고려할 때 긍정적으로 검토할 만도 한데 냉랭한 입장을 견지하였다. 결과적으로 문재인 정부가 이끄는 한국은 미국에는 동맹은커녕 믿을만한 파트너로도 생각하기 어려운 나라가 되었다.

둘째, 중국에 대해서는 양국 정상 및 고위급 간 활발한 교류·대화, 사드 문제 관련 소통 강화로 신뢰 회복을 통한 실질적 한중 전략적 협력 동반자관계 내실화, 북핵 문제 해결을 위한 한·중 협력 강화, 한·중 FTA 강화 등을 통한 경제협력 확대, 미세먼지 대응 등 국민체감형 사안 관련 협력 강화 등을 내세웠다. 하지만 결과는 허망한 수준이다. 코로나 상황을 고려하더라도 결국 시진핑의 방한이 성사되지 못하였고 사드 배치 관련, 중국의 제재는 사실상 현재까지도 계속되고 있다. 북한에 대한 중국의 영향력을 과대평가하는 우를 범했는데 이를 증명하듯이 북핵 문제의 진전을 위해 중국은 이렇다 할 노력을 기울이지 않았다. 2015년 12월 발효된 한중 FTA의 강화에 있어서도 실질적인 진전이 없었으며, 국민적 관심사이고 반중 감정의 한 요인인 미세먼지 문제 해결에서도 아무런 성과를 내지 못하였다. 중국 어선들의 불법 조업에 대해서도 미온적인 태도로 일관함으로써 해양주권은 물론 우리 어민들의 생존권도 수호하지 못하였다. 문재인 정부는 2017년 12월 문재인 대통령의 중국 방문을 염두에 두고 3불 정책을 선언하여 안보 주권을 스스로 포기하였다. 나아가 대통령 자신의 중국에 대한 언행은 자주 대한민국 국민들의 얼굴을 뜨겁게 하였다. 5년간 중국에 대해 저자세로 일관하다 보니 중국의 한국에 대한 요구수준이 높아졌고 중국은 한국을 더욱 우습게 보게 되었다.

셋째, 일본과는 독도 및 역사 왜곡에는 단호히 대응하는 등 역사를 직시하면서 미래지향적 성숙한 협력동반자 관계 발전, 과거사와 북한 핵·미사일 대응은 양국 간 실질협력과는 분리 대응, 위안부 문제는 피해자와 국민들이 동의할 수 있는 해결방안 도출 등을 제시하였다. 문재인 정부가 한일관계에서 특히 잘못한 것은 징용공 배상 문제에 대해 1965년 한일 <청구권협정>에서 규정하고 있는 협의 절차를 거부하고 2015년 위안부 합의 내용을 부정하는 태도를 보임으로써 한국을 국제사회에서 '약속을 지키지 않는 나라'로 만든 것이다. 문재인 정부는 '죽창가'를 부르며 피해자 코스프레만 하다 보니 이제 양국 관계의 정상화를 위해 사실상 피해자가 가해자에게 매달리는 판이 되었다. 한일관계가 이렇게 된 것은 생각하면 할수록 기가 찰 일이다.

넷째, 러시아에 대해서는 북핵 문제 해결을 위한 전략적 소통 및 한·러 경제협력 강화를 통해 한·러 전략적 협력동반자 관계의 실질적 발전 추진, 정상교류를 포함 고위급 교류 활성화, 극동지역 개발 협력 확대, 북극·에너지·FTA 등 미래성장동력 확충을 제시하였다. 문재인 대통령은 4강 중 러시아를 가장 먼저 방문하였고 방러 계기에 신북방정책을 천명하고 양국 간 협력 분야로서 '9개 다리'를 제시하였을 뿐만 아니라 북방경제협력위원회를 발족시켜 대러 협력 의지를 강하게 보였다. 하지만 화려한 수사에 부응하는 실질적인 진전은 기대에 미치지 못하였고 2020년 수교 30주년이 양국 관계 도약의 계기가 될 수 있었으나 코로나 상황 때문에 모멘텀이 사그라들었다. 실제로 극동지역 협력 확대나 한러 서비스·투자 분야 FTA 협상은 별로 진전되지 못하였다. 그런 가운데 올해 들어 러시아의 우크라이나 침공에 대한 서방의 대러 제재에 동참함으로써 양국 관계에 걸림돌만 생긴 셈이다. 결국, 5년 전에 비해 양국 관계의 양적 질적 도약은 이루어지지 못하였다.

대러 관계를 제외하고 미국, 중국 및 일본과의 관계는 어쩔 수 없는 외부 요인이 없었음에도 악화되었다. 특히 미국과의 관계는 북한을 어떻게 봐야 하느냐에 있어 큰 인식차가 주요 요인이었다. 일본과의 관계는 과거사 문제와 관련하여 현재 국제사회에서 기대할 수 없는 수준의 해결을 기대하며 감성적이고 무책임한 접근으로만 일관하였다. 대중국 관계에서는 과거 조선 시대에 만연하였던 중국에 대한 인식이 되살아난 탓인지 문재인 정부의 대중국 태도에 큰 문제가 있었다. 종합적으로 문재인 정부의 외교에 대해 점수를 매긴다면 낙제점을 주어야 한다는 국민들도 꽤 있지 않을까 생각된다.

이제 차기 정부에서는 국익 최우선 원칙에 따라 문재인 정부의 잘못을 바로잡고 나아가 대한민국의 정체성을 되찾기를 기대한다. 그렇다고 해서 대미 관계에서 미국 측의 요청을 무조건 수용하는 것이 바람직하다는 것은 아니다. 대일 관계에서는 실용적 접근이 중요하고, 대중 관계에서는 대립적 관계를 주문하는 것이 아니라 우리 스스로 국격과 자존심을 허물어서는 안 된다는 것이다. 중국이 우리를 함부로 대하지 못하도록 만드는데 미국 및 일본과의 긴밀한 관계가 도움이 된다는 것을 간과해서는 안 된다. 마지막으로 우크라이나 사태가 사실상 러시아에 대한 나토의 대리전 양상을 보이더라도 러시아와 척을 짓는 일은 없어야 할 것이다.

<2022-05-09 미디어시시비비>

지속가능한 한미동맹에 관하여

한국에 새 정부가 들어선 지 한 달도 안 되어 미국 대통령이 방한하여 21일 한미정상회담이 개최된다. 지난 정부 5년간 한미관계에 관해 우려의 목소리가 많았던 만큼 윤석열 정부는 한미동맹을 정상화하고 강화하고자 할 것이다. 인수위에서 발표한 국정과제에 따르면 북한의 위협에 대해 굳건한 연합방위태세를 강화하고, 경제안보와 인도·태평양지역 및 글로벌 협력을 위해 공조를 확대할 것으로 예상된다. 이런 맥락에서 이번 정상회담에서 양국 사이에 의견 수렴 또는 합의가 있을 것이다.

최근 연이은 미사일 발사에서 보듯이 여전히 계속되고 있는 북한의 위협에 대한 연합방위태세를 강화하는 것은 재론의 여지가 없을 것이다. 경제안보에 관해서는 윤석열 대통령이 국회 시정연설에서 인도·태평양 경제 프레임워크(IPEF)를 통한 글로벌 공급망 협력을 강화하겠다고 천명하였으므로 양측이 한국의 IPEF 가입을 공식화할 것으로 보인다. 또한, 쿼드 참여 문제도 박진 외교장관이 국회청문회에서 부분적 참여 가능성을 언급하였으므로 양국 간에 논의가 있을 것이다. 그런데 이번 주초 한·중 외교장관 화상 회담에서 왕이 외교부장은 미국이 추진하는 "중국과의 디커플링전략의 부정적 경향에 반대하고 글로벌 산업 공급망을 안정적으로 유지해야 한다"고 하면서 한국이 IPEF에 참여하는데에 대해 부정적 입장을 시사하였다. 하지만 중국 시장에 대한 높은 수출 의존도가 숙명적이고 극복할 수 없는 것이 아니라면 더 큰 이익을 위한 선택을 주저할 이유가 없을 것이다. 중국의 북한에 대한 영향력도 국내 일부에서 생각하는 것과는 달리 실제로는 그리 대단하지 않다. 현재 중국 시장이 우리에게 단일시장으로서는 가장 큰 것이 현실이나 한류가 사드 제재 때문에 중국 시장에 대한 접근이 제한되었지만 과감한 시장 개척 노력을 경주하여 아시아권을 넘어 글로벌 신드롬을 일으키고 있는 데서 교훈을 얻어야 할 것이다. 또한, 지난해 요소수 대란에서 드러났듯이 중국에 대한 수입 의존도가 높은 품목에 대해 체계적이고 중장기적인 대체방안을 지속적으로 강구하여야 할 것이다.

한미 간에 글로벌 협력을 위한 공조를 확대한다는 대목에서는 따져 볼 점이 있다고 본다. 한국의 신장된 국력과 높아진 국격을 고려할 때 국제사회에서 보다 많은 기여가 기대되는 것은 자연스럽고 미국이 그런 요구를 하는 것도 이해가 된다. 하지만 우크라이나 전쟁과 관련하여 살상무기 지원이나 나토와의 연계 강화는 쉽게 판단할 문제가 아니다. 한미관계가 매우 중요하나 한미 관계를 결정적으로 훼손하는 것이 아니라면 러시아와의 관계도 염두에 두어야 한다고 본다. 동맹은 기본적으로 군사적 협력관계에 관한 것이며 이는 국회의 비준 동의을 받는 조약을 근거로 한다. 한미동맹의 지리적 범위인 태평양지역을 넘어서는 군사협력에 대해서는 신중하여야 한다고 본다. 미국에 대해 무작정 'NO'라고 하라는 것이 아니고 국익 차원에서 미국의 요청에 대해 사양하거나 거절할 수 있는 면이 분명히 있다는 뜻이다.

현재의 한국은 6·25 전쟁 직후 1953년 한미상호방위조약을 체결할 당시의 한국이 아니다. 당시에는 우리가 미국의 도움이 절대적으로 필요하고 미국이 한국에 베푸는 관계였다. 그러다 보니 양국관계가 일방통행식 관계일 수밖에 없는 면이 있었다. 지난 60년간 우리 국민의 피나는 노력의 결과 한미 양국 간에 여전히 국력 차는 있으나 한국은 미국도 협력을 기대하는 그런 나라가 되었다. 한국과 미국의 국익이 100% 일치한다고 볼 수는 없으며 그간 산업화와 민주화에 성공한 대한민국 국민들의 고양된 자존심을 고려할 때 한국 정부의 미국에 대한 태도에도 변화가 필요하다고 본다. 우리 사회에 상당한 반미 정서가 존재한다는 사실 또한 부인할 수 없다. 소위 '진보' 정부를 주도해 온 주사파로 대표되는 좌파들의 경우는 북한에 대한 인식 차이가 근본적 이유이나 일반 국민들의 반미 감정은 미시적인 것으로부터 기인하는 바가 크다. 예를 들어 주한 미군 주둔 분담금, 기지 부지 반환과 관련한 토양 오염 제거 비용 문제, 미군 기지 주변 주민들의 피해, 그리고 심심치 않게 언론에 보도되는 일부 '철없는' 미군 장병들의 일탈 또는 범죄 행위에 대한 처벌 등에 있어 우리 정부가 어떻게 접근하고 조치했느냐가 알게 모르게 국민들에게 영향을 미친다. 대표적인 예로 2002년 6월 여중생 2명이 미군 장갑차에 치여 사망했던 사고의 처리 과정에서 폭발하였던 전국민적 분노가 미국에 대한 인식에 미친 부정적 영향은 매우 컸다. 이런 문제들이 한미동맹이 중요하다는 이유로 적당히 처리되는 일이 없어야 할 것이다. 왜 이것이 중요한가? 대한민국은 자유민주주의국가로서 정부의 어떠한 대외정책도 국민적 동의 없이는 지속가능하지 않기 때문이다. 윤석열 정부는 미국에 대한 태도 및 한미관계에 있어 관성적으로 접근하지 말고 이 점에 유의하길 바란다.

<2022-05-19 미디어시시비비>

미국 대통령 경호원의 음주폭행 사건 유감

바이든 대통령이 한국에 도착하기 전에 선발대로 먼저 한국에 들어와 있던 미 국토안보부 산하 비밀경호국(SS) 소속 직원이 19일 오후 외부에서 술을 마시고 숙소인 용산구 하얏트호텔로 돌아와 택시에서 내리는 과정에서 택시기사와 택시에 탑승하려던 한국인 2명과 시비가 붙었다고 한다. 당시 호텔 보안 직원이 개입하고 폭행 신고를 접수한 경찰이 현장 출동했고 다음날 아침 경찰 조사를 받았으나 이렇다 할 조치는 없었다고 한다. 그 직원은 경찰 조사를 받은 후 미국 측에서 업무에서 배제하고 바로 귀국시켰다고 한다. 경찰에 따르면 문제의 SS 직원에 대해 폭행 혐의 적용 여부를 검토하고 있으며 혐의가 인정되면 검찰에 불구속 기소 의견으로 송치될 것이며 그 후에는 국제형사사법공조 절차에 따라 사법처리가 진행된다고 한다. 이번 일과 관련해 먼저 경찰의 조치가 적절했는지 질문이 나온다. 왜 구금하지 않았나? 왜 출국하도록 놔뒀나? 답은 경미한 폭행 혐의자에 대한 구속은 극히 이례적이며, 이번과 같은 혐의에 대해 출국 금지 조치를 한 예도 없다이다. 이번 사건에서 피의자가 외국인이라고 해서 내국인과 달리 처리한다면 오히려 법의 일반원칙인 형평에 어긋난다. 따라서 경찰의 조치를 문제 삼는 것은 맞지 않다고 할 수 있다.

1966년 한미 양국이 체결한 주한 미군 지위협정(SOFA)에 따라 살인, 강간 등 중대범죄를 제외하고는 미국 측이 관할권을 행사하게 돼 있어 과거 주한 미군 장병들이 범죄를 저질렀을 때 우리 측이 관할권을 행사하는 경우는 매우 제한적이었다. 그 결과 한국인을 대상으로 한 범죄 혐의가 있는 미군 장병에 대해 한국인들의 법 감정에 상응하는 처벌이 이루어지지 못하는 사례가 적지 않아 오래전부터 주한미군범죄근절운동본부를 비롯한 100여개의 시민단체와 종교계가 불평등한 SOFA 조항을 전면 개정할 것을 촉구하고 있다. 그러한 관점에서 우리 사회에서는 이번 사건에서 범죄 혐의자가 주한 미군도 아니고 '외교 관계에 관한 비엔나 협약'상 특권과 면제를 누리는 주한 미국대사관의 공관원도 아니어서 명백히 우리 쪽이 관할권을 갖는데도 혐의자가 도주(?)하도록 내버려 뒀다고 생각하는 사람들이 있을 것이다.

어쨌든 이번 사건의 처리 과정에 관련 법규로만 따질 때 하자는 없어 보인다. 다만 한국의 동맹국인 미국의 대통령이 왔는데 이런 문제로 시끄럽게 할 수 없다는 외교적 및 정무적 고려가 있었던 것 아니냐는 질문은 나올 수 있다. 또한, 근무 중은 아니더라도 대통령 경호를 담당하는 직원에게 요구되는 처신이라는 게 있는데 술을 마시고 부적절한 행동을 한 것은 그냥 넘어가기 어려운 면이 있다. 한국 경찰의 조치에 아무런 법적 하자가 없다 하더라도 미국 측에서 유감 표명 또는 사과를 했더라면 좋지 않았을까?

이번 미국 대통령의 방한 중에도 예외 없이 반미 시위 등이 있었다. 정상회담이 열리는 용산 대통령 집무실과 숙소인 하얏트 호텔 인근에서 반미투쟁본부, 평화와 통일을 여는 사람들(평통사), 참여연대 등 단체가 기자회견과 시위를 벌이면서 "북침 핵전쟁 책동 바이든 방한 반대한다" "한미동맹에 반대한다" 등 구호를 외쳤다. 한국 사회에서 상식과 분별이 있는 사람들은 종북좌파들의 말이 안 되는 이념적 구호에 호응하지는 않는다. 그러나 한국 정부가 미국에 대해 굴종적인 자세를 취하는 것으로 보일 경우 한국 정부, 나아가 미국에 대해 반감을 갖게 된다. 대표적인 예로 2002년 6월 여중생 2명이 미군 장갑차에 치여 사망했던 사고를 들 수 있다. 그 사고는 엄밀히 말하면 차량 운행 중에 일어난 단순 과실치사이지만 주한 미군 지위협정에 따라 우리 쪽이 관할권을 행사할 수 없었고 더욱이 미군 당국이 무죄를 선고함으로써 국민들이 분노했으며 그 결과 미국에 대한 인식에 상당한 부정적 영향을 끼쳤다. 당시 정부는 자존심이 상한 국민의 마음을 보살피는 노력이 미흡했다. 그간 주한 미군 범죄 처리에 대한 원성이 '가랑비에 옷이 젖듯이' 쌓이고 쌓여 반미 정서의 형성에 일조했음을 부정하기는 어려울 것이다.

한미동맹은 지난 70년간 북한의 태도에 의미 있는 변화가 없었다는 점을 생각하면 우리에게 필요불가결한 것이다. 우리에게 소중한 한미관계를 잘 유지하려면 국민들의 미국에 대한 태도 또는 인식에 부정적인 영향을 줄 수 있는 일이 발생할 때 정부는 신속하고 현명하게 대처해야 한다. 우리 국민감정에 유의해야 한다. 정부가 미국 앞에서 작아지면 작아질수록 결과는 반미를 부추기는 것이다.

<2022-05-29 천지일보>

강제징용 배상 문제, 중재로 가면 어떨까?

　　윤석열 대통령의 6월 말 나토 정상회담 참석 계기에 한일 정상 간 접촉이 거론되었다. 지금까지 일본 측의 반응을 볼 때 성사 가능성이 매우 낮으며, 사전 정지 차원에서 추진했던 박진 외교장관의 방일도 물 건너간 것으로 보인다. 2021년 6월 G7 정상회의 때와 마찬가지로 한국은 매달리고 일본은 소극적으로 대응하는 형국이다. 언론에 따르면 일본 측은 강제징용 피해자 문제 해결을 위한 "한국 측의 대응이 보이지 않아 환경이 정돈되지 않았다"는 입장을 보였다고 한다. 정권이 바뀌었다는 것을 내세우면서 우선 정상회담부터 해 보자는 새 정부의 접근이 일본 측에 먹히지 않은 것이다.

　　정부가 한·일 간 가장 시급한 사안인 강제징용 피해자 배상 판결 문제의 해결 방안을 마련하기 위해 조만간 민관합동기구를 출범시킨다고 한다. 우선 2018년 10월 대법원 판결에 따라 압류된 일본 기업 자산에 대한 매각·현금화를 보류할 필요가 있다. 보류가 여의치 않을 경우 한일 양국 관계는 파국으로 치달을 가능성이 크다. 이와 관련하여 어떻게 피해자들의 이해 내지 동의를 확보하느냐가 중요한 과제이다. 그동안 일본 측의 반발을 막기 위한 방안으로 '대위변제', 즉 한국 정부가 피해자들에게 배상금을 지급하고 일본 기업에 대해 구상권을 보유하되 사실상 행사하지 않는 방안, 그리고 한일 양측이 기금 출연을 통해 피해자에게 지급하는 방안 등이 이야기된 바 있다.

정부와 민관합동기구는 팔을 걷어붙이기 전에 일본 측의 기본 입장을 명확히 이해하여야 한다. 일본 측은 강제징용 배상 문제가 1965년 한일 '청구권협정'으로 이미 해소되었다고 보고 2018년 10월 한국 대법원의 판결 자체를 인정하지 않으며 이를 이유로 국제사회에 대해 한국은 '국제법을 지키지 않는 나라'라고 떠들어 왔다. 일본 측이 문제 삼는 것은 배상 방법, 즉 일본 기업이 피해자에게 직접 지급하느냐 않느냐가 아니다. 2019년 5월 일본 외무성은 강제징용 배상 판결에 대해 '청구권협정'이 규정하는 바에 따라 제3국 위원을 포함하는 중재위원회를 개최하여 문제를 해결하자고 하였다. 이에 대해 문재인 정부는 일본의 요청을 일축하였으며, 일본의 요구에 대해 한국의 조야는 관심조차 보이지 않았다. 협정에 분쟁해결절차가 규정되어 있으면 법적 다툼이 발생할 경우, 그 절차를 따르는 것이 상식인데 문재인 정부는 출발선에서부터 한국을 '국제법을 지키지 않는 나라'로 만들었다.

우리 정부가 대법원 판결을 전제로 제시하는 해법을 일본 측이 받아들일까 의문시된다. 한국 정부가 대법원 판결이 1965년 '청구권협정'을 위배한 것이 아니라고 확신한다면, 이제라도 '청구권협정'에 따른 중재 절차를 통해 문제를 해결하는 방안을 진지하게 검토해 볼 필요가 있다고 본다. 우리 측이 제안을 하면 일본 측은 애초 그들이 제안한 방안이므로 거부하기가 어려울 것으로 예상된다. 그렇게 되면 몇 가지 한일관계의 개선에 도움이 되는 효과가 기대된다.

첫째, 제3국 중재위원을 선임하는 일이 쉽지는 않겠지만 중재위원회의 구성과 운영에 관해 협의하여야 하므로 양측 간 공식 접촉이 이루어질 것이며, 중재 과정에서 양측이 자신의 입장을 충분히 개진할 것이므로 이 과정 자체가 문제 해결을 위한 의사소통에 도움이 될 것이다. 둘째, 청구권협정 제3조 3항에 따르면 중재위원회의 결정에 양측은 승복해야 한다. 즉, 중재 결정으로 강제징용 피해 배상 문제가 한일간에 이슈가 되는 일은 앞으로 없을 것으로 조심스럽게 기대해 본다. 중재를 통해 기대되는 가장 중요한 효과는 어느 한 쪽에 불리한 결과가 나오더라도 한일 양측 모두 국내적으로 다른 의견이나 반발을 무마할 수 있는 명분을 갖게 된다는 점이다.

국제 중재는 일반 재판에 비해 어느 일방에 유리한 결정을 내놓기가 상대적으로 어렵다. 즉, 우리가 결과에 대해 지나치게 우려할 필요는 없다고 본다. 중재로 가는 경우 문제 해결의 장기화에 대한 우려가 있을 수 있으나, 문제인 정부가 '죽창가'만 불러대며 일본 측이 한국의 요구에 응하지 않는다고 비난하면서 허비한 세월이 몇 년인가? 민관합동기구에서 그간 거론된 해결 방안을 재탕하며 시간을 허비하기보다는 차라리 당당하게 관련 협정에 따른 중재절차를 통해 제3자의 판단을 구하는 것이 문제를 확실하게 해결하는 길이라고 본다. 냉정하게 말해서 2019년에 우리 측이 일본 측의 중재 요청을 묵살한 것은 국제사회에서 부정적인 평가를 받았을 것이다. 이번에 우리 쪽이 중재위원회 개최를 요청하였는데 일본 측이 거부한다면 양국 사이 갈등 관계에서 공이 일본 쪽으로 넘어가는 효과도 기대할 수 있다.

<2022-06-24 프레시안>

북방경제협력위원회 폐지 유감

　최근 정부가 예산 절감과 행정 효율성 제고 차원에서 대통령 직속 위원회의 존치 여부를 결정하는 작업에 착수했는데 북방경제협력위원회가 폐지될 것으로 알려졌다. 위원회 중에는 정권 차원의 목적을 위해 설치했거나 정부의 정책 추진에 기여하는 바가 별로 없는 것도 있어 존치 여부를 검토하는 것 자체는 이해가 되나 단지 앞선 정부에서 설치됐다고 해서 무조건 폐지하는 것은 아닌지 우려된다.

　북방정책은 노태우 정부 이래 정권이 교체돼도 지속적으로 추진돼 왔고 그 결과 한국외교의 지평이 확대되고 한국인과 한국 기업의 대외 활동 반경도 획기적으로 넓어졌다. 2017년 8월 설치된 북방위는 그간 북방경제협력 추진 상황을 전반적으로 점검한 결과에 따라 종합적인 전략을 수립하고 추진체계의 혼선을 바로잡아 국가별 맞춤형 협력 전략과 과제를 제시함으로써 민간의 활동에 방향성을 부여하는 동시에 체계적인 지원도 하는 컨트롤 타워 기능을 해왔다. 지난 5년간 북방국가들과 인적 교류, 교역 및 투자의 증대 등 의미 있는 성과를 거둬 북방경제협력의 견인차로서의 역할을 나름대로 수행했다고 본다. 다만 일각에서 북방위가 괄목할 만한 성과를 내지 못했다는 평가가 있는 것도 사실이다. 하지만 러·미 관계 악화, 미·중 경쟁 심화, 북핵 문제 해결 난망 등 한반도 주변 환경이 악화된 데다 코로나19 팬데믹과 우크라이나 사태까지 겹치는 등 통제할 수 없는 대외적인 여건으로 인한 불가피한 측면이 있다.

　북방정책 초기에는 재경부가 한러 경제공동위를 맡아 북방경제협력 전반을 관장했는데 재경부 장관이 경제업무 전반을 챙겨야 되는 업무 부담 때문에 한러 경제공동위 수석대표로서의 활동에 충분한 시간을 할애하기가 쉽지 않았다. 또한, 각 부처가 담당업무에 따라 제각각 협력을 추진하다 보니 종합적인 정책 추진이 곤란하다는 문제 제기가 있었다. 90년대 말 정부조직 개편 이후에는 이렇다 할 전담조직이 없는 상황이 됐다. 그 결과 정부의 역할은 나라별 협력 상황을 챙기고 전략과 방향을 제시하면서 막힌 곳이 있으면 뚫어주는 등 기업 활동을 지원하고 유도하기보다는 모니터링 하는 수준에 그칠 수밖에 없었다. 이러한 상황에서 상시적인 컨트롤 타워의 필요성이 제기됐던 것이다.

　북방위는 단지 예산 절감 차원에서 다룰 대상이 아니라고 본다. 첫째, 거대 시장과 풍부한 자원을 가진 유라시아지역은 우리 경제의 새로운 성장 동력을 창출하는 데 있어 포기할 수 없는 지역이다. 둘째, 이 지역 국가들은 민간 부문에 대한 정부의 영향력이 다른 지역에 비해 상대적으로 크기 때문에 정부 차원의 소통이 긴요하다. 셋째, 새 정부가 앞으로 북방경제협력에 대해 관심을 끄고 간여하지 않기로 한다면 모르겠으나 앞서 설명한 바와 같이 추진과정에서 전담조직의 필요성이 다시 대두될 텐데 기존 조직을 폐지함으로써 그간 축적된 경험을 사장시키는 것이야말로 낭비가 될 것이다. 넷째, 관련국들이 북방위의 폐지를 부정적 메시지로 받아들일 수 있다. 그간 북방위가 컨트롤 타워로 알려짐에 따라 북방국가들의 정부와 주한 공관도 북방위를 접근하기 용이한 한국정부의 통합 창구로 여기고 활발히 소통해왔는데 그간 구축된 네트워크가 상실될 것이다. 북방위는 북방경제협력에 대한 한국 정부의 강한 의지를 상징하는 것인 바 폐지하는 경우 한국 정부의 열의가 그만큼 줄어든 것으로 받아들일 수 있다. 다섯째, 민간 부문에서의 분위기와 모멘텀을 고려해야 한다. 유라시아지역에 대한 국민적 관심은 지속적으로 높아지고 있으며 북방 진출에 대한 염원이 조직화되고 있다. 현재 유라시아 21, 크라스키노 포럼, 유라시아경제인협회 등 여러 민간 조직이 활발히 활동하고 있다.

북방위는 대통령 직속 위원회 중에 유일하게 대외협력파트너(14개국)가 있는 위원회인 바 그 존치 여부는 대외정책의 일관성 유지 차원에서 신중하게 검토할 것이 요망된다. 물론 북방국가들과의 협력에 있어 사업주체는 정부가 아니라 주로 기업이기 때문에 북방위가 폐지된다고 해서 당장 큰 일이 일어나는 것은 아니다.

현 정부가 우크라이나 사태로 인해 러시아를 견제하는 국제연대에 적극 동참하기로 했더라도 제한된 범위에서 대러 경제협력을 이어나갈 필요가 있고 더구나 그러한 국제연대와 관계없는 나머지 국가들과의 비즈니스는 지금까지 해오던 대로 적극 지원해 나가야 하지 않을까? 북방위는 또한 파트너 국가인 우크라이나의 전후복구사업에 참여하는 과정에서 반관반민의 물밑교섭창구 역할을 수행할 수 있다. 새 정부가 북방위를 폐지한다면 역대 정부가 지난 30년 이상 지속해온 북방정책 기조가 혹시라도 약화되지는 않을까 심히 걱정된다.

<2022-07-10 천지일보>

> **일본에 대해 사죄 요구 언제까지 할 것인가?**

지난주 박진 장관이 한국외교부 장관으로서는 2017년 12월 이후 4년 7개월 만에 일본을 방문했다. 강제징용 배상, 위안부 합의, 군사정보보호협정, 반도체 핵심 소재에 대한 수출 규제 등이 의제로 논의됐다고 한다. 아직 구체적인 성과를 기대하기는 어려우나 양국이 그간 소원해진 관계를 정상화하기 위한 물꼬를 텄다는 점에서 평가할 만하다. 그런데 모든 이슈가 과거사 문제와 직간접적으로 연결돼 있고 국내적으로 징용 피해자들이 배상문제의 해결을 위해 정부가 주관하는 민관협의체에의 참여를 거부하고 있어 문제 해결의 전망이 밝지만은 않다. 특히 한국 사회에 과거사에 대한 일본의 진정성 있는 사과 또는 사죄를 주장하는 기류가 여전하기 때문이다.

그간 일본 정부는 고위 인사들의 발언을 통해 여러 차례 식민지배에 대한 사과와 반성의 뜻을 표명했다. 1995년 8월 담화에서 무라야마 총리는 "식민지 지배와 침략으로 많은 나라들 특히 아시아 제국(諸國)의 여러분들에게 다대한 손해와 고통을 주었습니다. 저는 미래에 잘못이 없도록 하기 위해 의심할 여지도 없는 이와 같은 역사의 사실을 겸허하게 받아들이고 여기서 다시 한번 통절한 반성의 뜻을 표하며 진심으로 사죄의 마음을 표명합니다"라고 했다. 1998년 10월 오부치 총리는 김대중 대통령과의 회담 후 발표한 공동선언에서 "금세기의 한일 양국 관계를 돌이켜 보고 일본이 과거 한때 식민지 지배로 인해 한국 국민에게 다대한 손해와 고통을 안겨 주었다는 역사적 사실을 겸허히 받아들이면서 이에 대해 통절한 반성과 마음으로부터의 사죄를 했다"고 했다. 이에 앞서 1993년 8월에는 고노 관방장관이 위안부 문제에 있어서 강제성뿐만 아니라 일본군이 직간접적으로 관여했다는 점을 인정했다. 가끔 일본 고위 인사들로부터 이러한 발언을 흔드는 언사가 있었던 것도 사실이나 이러한 입장은 일본 역대 정부의 공식 입장으로 계승돼 왔다. 하지만 한국인 다수는 이런 사죄 및 사실인정 발언들에 대해 진정성이 부족하다고 주장하고 있어 양국 간 과거사를 둘러싼 갈등이 풀리지 않고 있다.

그런데 사과에 진정성이 있다, 없다를 판단하는 기준이 무엇인가? 어떠한 말을 해야 우리는 진정성을 인정할 것인가? 진정성이 없다고 주장하는 사람들은 그렇다고 일본에 대해 어떻게 이야기하라고 요구하지도 않는다. 국내 형사사건에서도 법원이 가해자가 피해자에게 '진정성 있게' 사과하도록 강제할 수 있을까? 16세기 일본이 조선을 침략했는데 조선 조정은 일본으로부터 사죄를 받아내었던가? 역사는 일본의 국교 재개 요구에 조선이 포로 송환 정도를 조건으로 응했다고 기록하고 있다. 한민족이 일본의 지배에서 벗어난 것은 우리 자신의 힘에 의해서가 아니라 일본이 미국과의 전쟁에서 패배했기 때문에 이루어진 결과이다. 우리가 일본을 무찔러 해방됐다면 일본에 대해 우리의 직성이 풀리는 사과 또는 사죄를 강제할 수 있었을 것이다. 한국인들이 직성이 풀릴 정도로 일본으로부터 사과 또는 사죄를 받아내려면 국력 면에서 한국이 일본을 압도하거나 일본을 무력으로 굴복시키는 방법밖에는 없어 보인다.

과거 제국주의 시기에 유럽국가들은 아시아, 아프리카 등 대륙 곳곳을 침략해 식민지배를 했는데 그들의 말처럼 오로지 '백인의 사명'을 수행했을 뿐인가? 그 나라들이 과연 식민지배를 받았던 나라와 국민에게 어떤 식으로 사죄했던가? '해가 지지 않는 나라'라고 불릴 정도로 전 세계에 걸쳐 식민지를 가졌던 영국을 우리나라에서는 '신사의 나라'로 이해하고 있고 역시 대표적 식민주의 국가였던 프랑스는 우리나라 사람들 머릿속에 '문화대국'으로 자리 잡고 있다. 이러한 현상이 말이 되는가? 아시아와 아프리카의 피식민 국가 국민들의 고통에 대해서는 무심하고 우리의 과거사에 대해서는 일본이 나름대로 사죄를 했는데도 한풀이식으로 끝없이 사죄를 요구하는 것이 현재 소위 '글로벌 중추 국가'라고 자부하는 대한민국의 국제적 위상에 걸맞은 것인지 한 번 생각해 봤으면 한다.

문재인 정부는 '토착 왜구' 운운하며 국내정치적 목적을 갖고 한일 관계를 파탄으로 몰아넣었다. 윤석열 정부가 양국 관계를 개선 또는 회복하기 위해 고심하고 있는데 쉽지 않아 보인다. 얼마 있으면 8.15 광복절이 돌아온다. 이제는 일본 측의 사과 또는 사죄 발언에 집착하지 말자. 이미 일본 정부는 '사과' 또는 '사죄'를 했다. 금전적 배상문제는 우리 스스로 해결하자. 일본의 식민지배를 잊지 않되 일본에 대해서만 식민지배의 책임을 묻지 말고 우리에게는 문제가 없었는지 곱씹어 보며 일본보다 강한 나라를 만드는 데 매진하는 것이 현명한 길이라고 본다.

<2022-07-24 천지일보>

" '짱깨주의의 탄생' 독후감 "

올해로 한중 수교 30주년을 맞이한다. 그간 양국 관계는 여러 분야에서 질적 양적으로 발전해 왔고 중국 또는 한-중 관계에 관해 많은 책이 나왔다. 그런데 올해에 나온 '짱깨주의의 탄생'만큼 화제가 된 책도 없었던 것 같다. 아마도 전직 대통령이 추천한 덕분이기도 하고 주장이 도발적이기도 하기 때문일 것이다. 현재 우리 사회에서 이 책에 대해 비판적인 견해가 상당하나 중국 담론에 있어 여러 관점과 주장이 있을 수 있고 표현의 자유라는 차원에서 저자가 자신의 목소리를 내는 것 자체를 문제 삼을 필요는 없을 것이다.

저자는 한국 매체들이 중국에 대해 편향적이고 선정적인 보도를 일삼고 있다고 주장한다. 저자는 김치 및 한복, 동북공정, 미세먼지, 공자학원, BTS의 미국 '밴플리트 상' 수상 후 한국전쟁 관련 언급, 사드 배치, 쌍용차의 기술 유출, 중국인의 제주 부동산 매입, 베이징 동계올림픽 판정 시비 등과 관련한 보도를 문제 삼았다. 그중 일부는 내용을 부풀리거나 왜곡하고 또는 사실관계가 정확하지 않고, 그리고 논란을 불필요하게 키운 것이 인정된다. 또한, 중국에 대한 부정적 보도 경향은 일반적으로 한국 매체가 직접 취재를 하지 않고 서방의 '중국 때리기' 기사를 그대로 베끼는 탓이라는 주장도 어느 정도 이해가 된다. 다만 이슈마다 중국의 입장에서 보면 그럴만한 이유가 있는 것이고 따라서 중국의 입장을 이해해야 한다는 듯한 저자의 주장은 너무 나간 것이라고 할 수 있다. 더욱이 일부 이슈에 대해서는 저자가 중국조차 하기 어려울 것 같은 주장을 펴고 있다. 발생원인이 분명한 미세먼지에 대해 중국의 책임이라기보다는 중국을 '세계의 공장'으로 만든 국제자본의 책임이 크다는 주장은 탁월한 궤변이다. 동북공정에 대해서는 저자가 주장하는 객관성을 유지하지 못하고 중국의 입장만을 복창하면서 '중국경계론'이 근거가 없다는 주장만 한다. 사드 배치에 대해서는 미국의 악의와 중국의 정당방위만을 주장한다. 이웃 나라와의 관계에서 상대방의 입장에서 생각해보는 것이 어느 정도 필요하다고 할 수 있는데 저자는 내재적 분석에서 그치지 않고 중국의 입장을 강요하는 듯한 주장을 하고 있다. 반면에 중국 매체들의 한국 관련 보도 경향은 어떤지 그리고 중국 측이 한국의 관점에서 이해하려는 노력이 있는지에 대해서는 언급이 미흡하다.

더욱이 동아시아가 2차 대전 이후 미국 중심의 신식민주의를 극복하고 평화체제로 나아가려면 피식민 경험을 공유하는 중국과

연대해야 하는데 대결 구도의 지속을 통해 기득권을 유지하고자 하는 '안보적 보수주의' 세력이 언론의 편향적인 보도를 통해 반중 정서를 부추겨서 중국과의 연대를 어렵게 하고 있다는 저자의 현실 인식은 80년대 운동권 학생들의 인식을 연상시킨다. 국제법상 주권 평등 원칙에 따라 국가 간 형식적인 평등은 존중되지만, 기본적으로 힘이 좌지우지하는 국제사회에서 국력의 차이에서 오는 실질적 불평등이 존재하는 것이 부인할 수 없는 현실인데 이를 가지고 '신식민지' 운운하는 것은 유치하고 다분히 정치적 의도가 있는 이념적인 언사이다. 오늘날 한국을 미국의 '신식민지'라고 생각하는 사람이 한반도의 남쪽에 얼마나 될까?

　저자는 중국에게서 '착한 외세'의 가능성을 보고 있는데 과연 그럴까? 시진핑 주석이 트럼프 대통령에게 했다는 '한국은 중국의 일부였다'는 발언은 무엇인가? 한반도 평화에 대해 한중 양국의 이해관계가 일치한다고 하는데 중국은 한국을 위해서가 아니라 자신의 안정적 경제발전에 장애물이 생기지 않기를 바랄 뿐이다. 우리에게는 평화뿐만 아니라 통일이라는 더 큰 염원이 있는데 과연 중국은 이에 대해 호의적이고 협조적일까? 중국은 내부지향적이고 대외팽창적이 아니라고 하는데 6·25 전쟁 때 수십만의 중국군이 압록강을 건너 쳐들어와서 우리의 통일을 좌절시켰던 일을 잊었는가? 중국은 반제국주의적이라고 하는데 신장, 티벳, 내몽골 등은 내부 식민지 아닌가? 또한, 우리에게 생명선과 같은 국제해상교통로인 남중국해에 대해 황당무계한 영유권 주장을 하면서 동남아시아 국가들을 겁박하고 있으며 우리 수역에서 자국 어선들이 저지르고 있는 불법 조업에 대해 '가난한 어민들이 생계를 위해 하는 일이니 이해하라'고 파렴치한 주장을 하는 나라이다. 우리 사회에 미국에 대해 부정적 인식을 갖고 있거나 현재의 한미관계가 불만스러운 사람들이 상당수 있겠으나 역사상 미국은 우리 민족이 상대해온 외세 가운데 가장 덜 '악한 나라'이다. 물론 이웃인 중국과 좋은 관계를 유지하는 것이 바람직하다는 점에 대해서는 누구나 동의할 것이다. 그럼에도 '짱깨주의의 탄생'을 읽으면서 너무 주장이 앞서고 그나마도 설득력이 떨어진다는 생각을 떨칠 수가 없었다.

<2022-07-31 천지일보>

> ## 중국에 한반도 평화와 안정을 위한 역할 언제까지 요청하려 하나?

지난 9일 윤석열 정부 출범 이후 처음으로 한국외교부 장관이 중국을 방문했다. 언론 보도에 따르면 이번 외교장관회담에서는 사드, 반도체 동맹(chip 4), 한류 제한 등이 주요 의제로 논의됐고 박진 장관은 우리 입장을 분명하게 개진했다고 한다. 그런데, 국내 언론이 별로 주목하지 않았지만, 이번에도 과거 정부 때와 마찬가지로 박 장관은 "지금 한반도의 평화와 안정이 전례 없이 위협받고 있다"며 "북한이 도발 대신 대화를 선택하도록 중국이 건설적 역할을 해달라"고 했다. 한국 측의 이러한 요청은 오랫동안 계속됐는데 도대체 중국에 대해 언제까지 그러한 요청을 할 것인가?

그동안 한국은 북핵 문제 해결을 위한 6자 회담이 진행되고 있을 때는 물론 지속적으로 북한의 도발 억제를 위해 중국이 건설적 역할을 해달라고 요청해왔다. 중국 역시 줄곧 한반도의 평화와 안정을 강조해왔다. 중국이 그렇게 하는 것은 중국의 안정적인 성장과 발전을 위한 대외 여건의 조성 차원이다. 남북한 사이 무력 충돌이 일어나면 중국은 어떤 식으로든 관여할 수밖에 없을 것이다. 이는 중국의 경제에 심각한 영향을 미칠 것이다. 즉 한반도에서의 전쟁 재발 방지는 중국의 국익에 부합하는 것이지 결코 한국의 요청을 따라 추구하는 것이 아니다. 중국이 자신을 위해서 알아서 할 일을 중국에 매번 부탁하는 것은 우리가 중국에 대해 무슨 빚이라도 지고 있다고 착각하게 하는, 어리석은 처신이다. 노무현 정부 시절 6자 회담이 진행되던 때 모스크바에 들른 청와대 고위당국자에게 필자는 우리 정부가 자주 중국에 대해 사의를 표한다고 하는데 단순히 립서비스인지 아니면 진정으로 그렇게 생각하는 것인지 물었는데 그 당국자는 멋쩍게 웃기만 했다.

더욱이 중국이 북핵 문제를 해결하거나 북한의 무력 도발을 저지할 의지와 능력이 있는지 의구심이 든다. 우선 북핵 해결을 위한 미·북 정상회담이 있었던 시기에 중국은 어떤 행동을 했는지 복기하여 보자. 시진핑은 2018년 6월 1차 미·북 정상회담이 열리기 전인 3월과 5월에 김정은을 두 번이나 중국으로 초청했고 1차 이후 2019년 2월 2차 정상회담이 열리기 전까지 또다시 두 차례 초청했으며, 2019년 6월 판문점 남·북·미 정상 접촉 직후에는 자신이 평양을 방문했다. 당시 일부 국내 매체들은 마치 시진핑이 북핵 문제 해결을 위해 미·북 정상회담을 거드는 것처럼 보도했다. 아무리 형제처럼 가까운 나라 사이에도 양국 정상이 불과 1년 3개월 동안 무려 5차례나 상호방문하는 것은 매우 이례적이고 상식적이지 않다. 2018년 들어 미·북 정상회담의 가능성이 커지자 중국 지도부는 겉으로는 환영한다는 모습을 보였지만 속으로는 북한이 미국과 가까워질까 당황했고 특히 트럼프나 김정은의 개성으로 보아 북한과 미국 사이에 중국이 관여할 겨를도 없이 '깜짝 딜'이 이루어지지는 않을까 안절부절못했다고 보는 것이 맞는 분석일 것이다. 중국으로서는 북한이 대중 의존도를 낮추고 미국에 접근해 중국을 견제하려는 의도를 경계했을 것이다. 북한은 중국이 '미 제국주의'의 침투를 막기 위한 '완충지대'로서 붙들어 둬야 하는 존재이기 때문이다. 2018년 5월 2차 북·중 정상회담 이후 북한이 강경하게 나오면서 일시적으로 1차 미·북 정상회담 취소 소동이 벌어진 데는 중국이 북한에 압박을 가했기 때문이라는 추측도 있었다.

최근 펠로시 미 하원의장의 대만 방문 직후 보복 조치로서 중국이 대만 주변 수역에서 봉쇄 훈련을 실시했는데 앞으로 대만 해협에서의 파고가 점점 올라갈 것 같다. 미국은 중국의 패권 도전을 분쇄하기 위해 경제적 방책에 더하여 군사적 압박도 가한다는 구상인 것 같다. 미국이 대만 이슈를 놓고 중국을 지속적으로 자극하는 것은 러시아의 우크라이나 침공 직전 상황을 연상시킨다. 격앙된 시진핑이 대만 독립의 싹을 자르기 위해 수년 내 무력 침공을 감행할 가능성을 배제할 수 없다. 그러한 상황이 되면 한반도의 평화와 안정을 중시한다는 레토릭은 사라질 것이다. 중국은 미국과의 전면전을 피하고자 대만에 대해 전격적인 군사작전을 전개해 전쟁을 단기간 내 끝내려 할 것이다. 그러려면 주한미군을 한국에 붙들어 둬야 하고 주한 미군이 소위 '전략적 유연성'에 따라 대만 상황에 개입하지 못하도록 대만 침공을 전후하여 또는 동시에 북한의 남침을 부추길 가능성이 크다고 본다. 북한으로서는 주한 미군이 빠져나가는 상황을 적화통일의 호기로 볼 것이다. 외교에 있어 수사법이 일정 부분을 차지하는 것은 인정되나 우리 정부는 중국에 대해 하나 마나 한 말을 매번 할 것이 아니라 대만 위기에 대비한 방책을 고민해야 할 것이다.

<2022-08-14 천지일보>

중국에 대해 중심 못 잡는 한국 언론

오늘날 국제사회에서 30~50클럽 국가들(1인당 소득 3만불 이상, 인구 5천만명 이상) 가운데 그 나라에서 중국의 존재감이 두드러지는 나라는 한국이 유일한 것 같다. 특히 주한 중국대사를 대하는 한국 언론의 태도를 보면 그러하다. 외교의 세계에서 대사들은 조용히 주재국 정부를 접촉, 자국의 정책을 설명하고 이해를 구하거나 요청을 전달하는 것이 일반적이다. 방송에 출연하고 그것도 민감한 사안에 대해 자국의 입장을 이야기하는 것은 자제해야 할 행동이다. 그런데 왜 한국 매체들은 중국대사에 대해서는 중국 정부 입장을 우리 국민들에게 마음껏 떠벌릴 수 있도록 배려(?)하는 것인가? 우리 매체들의 중심을 잃은 행태를 싱하이밍 현 중국대사의 부임 이후를 중심으로 살펴본다.

지난주 종편 방송인 채널A가 프라임 타임 뉴스 프로그램에서 싱하이밍 대사와의 인터뷰를 방영했다. 어느 나라에서나 신문이 아니라 방송이 외국 대사와의 인터뷰를 내보내는 일은 매우 드물다. 중국대사 인터뷰 방송의 경위에 대해 구체적으로 알려진 바는 없으나 8.24 한중 수교 30주년을 염두에 두고 제작된 것으로 보인다. 그러한 경우 대사는 양국 관계의 현황을 간략히 소개하고 양국 관계의 발전을 희망하는 덕담 수준의 발언을 하는 것이 상식이다. 그런데 앵커의 질문을 보니 이 매체가 한국 매체가 아니라 중국 매체가 아닌가 생각이 들었다. 한마디로 말해서 중국대사가 양국 관계에 대해 마구 떠들 수 있도록 '멍석'을 깔아 줬다. 질문을 구체적으로 보면, 1) 윤석열 정부가 전임 문재인 정부에 비해 한미동맹을 강화하고 있다는 평가가 많습니다. 그 평가에 대해서는 어떻게 생각하십니까? 2) 가장 발등에 불이 떨어진 이슈는 반도체 공급 협의망 칩4입니다. 중국은 한국 정부가 참여하지 않는 게 현명한 선택이라고 보시나요? 중국을 견제하기 위한 칩4 협의체다 이렇게 보시는 거죠? 3) 지난주 한중 외교장관 회담 이후에 사드와 관련해 국내에서 좀 논란이 됐습니다. 중국이 기존 거론됐던 3불 외에 1한, 기존 배치한 사드까지 제한하는 '1한'을 꺼내 들었는데요. 갑자기 꺼내 들었다, 이런 느낌도 있는데 이유가 있을까요? 4) 윤석열 정부는 이번 달 안에 성주의 사드 기지를 정상화하겠다고 하는데요. 그 경우 중국으로서도 추가 대응을 할 수도 있을까요? 5) 얼마 전 대만을 방문했던 낸시 펠로시 미국 하원의장이 한국에 왔는데, 윤석열 대통령이 만나지 않고 전화통화만 했습니다. 대통령이 통화만 한 것은 적절했다고 생각하시는지요? 등이다. 과연 대한민국의 매체가 중국대사에 대해 던질 질문들인가? 중국 매체가 중국의 관점에서 할 수 있는 질문들이다. 왜 한국 매체가 공공재인 전파를 통해 중국 정부의 입장을 한국인들에게 홍보하는가? 그 매체는 피아를 구분하지 못하거나 아니면 중국을 편들고 싶어 하는 것인가?

그런데, 이런 일은 과거에도 있었다. 2021년 3월과 11월 YTN, 그리고 올해 6월 TV조선이 싱하이밍 대사를 스튜디오에 출연시켰다. 앵커들은 그가 한국어를 구사해 통역 없이 소통되므로 이것저것 다 질문하고 싶어 하는 것 같았다. 마치 모든 이슈에 대해 정통한 국제정치 학자에게 하듯 질문을 던졌다. 우스꽝스러운 장면이었다. 미·중 갈등 상황에 대해 궁금한 게 있다면 미국대사도 인터뷰해야 하는 것 아닌가? 또한, 지난 대선 유세 기간에 윤석열 후보가 사드 문제와 관련해 발언했을 때 중앙일보가 싱하이밍 대사의 반박문을 실어줬다. 그가 윤 후보의 발언을 반박하는 글을 주한 중국 대사관의 SNS 계정에 올렸다 해도 부적절한데 주요 국내 일간지가 그의 반박문을 게재하다니 제정신인가? 그 신문은 중국대사가 게재 요청을 했더라도 거절했어야 마땅하다. 대사가 주재국의 국내정치에 개입하는 것은 외교관의 본분에 어긋나며 외교 관계에 관한 국제협약에도 위배된다.

싱하이밍 대사는 2020년 1월 부임하자마자 한국 기자들을 불러모아 중국 대사관에서 기자회견을 했다. 그런데 외교 관례상 외교사절은 주재국 국가원수에게 신임장을 제정하고 나서 비로소 공식적으로 활동을 개시하게 돼 있다. 주재국 외교부에 신임장 사본을 제출했다면 정식 제정까지는 주재국 정부가 허용하는 활동만 가능하다. 그런데 싱하이밍 대사는 이러한 국제관례를 무시했다. 하지만 한국 언론에서 어느 매체도 그가 국제관례를 무시하고 기자회견을 열어 한국 정부를 비난한 것에 대해 지적하지 않았다. 이렇게 한국 언론이 떠받들어 주니 그 후 그의 행동은 오만방자한 수준까지 치달았다. 한국 언론의 이런 행태는 중국 정부가 한국을 만만하고 쉬운 상대로 보게끔 하는데 일조하는 것 아닌가 우려된다.

<2022-08-21 천지일보>

> ## 국치일(國恥日)에 생각한다

8월 29일은 국치일이다. 100여년 전 일본에 나라를 빼앗긴 참으로 부끄러운 날이다. 하지만 오늘날 우리나라에서 이날의 분위기는 매우 안타까운 것이다. '한일합방조약'에 대해 원천 무효임을 주장하면서 일본의 사악함, 그리고 조선의 무능한 임금과 사리사욕만 챙긴 매국노들을 규탄하는 목소리가 있을 뿐이고 왜 우리는 나라를 뺏기는 수준의 나라였느냐는 질문을 던지며 그 이유를 우리에게서 찾고자 하는 노력은 거의 없는 것 같다.

일본에 당했다고 해서 일본만 경계하면 문제가 없으리라 생각한다면 그것은 착각이며 판단의 오류이다. 냉정하게 말해서 당시 조선은 일본이 아니었더라도 다른 나라에 먹힐 수 있는 처지에 있었다. 중국과 러시아는 조선에 대해 '착한 외세'이었을까? 청나라는 조선에 대해 형식적 종주권을 넘어 실질적 지배를 하고자 했으나 일본과의 전쟁에서 패배해 손을 뗄 수밖에 없었고 러시아도 마찬가지였다. 지난 대선에서 이재명 후보는 1904년 '가쓰라-태프트 밀약'에서 보듯이 미국 때문에 일본이 조선을 차지할 수 있었다고 했는데 역사 지식이 천박한 정치인이 대선 후보가 되는 현실이 안타깝다. 당시 미국은 오늘날과 같은 초강대국이 아니라 제국주의 국가 대열에 막 진입한 나라로서 일본의 조선 지배에 간섭하지 않는 조건으로 일본이 미국의 식민지인 필리핀을 넘보지 말기를 기대한 것이다. 당시 한반도를 둘러싼 정세와 관련해 우리가 굳이 '원망'을 한다면 대상은 미국이 아니라 영국이다. 당시 영국의 대외정책 기조는 러시아 견제로서 세계 곳곳에서 러시아와 충돌하고 있었다. 영국은 동아시아에서 러시아의 남하를 막고자 1902년 영일동맹을 맺어 일본을 이용해 러시아와 전쟁을 벌인 것이다. 일본은 그러한 국제정치 구도를 이용해 대한제국을 병탄했다.

그러면 당시 조선이 누군가의 먹잇감이 될 수밖에 없었던 이유는 무엇인가? 당시 조선은 봉건체제가 누적된 모순 때문에 무너지는 가운데 지배층은 세상이 어떻게 돌아가는지 전혀 이해하지 못하면서 사리사욕에 빠져 자기들끼리 싸우는 나라였다. 이러니 부국강병은 꿈도 꾸지 못했다. 과연 21세기 대한민국의 모습은 전혀 다른가? 매년 8월이 되면 일본을 원망하고 일본의 악랄함을 들춰내는 일에는 열심이나 왜 나라를 빼앗겼는지, 그리고 앞으로 그러한 일이 일어나지 않도록 하려면 어떻게 해야 하는지에 대해 성찰하는 분위기는 미흡하다. 한일합방 이전에도 조선은 그에 못지않은 치욕을 겪은 바 있다. 전국시대의 일본을 통일한 도요토미 히데

요시에 대한 냉철한 분석이 없다 보니 일본의 침략에 대한 대비가 없었다. 영의정 류성룡이 다시는 이런 일을 겪지 말자고 '징비록(懲毖錄)'이라는 반성문을 내놓기도 했으나 임진왜란이 끝난 지 불과 한 세대 만에 조선 임금이 한강 삼전도 나루터에서 만주족 임금에게 무릎을 꿇어야 했다. 과거를 기억하기만 할 뿐 그에 대해 처절한 반성을 하지 않았기 때문이다. 그러한 정신상태가 200년 이상 계속돼 종국에는 조선이라는 나라 자체가 사라지고 말았다. 왜 우리 민족은 근본적인 변화를 꾀하지 못했을까?

또 하나 큰 문제는 우리 불행의 원인을 외부에서만 찾으면서 일본만을 겨냥하고 있는 것이다. 일본의 우경화, 재무장 및 군국주의 부활을 경계하는 목소리는 요란하나 중국의 군사 대국화와 팽창주의적 행태에 대해서는 말조심하는 것 같은 분위기는 어떻게 보아야 하나? 바람은 동남쪽에서만 불어오는 것은 아니다. 이미 한국전 때 겪지 않았던가? 1950년 10월 남북통일의 결정적 기회가 왔으나 누구 때문에 수포로 돌아갔는가? 그런데 2017년 문재인 대통령은 중국 방문 때 중국은 '높은 산봉우리'이고 한국은 그 주변 '작은 나라'라고 부르며 심지어 중국의 팽창주의를 상징하는 '중국몽'에 적극 동참하겠다고 했다. 참으로 어처구니없는 국가 지도자의 언행이었다. 그런 대통령이다 보니 주중 대사는 시진핑에 신임장을 제정하면서 방명록에 중국의 고전에 나오는 표현인 '만절필동(萬折必東)'을 적었다. 선조 임금이 임진왜란 때 조선을 도와준 명나라 임금에게 충성을 맹세하기 위해 인용한 표현이라는 것을 모르고 있었단 말인가?

2차 대전에서 일본의 패망으로 우리 민족이 해방됐으나 미국과 소련이 대립해 나라가 분단됐는데 만일 우리 민족이 하나로 뭉쳤더라도 분단이 됐을까? 국민의 삶과 나라의 장래에 대해서는 말치레만 하면서 끊임없이 서로 헐뜯고 공격하며 당파적 이익만 추구하면서도 국민의 혈세를 꼬박꼬박 받아 챙기는 정치인들의 모습을 보면 100여년 전 조선 시대보다 나을 것이 없다는 생각이 들어 우울하다. 우리의 미래는 광복절을 기리는 것보다는 국치일이 올 때마다 반성하고 성찰할 수 있느냐에 달려 있다고 본다.

<2022-08-28 천지일보>

고르바초프 한·소수교, 韓외교 지평 획기적 확대

　30일(현지시간) 향년 91세로 별세한 옛 소비에트 연방(소련)의 마지막 지도자인 미하일 고르바초프 전 소련 대통령에 대한 러시아 대내외 평가는 차이가 크다. 천지일보는 31일 주러시아 공사를 역임한 박병환 유라시아전략연구소장과 전화 인터뷰를 통해 그에 대한 견해를 들어봤다.

　박 소장에 따르면 고르바초프 당시 소련은 대내적으로 정치적 경제적 개혁의 필요성이 대두되던 시기이다. 1960년대까지만 잘 나가던 소련 경제가 1970년대 접어들면서, 특히 레오니트 일리치 브레즈네프 시대부터 사회주의 경제체제의 모순과 비효율성이 누적되면서 그 상태로는 더 나아갈 수 없는 지경까지 이르렀다. 그런 문제의식에서 고르바초프가 1985년에 소련 공산당 서기장에 취임하면서 개혁을 시도했다.

한국에도 잘 알려진 페레스트로이카(개혁)는 사회주의 경제 체제의 문제점을 개선하고 점진적인 시장 자유화를 추구한다는 목표였다. 또 하나는 글라스노스트(개방), 정치적인 측면에서 사상 탄압, 언론 검열을 지양하고 민주화를 추진하는 것이었다.

"취지는 좋았죠. 하지만 소련 엘리트 층이나 일반 주민들에게는 전혀 마음의 준비가 안 돼 있었습니다. 조급하게 추진하는 과정에서 오히려 정치개혁 경제개혁 둘 다 실패했고, 혼란만 초래한 결과로 1991년 12월 소련이 해체되었습니다."

러시아 내에서는 고르바초프에 대한 부정적인 평가가 상대적으로 우세하다. 소련 당시 미국과 더불어 전 세계를 양분해 경영했다고 할 수 있을 정도로 초강대국이었는데, 그러한 소련의 위상이 하루아침에 무너져 내렸기 때문이다. 여기에 최근에도 우크라이나 전쟁 이전부터 미국이 러시아를 압박해왔고, 러시아 내에서는 소련 시절에 대한 향수가 더 강해져 고르바초프에 대한 부정적인 평가가 이어지고 있다.

서방에서는 냉전 종식에 기여했다는 점에서 고르바초프 전 대통령을 아주 높이 평가한다.

이와 관련해 박 소장은 "서방은 사실 소련이 해체될 때 '악어의 눈물'을 흘렸다"며 "소련이 자본주의화 또는 자유민주주의 방향으로 나아간다면서 박수를 쳐줬는데, 실상을 들여다보면 실제 소련의 그러한 정치적 경제적 개혁 과정에 도움을 준 게 없다. 오히려 개혁 과정에서 소련이 혼란을 겪는 것을 미국을 비롯한 서방은 즐겼다"고 지적했다. 이에 박 소장은 "서방에서 고르바초프를 긍정적으로 또는 높이 평가하는 것은 객관적이라고 보기 어렵다"고 강조했다.

소련 해체로 독립한 구소련 공화국들은 어땠을까. 박 소장은 '표정 관리'를 했다고 설명했다. 직접적으로 표현하지는 못했지만 결국 고로바초프 덕분에 독립을 할 수 있었기 때문이었다.

북한은 아주 격렬하게 고르바초프를 비난했다. 북한의 강력한 반발에도 소련이 한국과 수교를 추진했기 때문이다. 북한은 고르바초프를 조선민주주의인민공화국과 소련 간의 전통적인 우의를 망가뜨린 장본인으로 보고, 공산주의를 포기한 배신자라고 여겼다. 당시 한국과의 수교를 앞두고 당시 소련 외무장관이 방문했는데도, 김일성 주석이 만나주지 않았을 정도였다.

고르바초프 전 대통령과 한국과의 관계는 긍정적으로 볼 측면이 많다. 당시 노태우 정부가 북방정책을 시도했는데, 한소수교는 북방정책이 성공했다는 평가를 내리기에 충분했다. 1990년 9월 30일 수교 합의했고, 12월 7일 모스크바에 주러시아 한국대사관이 개설됐다. 일주일이 되지 않아서 노 대통령이 모스크바를 방문했고 이듬해 고르바초프 대통령이 제주도를 방문해 한소정상회담이 성사됐다. 이후 1991년 9월 남북한이 동시에 유엔 가입을 했다. 이 모든 게 고르바초프 전 대통령 덕분이었다는 평가다.

박 소장은 "한소수교는 한국외교의 지평이 획기적으로 확대된 계기"라며 "그 당시만 해도 유라시아 대륙 북부 지역에 대해서는 우리가 교류나 소통을 전혀 못 했는데, 가능하게 된 것"이라고 평가했다. 이어 "좀 더 실질적인 차원으로 보면 한국인과 한국 기업들이 활동 무대가 글자 그대로 전 세계로 확대됐다"고 말했다.

<2022-08-31 천지일보>

" 미국이 이럴 줄 몰랐다? "

　지난 8월 중순 미국에서 인플레감축법이 발효됨으로써 앞으로 수입 전기차는 미국 정부의 보조금 지원 대상에서 제외됐는데 그 충격이 상당하다. 민주당이 비밀리에 협상을 진행해 의회에서 전격적으로 통과시키고 곧바로 바이든 대통령의 서명이 이루어진 탓인지 한국은 물론이고 유럽연합과 일본도 당황하기는 마찬가지이다. 왜 이런 움직임을 사전에 감지해 대응하지 못했는가 비난이 쏟아지고 있다. 정부가 대표단을 보내 미 측과 협의를 시작했다고 하나 미국의 국내 정치 일정을 고려할 때 우리 측 요구가 가까운 장래에 수용될 가능성은 매우 낮다. 한 마디로 버스 떠난 후 손 흔들고 있는 꼴이다.

　그런데 미국 인플레감축법과 관련한 국내 언론 보도를 보면 국제관계를 바라보는 한국 사회의 시각에 문제가 있음이 드러난다.

우선 미국의 행보에 대해 허탈해하거나 실망하는 것이다. 윤석열 정부는 한미동맹 강화 차원에서 이런저런 위험이 있을 수 있지만 미국의 전략에 적극적으로 호응했다. 인도 태평양 경제협력(IPEF) 참여, 쿼드(QUAD)에의 부분적 참여 검토, 반도체 동맹이라는 소위 칩4(chip 4) 참여 등이 예이다. 또한 우크라이나 사태와 관련해 미국의 대러시아 정책에 적극 보조를 맞추고 지난 5월에는 윤 대통령이 나토정상회의에 참석해 명백히 반러시아 대열에 줄을 섰다. 이처럼 현 정부는 문재인 정부와는 달리 머뭇거리지 않고 적극적으로 호응했음에도 불구하고 미국이 한국의 이익을 고려하지 않았다고 허탈해하는 것이다. 또한 바이든 대통령은 지난 5월 방한 때 첫 일정으로 삼성전자 공장을 찾아가는 '쇼 아닌 쇼'를 하면서 삼성을 비롯한 주요 대기업들의 대미 투자를 쓸어갔는데 이번 전기차 보조금 조치에서 한국을 전혀 배려하지 않았다고 서운해 한다. 현 정부에 들어와 갑자기 '글로벌 중추 국가'로서의 책임을 다한다는 표현이 등장했는데 미국이 한국을 띄워준다고 해서 우쭐한 기분에 또는 미국의 요청을 모두 수용하지 않으면 북한 핵에 대한 확장 억지가 약화되지는 않을까 우려해 무작정 따라나서는 어리석음을 범하고 있는 것은 아닌지 모르겠다.

국제사회에서 어떤 나라도 남을 위해 자기 이익을 희생하려 하지 않으며 알아서 남의 이익을 챙겨주지도 않는다. 이는 너무나도 당연한 이치이고 역사가 확실하게 보여주고 있다. 그런데 안타깝게도 한국 사회는 아직도 조선 시대를 지배했던 성리학적 가치인 '의리'의 관점에서 국제관계를 바라보고 있다. 미국의 이번 행보는 예상하지 못한 것일지라도 미국이 절대로 하지 않을 그런 행동은 아니다. 따라서 미국이 '동맹국의 등에 칼을 꽂았다'라는 식의 표현은 객관적이지 못하다. 미국을 무조건 '악'으로 규정하는 좌파의 시각이나 미국은 그럴 나라가 아니고 한국에 대해 항상 '자애로운 형님' 같은 나라라는 일부 우파의 인식 모두 타당하지 않다. 국익에 관한 한 미국은 다른 나라와 다를 것이 없다. 그동안 미국이 관대한 나라로 보인 것은 원래 미국의 속성이 그런 것이 아니라 미국이 절대적 우위를 누리는 동안 갖고 있었던 자신감과 여유의 결과이다. 1990년대에 '미국분 미국인 미국놈'이라는 책이 나왔는데 미국 사람은 미국분도 아니고 미국놈도 아니며 미국인일 뿐이다.

우리는 세계의 대세가 이미 오래전부터 바뀌기 시작했다는 점을 간과하고 있다. 엄밀히 말하면 자유무역협정의 확산도 WTO라는 보편적인 자유무역체제에 어긋나는 것이다. 미국은 중국과의 무역에서 수세에 몰리자 트럼프 행정부 때부터 보호무역주의 조치를 남발했다. 한동안 미국이 자유무역의 챔피언으로서 전 세계를 상대로 통상장벽을 허무는 노력을 기울인 적도 있으나 이제는 자유무역체제를 흔드는 조치를 서슴지 않고 있다. 현재 바이든 대통령은 '메이드 인 아메리카'를 외치면서 트럼프 대통령의 '미국 우선주의'보다 한 걸음 더 나아가고 있다. 기술 패권을 유지하고 일자리 창출을 위해 밖에 나가 있는 미국 기업뿐만 아니라 외국 기업들도 미국으로 불러들이겠다는 것으로 보인다. 물론 이런 움직임의 밑바탕에 11월 중간선거에 목을 매는 바이든 대통령의 절박함이 있는 것도 사실이다. 냉전이 끝나고 한동안 미국이 유일 초강대국으로 군림하게 되자 기세등등한 신자유주의가 '세계화' 바람을 몰고 왔으나 이제는 역풍이 불고 있다. 사실 한국은 그간 '세계화'의 물결에 편승해 덕을 본 나라이다. 우크라이나 사태로 빚어진 서방과 러시아 사이 경제전쟁까지 겹쳐 이제 좋은 시절은 끝나가고 있다. 앞으로 더 거세질 것으로 보이는 보호무역주의 파고를 어떻게 넘을 것인지 고민할 때이다. 그리고 국가 간 관계에 대한 이해와 국제정치관을 바꿔야 한다. 그래야 대비도 하고 대응도 할 수 있는 법이다.

<2022-09-18 천지일보>

영국 여왕 장례식이 뭐길래?

지난 18일 런던에 도착한 윤석열 대통령은 당일로 예정됐던, 여왕의 관이 안치된 웨스트민스터 홀 방문을 교통 체증 때문에 하지 못하고 19일 장례식에만 참석했다. 이를 두고 야당은 '홀대를 받았다' '일부러 조문을 취소했다' 등 주장하며 비난을 퍼부었다. 비슷한 시간대에 도착한 나루히토 일왕은 저녁 늦게 조문해 윤 대통령과 비교됐다. 그런데 윤 대통령의 여왕 장례식 참석 이야기가 나왔을 때 야당이나 언론에서 영국 여왕 장례식에 굳이 한국 대통령이 참석해야 하느냐며 반대하는 의견도 있었을 법한데 그런 의견 표출은 없었던 것 같다.

윤 대통령은 앞서 주한 영국 대사관을 찾아 조의를 표했다. 현직 대통령이 영국 대사관에 설치된 조문소를 방문해 조의를 표하는 것만으로도 상대방 국가에 대해 상당한 수준의 예를 갖춘 것 아닐까? 현직 대통령이 해외 조문에 나선 것은 2015년 박근혜 대통령이 리콴유 전 싱가포르 총리 국장에 참석한 이후 약 7년 만이다. 그런데 영국 왕이 세상을 떠난 경우에도 한국 대통령이 꼭 장례식에 참석해야 할까? 역사적으로 과연 영국은 한국에 어떤 나라인가? 제국주의 시절 대외관계에서 러시아의 남하 저지가 핵심 목표였던 영국은 1885년 러시아가 부동항(不凍港)을 확보하기 위해 조선의 동해안 영흥만 일대를 점령하려 한다는 소문이 돌자 조선 조정의 아무런 동의 없이 일방적으로 남해에 있는 거문도를 2년간이나 무단 점령했다. 러시아를 견제하던 영국은 일본을 대러시아 전략에 활용하기 위해 1902년 일본과 소위 1차 영일 동맹조약을 맺고 러일 전쟁 때 일본을 전폭적으로 지원했으며 1905년에는 2차 영일 동맹조약을 체결해 일본의 조선 침탈을 지원했다. 물론 영국은 자국의 국익에 따라 행동한 것이지만 결과를 놓고 이야기하면 우리로서는 원망의 대상이 될 수 있는 나라이다. 영국은 또한 미국이 1951년 샌프란시스코 대일본 강화회의에 한국도 초청하려 했을 때 일본과 함께 강하게 반대해 결국 한국은 회의에 참석하지 못했다.

영일동맹이라는 특별한 관계에 따라 2차대전 때 양국 사이 전쟁이 일어나기 전까지 일본 사회에서 영국에 대한 호감도는 매우 높았다. 일본이 러일 전쟁에서 승리한 후 조선을 수월히 침략할 수 있었던 데에 영일동맹이 큰 역할을 한 결과 일본의 영국에 대한 태도는 긍정과 미화 일색일 수밖에 없었고 이런 인식이 식민지 조선 사람들에게 학교 교육이나 언론을 통해 알게 모르게 영향을 미쳤다고 본다. 그 결과 우리 사회에서도 영국에 대해 막연한 긍정적 정서가 자리 잡은 것이다. 한국 사회에서 영국에 대한 객관적 인식은 미흡하다. 한국 사회는 해방된 지가 70년이 넘었는데도 일본의 식민지배를 사무치게 증오하는 데 반해 영국이 아시아 아프리카에서 저지른 만행과 착취에 대해서는 정확한 지식도 없고 투철한 인식도 없다. 일본 제국주의는 '악'이나 영국 제국주의는 '선망'의 대상인가? 영국 BBC방송은 여왕 사망 보도에 여왕 재위 시절은 물론 과거 아프리카에서 영국이 저지른 만행과 착취를 성토하는 댓글이 쇄도하자 그 글들을 모두 내렸다고 한다. 이번에 대통령실 관계자는 "한국전쟁 당시 미국 다음으로 많은 병력을 파병해준 여왕에 대해 깊은 애도와 존중을 표할 것"이라고 했는데 6·25전쟁에 참전한 영국 장병 개개인에게는 감사해야 하겠지만 기본적으로 영국의 파병은 러시아(소련)를 견제하는 전통적 외교정책과 2차대전 이후 패권 국가로 등장한 미국을 돕는다는 고려의 결과이다.

    한국은 미국과 같이 혈연적으로 역사적으로 영국과 특수한 관계에 있지도 않으며 일본처럼 동맹 관계를 구가했거나 왕실 간에 특별한 유대가 있는 것도 아니다. 한국은 유럽 국가가 아니고 캐나다, 오스트레일리아, 뉴질랜드처럼 영연방의 일원도 아니다. 객관적으로 말해서 21세기 현재 영국은 우리의 여러 우방 가운데 하나이고 북한과도 외교 관계를 맺고 있는 나라이다. 한 마디로 양국관계가 대단히 특별한 관계는 아니다.

    국제관계에 대해 사실상 문외한인 윤 대통령에게 취임 초기에 다양한 국제무대 경험을 쌓을 기회를 제공하려는 외교안보팀의 충정은 얼마든지 이해할 수 있다. 그런데 이번 장례식과 관련해 한국 대통령도 공식적인 VIP 명단에 들어있었지만, 과연 영국 왕실에서 특별히 챙기는 내부 명단에 올라 있었을까? 더구나 여러 측면에서 볼 때 누가 봐도 우리 측에서 전혀 통제할 수 없는 상황이 있을 수밖에 없어 현지에서 윤 대통령의 좋은 모습을 연출하기가 어려울 것으로 예상하지 못했나? 앞으로는 대통령의 외국 방문과 관련해 외교안보 참모들이 좀 더 신중하게 판단하고 좀 더 치밀하게 준비하길 바란다.

<2022-09-25 천지일보>

> ## 개천절, 국경일 맞나?

    10.3 개천절은 3.1절, 그리고 광복절과 더불어 3대 국경일로서 올해는 4354주년이 된다. 이날은 우리 민족이 반만년 동안 이어져 왔다는 자기인식과 자긍심의 징표이다. 상해 임시정부 때부터 개천절을 기념했으며 그 전통은 광복 후에도 이어져 정부는 1949년 10월 1일 '국경일에 관한 법률'을 제정하면서 양력 10월 3일을 개천절로 정했다. 우리나라의 가장 중요한 국경일인 만큼 재외공관은 개천절에 국경일 리셉션을 개최하고 있다.

    그런데 현재 국내에서 개천절은 축제가 되기는커녕 그야말로 홀대받고 있다. 개천절 행사는 초라하기 짝이 없다. 이에는 정부의 책임이 크다. 이전에는 대통령이 개천절 행사에 참석했으나 노태우 정부 이래 대통령은 참석하지 않고 국무총리가 대통령 축사를 대독한다. 그마저 이명박 정부 시절 2011년에는 국무총리 명의 경축사로 격하됐다. 대통령이 아닌 국무총리 주관의 행사가 되다 보니 국회의장이나 대법원장 등 3부 요인의 모습은 보이지 않는다. 개천절이 국가적인 경축일이 아니라 행정부 차원의 기념일이 돼 버렸다. 작년 10월 '미래경영청년네트워크'가 대선 예비후보 12명에게 개천절 경축식에 대통령이 참석하는 것이 좋은지 물었는데 최재형 국민의힘 후보만이 긍정적으로 답했다고 한다. 하지만 일반 국민의 인식은 그렇지 않다. 20대부터 50대 국민 1000명을 대상으로 벌인 조사에서 67%가 '대통령이 참석해야 한다'고 했으며, 78%가 '개천절을 기념하는 것이 한국인으로서의 자긍심 고취에 도움이 된다'고 답했다.

한민족 최초의 나라가 기원전 2333년에 '홍익인간'이라는 숭고한 이념을 갖고 세워진 것을 기념하는 날이 왜 이런 푸대접을 받고 있을까? 크게 보아 두 가지 요인이 있다고 본다. 첫째, 주류 사학계에서 단군조선의 역사적 존재를 인정하기를 주저하거나 거부하고 있다. 우리 역사서는 물론 중국 사서에도 단군조선에 대한 언급이 많이 있으나 일제가 심어놓은 식민사학에서 벗어나질 못해 단군을 '신화'로 치부하고 그 역사적 실재를 사실상 인정하려 하지 않는다. 주류 사학계는 고조선이 한(漢) 나라와의 전쟁에서 패하여 소멸된 데에 초점을 두고 접근하고 있다. 자세히 들여다보면 중국의 동북공정은 상당 부분 한국의 주류 사학계의 주장을 이용하고 있다. 그런데 러시아의 한 학자는 유의미한 의견을 제시했다. 1982년 '고조선(Древний Чосон)'을 출간한 유리 부틴(Юрий Бутин)은 "고조선은 1천년간 중국 지배를 받지 않은 독자적 문화를 발전시켜왔으며 소위 한사군(漢四郡)은 현재 한국 국경 밖에 있었다. 동북아 고대사에서 단군조선을 빼놓고는 아시아 역사를 이해할 수 없다. 일본이나 중국은 없는 역사도 만들어내는데 한국인은 어째서 있는 역사도 없다고 하는가?"라고 지적했다. 이와 관련해서 한 가지 이해할 수 없는 점은 문재인 정부가 일본이라면 '죽창가'를 부를 정도로 극도로 혐오하면서도 정작 일제가 심어놓은 식민사학이라는 심각한 독을 제거하려는 노력은 별로 기울이지 않았다는 점이다. 주류 매체들의 개천절에 대한 무관심 또한 문제이다.

둘째, 국내 기독교 신자들 가운데 일부가 단군에 대해 이해할 수 없는 거부감을 표출하고 있다. 대종교에서 개천절을 주창했다고 해서 거부감을 갖는 것 같기도 하고 단군을 기리는 것이 마치 그들의 신앙에서 금기시하는 우상 숭배라고 보는 것 같다. 단군에 대해 우리가 갖는 마음은 결코 우상 숭배가 아니다. 단군은 유구한 우리 역사의 상징이다. 우리나라의 뿌리에 대한 인식과 자긍심은 특정 종교와 양립하지 못할 이유가 없다. 대한민국 국민은 수천 년 전 나라가 세워지고 나라의 우두머리가 단군으로 불리운 역사를 소중히 간직하면서 각자 종교를 가질 수 있는 것이다.

불행하게도 우리나라는 문재인 정부를 거치면서 정치집단 사이 대립이 심화돼 이제는 일반 국민들마저 진영 싸움에 뛰어들어 양극단으로 갈라져 사사건건 죽기살기식으로 상대방을 헐뜯고 공격하고 있다. 조선 시대의 망국적인 당쟁을 연상케 한다. 한마디로 말해 국민 분열이 위험수위에 이르렀다. 이런 상황에서는 나라의 발전을 기하기가 어려움은 물론 안보마저 위태로울 수 있다. 현재와 같은 분열과 갈등을 극복하고 단결과 화합을 이루기 위해서는 돌파구가 필요하다. 이런 때일수록 유구한 우리 역사를 갖고 국민 화합을 도모할 수 있지 않을까? 이 점에서 국민 모두가 한민족으로서 하나임을 느끼게 하는 역사적인 날인 개천절 경축 행사에 대통령이 참석하는 것은 너무나도 당연한 일이다. 그런데 10.1일 현재 대통령실 사이트의 대통령 공개 일정에 개천절 행사 참석은 올라와 있지 않다.

<2022-10-02 천지일보>

외교에 관한 개념이 없는 한국 사회

윤 대통령의 영국 여왕 장례식 참석 및 유엔총회 참석차 뉴욕 방문과 관련해 야당과 일부 언론은 '외교 참사'가 발생했다고 날을 세웠다. 급기야 국회에서 외교부 장관 해임건의안이 통과됐고 여진이 계속되고 있다. 구체적으로 '굴욕적인 대일 외교' '48초짜리 정상회담' '영국 여왕 조문 불발' 등이 지적됐다. 윤 대통령의 비속어 발언은 논외로 하고 이번 순방과 관련해 대통령실 관계자의 발언이 왜 문제인지 그리고 다자회의에서 정상회담 추진에 있어 어떤 어려움이 있는지를 살펴보고 여야를 막론하고 외교 성과에 대한 강박증이 있음을 지적하고자 한다.

첫째, 대통령실 고위관계자는 기시다 총리와의 회담에 대해 일본 측이 "흔쾌히 동의했다"라고 하고 바이든 대통령과의 회담에 대해서는 "어떤 식으로든 이루어질 것"이라고 발표했는데 나중에 보니 상대방과의 합의가 없거나 불확실한 상태에서 나온 말이었다. 외교의 세계에서 발표는 상대방과 토씨까지도 합의하고 하는 것이 일반적이다. 고위관계자의 설명은 한마디로 어처구니없는 수준이었다. 무엇보다도 고위관계자 발언은 정부에 대한 비난을 자초했다. 유엔총회에는 수많은 정상이 참석하는데 각자 많은 일정이 있어 차분하게 정상회담을 하는 것이 쉽지 않으며 성사 가능성도 유동적이다. 처음부터 그렇게 설명했더라면 야당과 일부 언론의 질책이 나오지 않을 수도 있었는데 기대 수준을 높여 놓은 결과 사람들로 하여금 무언가 '실패'했다는 인식을 갖게 했다. 고위관계자의 브리핑은 다자외교 현장에 대한 감도 없고 정무적 센스도 없는 수준이었다. 그러한 어설픈 브리핑이 사전에 걸러지지 못했다는 점을 생각하면 이번과 같은 사태는 또 일어날 수도 있다.

둘째, '정상회담'에 대해 여야 모두 경직된 생각을 갖고 있는 것 같다. 일반적으로 정상회담이라고 하면 양측이 사전에 충분한 시간을 갖고 이것저것 협의해 정하고 격식도 갖춰 개최하는 회담을 말한다. 그런데 다자회의에서는 그러한 정상회담도 개최되지만 모두가 분망한 상황에서 짬을 내어 대화를 갖는 것이 오히려 일반적이다. 그런데 정부는 '회담'이라는 표현에 집착하고 야당은 '회담'을 무조건 격식을 갖춘 회담으로만 생각하고 그러한 수준이 아니면 외교가 '실패'했다고 정부를 몰아세운다. 사실 다자회의에서는 '정상회담'이라는 용어를 사용하지 말고 '정상 간 대화' 또는 '정상 간 만남'이라는 표현을 사용하는 것이 적절하다고 본다. 이번 한일 정상 간 대화에 대해 일본 측은 '간담(懇談)'이라고 표현했는데 우리 쪽은 어떻게 해서든지 '회담'으로 하고 싶은 마음에 '약식회담' 이라고 우기는 촌극이 벌어졌다. 우리가 일본 측보다 무게 있는 용어를 고집하는 것은 우리가 지고 들어가는 것이다. 다자회의에서의 정상회담과 관련해 특히 지적할 것은 다자행사에 미국이나 일본 정상이 오면 반드시 별도로 만나야 하는 것으로, 만나지 못하면 무슨 큰일이라도 나는 것처럼 생각하는 점이다. 다자회의에서의 '정상회담'에 대해 의연한 태도를 보였으면 좋겠다.

셋째, 정상 외교에 대해 반드시 가시적인 성과가 있어야 한다는 강박증이 심한 것 같다. 야당이야 정치적 목적에서 그러한 주장을 하겠으나 언론이 그런 태도를 보이는 것은 안타깝다. 우선 외교의 세계에서는 성과를 거두는 데 때로는 몇 년 정도의 상당한 시간이 필요하다. 그리고 외교는 상대방이 있는 바 일방이 이익을 보는 일은 매우 드물다. 일반적으로 정상회담의 결과는 양측이 외교적 수사로 두리뭉실하게 표현한다. 그런데 한국은 정부가 매번 성과를 내세우려 하고 언론은 성과를 주시한다. 그러다 보니 정상회담에 맞춰 정부 차원은 물론 민간 부문에서의 합의서 서명까지 늦추거나 서두르도록 종용하기도 한다. 우리가 성과를 거두었다면 상대방은 무언가 손해를 봤을 수도 있다. 성과를 떠들면 상대방은 무언가 손해를 본 것 아닌가 하고 경계심을 갖게 될 것이다.

넷째, 영국에 가서 여왕의 관을 보지 못했다고 해서 야당은 조문이 완전하지 못했다고 몰아세우고 정부와 여당은 영국 외교장관이 참배 불발에 대한 언급 없이 한국 대통령이 조문하러 와주어 고맙다고 했으니 아무런 문제가 없다고 반박하고 있다. 그런데 곰

곰이 생각하면 양쪽 모두 밑바탕에는 사대주의적 사고방식이 깔려 있는 것은 아닐까? 대통령이 영국까지 가서 조문록에 서명하고 장례식에 참석했으면 된 것 아닌가?

다음 달이면 윤 대통령은 인도네시아에서 열리는 G20 정상회의에 참석할 것이다. 지난 60년간 온 국민이 노력해 경제적으로 한국은 세계에서 손꼽히는 나라가 됐고 정치적으로 민주화도 이루어냈다. 이제 외교의 세계에서도 달라진 모습을 봤으면 좋겠다. 한 마디로 세련된 모습을 보고 싶다.

<2022-10-09 천지일보>

공중증(恐中症)의 나라, 대한민국

　10월 31일(현지시간) 유엔총회에서 50개국이 중국의 신장 위구르 지역에서의 인권 침해를 규탄하는 성명에 서명했다. 한국은 서명에 동참하지 않았다. 앞서 한국은 10월 6일 유엔 인권이사회에서 중국 정부의 위구르족 인권 침해 의혹에 대한 토론회 개최안에는 찬성했다. 한 달도 채 안 되는 사이에 정부의 입장이 바뀐 것인가? 신장 위구르 지역의 인권상황에 변화가 있었나? 아니면 한국 정부가 새롭게 고려해야 할 뭔가가 있었나? 외교부 대변인은 1일 정례브리핑에서 "이번 유엔총회 제3위원회의 중국 신장 인권 관련 공동 발언에 대해서는 여러 가지 상황을 종합적으로 고려했다"라고만 밝혔다.

　'여러 가지' 상황은 무엇일까? 문재인 정부는 중국의 인권문제에 시종 침묵했으나 윤석열 정부가 들어와 한국이 처음으로 중국 인권문제에 대해 바른 소리를 한 데 대해 중국이 반발한 것이다. 싱하이밍 주한 중국대사는 지난달 27일 대사관 홈페이지에 글을 올려 "중국의 우호적 이웃이자 전략적 파트너인 한국은 신장문제와 관련 진실을 가장 잘 알고 있어야 하지만, 이번에 유엔의 특별토론 결의안을 지지하기로 결정했고, 중국으로서는 매우 유감이고 한국의 행동은 실망스럽다"라고 했다. 그간 신장 위구르의 인권상황은 각종 증거와 증언 등으로 확인된 바 있다. 윤석열 정부가 이른바 글로벌 중추 국가로서 국제사회와 연대해 자유민주주의적 가치를 지향하겠다고 하면서도 중국의 압력에 굴복한 것으로밖에 보이지 않는다. 우크라이나 사태와 관련해서는 지속적으로 러시아를 비난하는 유엔 결의안에 찬성했고 5월 나토정상회의에 참석해 명시적으로 반러시아 전선에 동참했으며, 최근에는 한국이 제3국을 거쳐 우크라이나에 무기를 지원할 가능성에 푸틴 대통령이 우려를 표명한 데 대해 '주권'을 내세우며 꿈쩍도 하지 않은 윤석열 정부가 중국의 한 마디에는 꼬리를 내린 것인가?

문재인 정부의 대중국 굴종이 워낙 심해 우리는 대중국 굴종을 소위 '진보'정권하고만 연결시키는데 과거 보수 정권도 중국에 대해 이해할 수 없을 정도로 약한 모습을 보였다. 심지어 주권국가로서 당연히 행사해야 할 권능을 행사하지 않은 경우까지 있었다. 2008년 베이징 올림픽 성화 봉송 행사가 서울에서 열렸을 때 티벳 인권상황을 규탄하고 독립을 지지하는 평화적 시위를 벌이는 대한민국 시민들을 중국 유학생들이 집단폭행했는데 한국 경찰은 지켜만 봤고 한국인들이 한국의 수도 서울 한복판에서 중국인 폭력배를 피해 도망을 다녀야 하는 기가 막히는 일이 벌어졌다. 정부는 중국인 폭력배를 처벌하지 않고 어물쩍 넘어갔다. 중국 어선들이 수십년째 우리 수역에서 불법으로 조업해 우리 어민들의 원성이 자자해도 미온적으로 대처해 왔다. 그나마 나포한 선박과 선원에 대해 중국 정부가 한마디 하자 사법절차를 중지하고 풀어준 사례도 있다. 수십만에 달하는 불법체류자의 대부분을 차지하는 중국인들을 제대로 단속하지 않고 있다. 대한민국 헌법이 보장하는 신앙의 자유에 속하는, 1천만 불교 신자들의 숙원인 달라이 라마 초청도 중국 눈치를 보느라 허용하지 않고 있다. 중국은 과연 우리에게 무엇인가? 우리는 여전히 근대 이전 동아시아라는 좁은 울타리 안에서 살고 있는가? 무엇이 그리도 두려운가? 북한이 중국에 여러모로 아쉬운 것이 많아도 중국이 자존심을 건드리는 경우 단호하게 대처하는 것과는 대조적이다.

그런데 중국이 한국을 가볍게 보는 데는 한국 언론이 일조하고 있다. 한국 언론 매체들은 주한 중국대사의 기를 살려주지 못해 안달이라도 난 듯하다. 모 매체는 지난 대선 때 윤석열 후보가 사드 문제 관련 중국을 비판하자 이를 반박하는 중국대사의 글을 실어줬고, 어떤 매체는 정기적으로 중국 인사들의 중국 정부의 입장을 대변하는 글을 실어주고 있다. 또한, 중국 어선의 불법 조업에 대해서는 '너무 자주 있는 일이라 기삿거리가 되지 않는다'며 중앙일간지들은 거의 보도를 하지 않고 있다. 최근에는 관훈클럽이 중국대사를 초청했는데 중국대사는 '한국 일부 언론의 지나치게 부정적 보도가 양국 간 불화의 주요 원인'이라고 불평을 늘어놓았다.

세상에 어느 나라의 언론 매체들이 외국 대사를 초청해 자국을 비난하는 말을 듣는가? 더욱 유감스러운 것은 주한 중국대사의 오만방자하고 국제법을 거스르는 언행을 질타하는 기사는 찾아볼 수 없는 현실이다. 이게 과연 주권국가인가? 오래전부터 중국 언론이 사용하는 표현으로 '공한증(恐韓症)'이 있다. 한-중 축구 경기에서 2022년 7월 현재 통산 전적 36전 21승 13무 2패로 한국이 압도적으로 우세해 중국 선수들이 한국팀에 대해 갖는 두려움을 뜻한다. 한국 정부는 '恐中症'에 걸려 있나?

<2022-11-13 천지일보>

" 수능시험 문제에까지 드리운 식민사관의 그림자 "

　지난 17일 수능시험이 있었다. 시험 후 늘 그렇듯이 분야별 출제 경향과 난이도에 대한 설명이 있었다. 대학수학능력시험(수능) 출제본부는 "교육과정에서 중요하게 다루고 있는 내용으로, 학문적으로 중요한 가치가 있거나 시사적으로 의미 있는 내용을 출제에 반영했다"며 "교과서에서 다루고 있는 학습 내용이라도 최근 변화된 내용을 반영해 출제했다"고 밝혔다. 그런데 한국사 시험문제 2번 지문에 문제를 푸는 단서로 논란을 초래할 수 있는 설명이 들어갔다. 고려 시대 지명인 철주에 대해 '지금의 평안북도 철산군 일대이다. 강동 6주의 한 곳으로 서북면 방어의 요충지였다'라고 기술했다.
　구체적으로 무엇이 문제인가? 고려 시대 문신 김구가 지은 시문을 소재로 출제하면서 시문의 구절에 대해 출제위원들이 문제가 있는 주석을 단 것이다. 시문에서 언급한 지역(철주)은 10세기 말 서희 장군이 고려에 쳐들어온 요나라(거란) 장수 소손녕과 담판하여 획득한 땅(강동 6주)의 일부로서 고려의 서북 국경을 결정하는 중요한 곳이다. 대일항쟁기에 일제는 우리 민족의 역사 강역을 축소하려는 의도에서 현재 요동반도(중국 요녕성 요하 동부지역)에 있어야 할 그 지역을 현재의 압록강 이남 평안북도에 있었다고 위치를 왜곡하였다.

이러한 왜곡은 일제 식민사학자이자 반도사관의 기초를 잡은 '쓰다 쏘우키치'라는 일본 학자가 1913년에 시작하여 조선총독부의 <조선사>에 반영되고 1945년 해방 이후에도 아무런 검증을 받지 않고 이어져 왔다. 그런데 2017년에 인하대 고조선연구소가 조선총독부가 편찬한 <조선사>를 연구하는 과정에서 <고려사>, <요사>, <금사> 등 우리나라와 중국 사료들을 비교 분석하여 '쓰다 쏘우키치'의 주장이 잘못되었다는 것을 밝혀냈다.

<고려사>에 따르면 서희 장군은 "거란의 동경으로부터 우리 안북부(安北府)까지 수백 리"라고 하였는데 거란의 동경은 현재 요동반도 요양이므로 고려의 안북부는 현재 평안도 지역이 아니라 현재의 압록강 건너 요동반도 동부지역이 되는 것이다. 그렇다면 철주를 비롯한 강동 6주는 요나라의 동쪽 경계와 고려의 서북 경계 사이에 설치된 것이므로 당연히 지금의 평안북도가 아니라 요동반도 지역에 있었다고 보는 것이 논리적이다. 사실 다른 근거를 댈 필요도 없이 서희 장군의 이 말만 갖고도 강동 6주, 나아가 강동 6주의 하나인 철주의 위치를 쉽게 추정할 수 있다.

그런데 일본 학자는 당대의 인물인 서희 장군이 이웃 나라인 요나라와의 국경이 어디인지 모르고 거리를 잘못 말했다고 주장하였다. 한국의 학계는 일차적으로 누구의 말에 더 무게를 두고 이 문제를 탐구하는 것이 맞는가?

인하대 고조선연구소가 새로운 학설을 제시한 데 대해 한국의 주류학계는 아직 의미 있는 반론을 제시하지 못하고 침묵을 지키고 있다. 필자는 역사학 논쟁을 하자는 것은 아니다. 현재 고등학교에서 사용하는 검인정 한국사 교과서는 대부분 주류 학설을 싣고 있다. 그런데 수능본부의 설명대로 "교과서에서 다루고 있는 학습 내용이라도 최근 변화된 내용을 반영"한다면 출제위원들은 좀 더 신중하였어야 한다고 본다. 즉, 한국사 2번 문제에 논란이 될 설명은 넣지 말았어야 했다. 물론 출제위원들이 최근의 학술 논문이나 저술을 보지 못하였을 수도 있다. 하지만 국가가 관리하는 시험이라면 적어도 새로운 학설은 없는지, 기존의 설명을 무비판적으로 수용해도 되는지 등 출제에 앞서 깊이 있는 점검을 하는 것이 필요하다.

우리 국민들은 대학에서 우리 역사를 전공하지 않는 한 고교를 졸업한 뒤 국사를 다시 배울 기회는 사실상 없다. 고교 때까지 배운 것이 평생의 지식이 된다. 국사 교육은 왜 중요한가? 우리가 일상생활을 영위하는데 무슨 상관이 있는가 반문할 수도 있다. 하지만 역사 교육은 우리나라 사람들이 갖는 정체성에 큰 영향을 미치며, 그러한 정체성은 우리나라의 미래 비전을 설정하는데 중요한 요소의 하나로서 작용한다.

우리의 과거에 대해 맹목적으로 미화하거나 과장하는 것은 경계하여야 하지만 그간의 이해가 부정확하거나 잘못된 것이라는 합리적 의심이 들면 철저한 검증이 있어야 한다. 유감스럽게도 현재 우리 학계는 그러한 노력은 게을리하면서도 주류 학설에 배치되는 주장이 제기되면 토론을 거부하고 소위 '국뽕'으로 매도하는 경향이 있는데 하루바삐 시정되어야 할 태도라고 본다.

<2022-11-21 프레시안>

중국에 대한 오해와 몰이해

　윤석열 대통령은 지난 11월 G20 정상회의에서 시진핑 주석에게 "최근 북한이 전례 없는 빈도로 도발을 지속하며 핵·미사일 위협을 고조시키고 있는데 중국이 더욱 적극적이고 건설적인 역할을 해주기를 기대한다"고 하였다. 이에 대해 시 주석은 "한중 양국이 한반도 문제에 공동이익을 가지며 평화를 수호해야 하며 한국이 남북관계를 적극적으로 개선해 나가기를 희망한다"고 하였다. 북한의 도발과 핵 위협에 대해 한국이 중국에 건설적 역할을 요청하는 것은 한국 정권의 이념적 성향에 관계없이 지속되어 왔는데 입버릇처럼 중국에 그런 말을 할 필요가 있는지 의구심이 든다. 중국은 한반도 및 남북관계에 대해 어떤 생각을 갖고 있고 따라서 중국의 대한반도 정책 기저에는 어떤 요소가 있는지 추론해 본다.

　첫째, 중국에 이른바 '건설적 역할'을 굳이 요청까지 할 필요가 있을까? 중국은 한반도에서 전쟁이 재발되는 것을 바라지 않는다. 한반도에서 전쟁이 일어난다면 6·25전쟁 때와 마찬가지로 중국은 '입술이 없으면 이가 시리다(脣亡齒寒)'는 판단에 따라 개입하지 않을 수 없을 것이며 그렇게 되면 중국 경제가 치명적 타격을 입을 것이기 때문이다. 한반도의 안정과 평화는 중국의 국익에 긴요하다. 물론 대만 문제를 둘러싸고 미·중 간에 전쟁이 일어난다면 미국의 전력을 분산시키기 위해 북한의 도발을 조장할 가능성은 있다. 그러나 큰 틀에서 중국은 우리가 요청하지 않아도 북한이 선을 넘는 것은 용인하지 않을 것이다. 그런데 한국은 놔두어도 될 일을 부탁하여 중국이 생색을 내게 만드는 우를 범하고 있다.

둘째, 중국의 북한에 대한 영향력이 한국이 생각하는 만큼의 수준인가? 중국과의 교역이 북한의 대외교역의 90% 이상을 차지할 정도로 북한이 중국에 의존하고 있는 것은 사실이다. 그런데 1990년대에 북한은 수많은 주민이 굶어죽은 '고난의 행군'을 이겨냈다. 또한, 북한은 중국의 경제적 침투를 북한 정권에 대한 위협으로 보고 있기도 하다. 평소 김정일은 "일본은 100년의 원수이고 중국은 1000년의 원수"라고 하였다고 한다. 김정은은 친중파인 고모부 장성택을 처형하였고 중국의 관리 대상이었던 이복형 김정남을 살해하였다. 북한은 중국의 내정간섭을 단호히 배격하고 있다. 더구나 북한은 미사일 발사와 핵실험을 주권국가의 권리라고 주장하고 있다. 최근 김정은이 핵실험 위협과 미사일 도발로 미국을 한반도로 바짝 끌어들이고 있는데 결과적으로 시진핑에게 부담을 초래하고 있다. 중국은 북한에 '당근'을 줄 수밖에 없는데 중국이 대규모 지원을 한다고 해도 북한을 통제하기가 수월해지는 것은 아니다. 결국, 중국의 북한에 대한 영향력은 원천적으로 제한적일 수밖에 없다. 중국이 외부에서 기대하는 만큼 북한에 대해 영향력을 행사하지 않는 것이 아니라 그렇게 하지 못하는 것이다.

셋째, 중국은 과연 북한의 비핵화를 바랄까? 물론 중국으로서는 북한이 핵무기를 보유함에 따라 북한을 통제하는 것이 어렵게 되었다. 그러나 북한의 핵무장은 북한 지역의 완충지대로서의 잠재력을 강화시켜 주므로 중국으로서는 북한의 핵무장을 굳이 반대할 이유가 없다. 2018년과 2019년에 걸쳐 트럼프와 김정은은 싱가포르, 하노이 및 판문점에서 총 3차례 만났다. 그런데 이 과정에서 중국은 매우 이례적인 행보를 보였다. 사실 시진핑은 김정은이 집권한 이래 무려 7년이 지나도록 얼굴을 마주한 적이 없었는데, 북미정상회담을 전후하여 1년 3개월이라는 짧은 기간에 시진핑의 주도로 북·중 정상이 5차례나 회동한 것이다. 과연 시진핑은 북미정상회담이 성사된 것을 기뻐하며 김정은에게 트럼프와 잘 해보라고 하였을까? 시진핑은 중국이 배제된 채 김정은이 트럼프와 '깜짝 딜'을 할까 봐 초조한 나머지 가만히 바라만 볼 수가 없었다고 보는 것이 합리적 추론이다. 중국은 북핵 문제가 해결되어 북미 관계에 획기적인 돌파구가 열리는 것을 원치 않는 것이다. 중국에 있어 완충지대가 사라질 수도 있기 때문이다. 중국은 북한 핵 문제 해결책으로 일관되게 쌍궤병행(비핵화와 평화체계 동시 추진)과 쌍중단(북한의 핵·미사일 실험과 한미 대규모 훈련의 동시 중단)을 주장하고 있는 데 이는 현실적으로 매우 어려운 방안들이다. 중국의 속내는 북한 핵 문제 해결을 어렵게 하는 것이라고 할 수도 있다고 본다.

넷째, 중국은 한반도를 어떻게 바라보고 남북관계에 어떻게 임하고 있나? 중국은 북한 정권이 무너지는 것은 물론 북한이 자신의 영향권에서 벗어나는 것도 받아들이기 어렵다. 중국의 대한반도 인식은 여기서 한 발 더 나간다. 시진핑은 2017년 트럼프와의 회담에서 "사실 과거에 한국은 중국의 일부였다(Actually Korea used to be part of China)"라고 했다. 조선의 임금이 명의 책봉을 받았고 청에 항복한 역사적 사실을 염두에 둔 이야기일 것이다. 그런데 미국 대통령에게 왜 그런 말을 하였을까? 아마도 그는 미국 우선주의를 주장하는 트럼프 대통령에게 중국은 한반도에 대해 역사적 연고가 있다는 논리를 제시하면서 중국의 대한반도 정책에 대한 미국의 양해를 구하려 한 것 같다. 2015년 8월 놀라운 보도가 있었는데 중국이 미국에 북한에서 급변사태가 일어나는 경우 북한 지역을 한국, 미국, 중국, 러시아 4개국이 분할 통제하는 방안을 제시하였다는 것이다. 북한에서 급변사태가 발생하는 경우 중국은 안보리 결정에 관계없이 북한에 진주하여 북한에 반중 정권이 수립되는 것을 저지하려 할 것이다. 우리는 중국군 북부전구(만주, 내몽골, 산동반도) 사령부가 압록강 도하훈련 그리고 요동반도 상륙훈련을 했다는 보도를 가끔 접하고 있다.

결론적으로 중국에 있어 가장 바람직한 한반도 상황은 무엇일까? 남북한 간에 전쟁으로까지 비화되지는 않을 정도로 긴장이 유지되고 그 과정에서 남북한 모두 힘이 빠지는 상태일 것이다. 실제로 중국은 현상유지를 선호하며 통일을 견제하는 이한제한(以韓制韓) 정책을 펴고 있다. 남북한이 자유민주주의와 시장경제의 국가로 통일되면 8천만에 육박하는 인구와 결코 무시할 수 없는 경제력과 군사력을 가진 통일한국 자체가 중국에는 부담스러운 존재이다. 무엇보다도 한족이 한 번도 지배한 적이 없는 만주에 대해 통일한국의 감상적 민족주의가 '고토회복'을 외치는 것은 악몽이다. 한반도 평화와 통일에 관한 중국의 '선한 역할'은 한국 좌파 진영의 환상 또는 의도를 갖고 만든 신화일 뿐이다.

결국, 중국과 한국은 제2의 한반도 전쟁을 원치 않는다는 점에서만 이해가 일치한다. 시진핑이 말했듯이 "한반도 문제에 공동이익"을 가진다. 즉 한반도 안정이 유지되는데 중국의 이익이 걸려 있다. 중국이 자신의 국익을 위해 남북한 간 긴장 완화에 신경을 쓸 수밖에 없는데 왜 우리는 중국에 매달리는 듯한 태도를 보이는가? 최근 민주당 대표와 국민의힘 비상대책위원장이 주한 중국 대사를 만나 중국의 역할을 주문하였다고 하는데 필요한 주문이 아니라고 본다. 그리고 그러한 위치에 있는 정치인이 외국 대사를 만나는 것이 적절한가의 질문도 나올 수 있다. 싱하이밍 중국 대사는 부임 직후부터 오만불손한 행태를 보이는데 바로 잡아주진 못할망정 그의 기를 살려 줘서야 되겠는가?

<2022-12-02 민들레>

싱하이밍 중국대사의 무례는 언제까지 계속될 것인가?

　지난 14일 싱하이밍 대사는 서울 프레스센터에서 한국언론진흥재단 주최로 열린 '한중수교 30주년 성과와 전망' 포럼에 참석하여 '시진핑 주석이 답방할 순서'라는 의견에 대해 '순서는 무슨 순서가 있느냐'라고 하였다고 한다. 한마디로 그의 반응은 외교관으로서 상식 밖의, 무례한 것이었고, 중국이 '거만한' 나라임을 또 한 번 보여주었다.

　현대 국제관계에서는 국가 정상들이 직접 외교무대에 나서는 일이 빈번해졌고 상호 방문이 자연스러운 일이 되었다. 정상 간 직접 접촉은 방문과 답방으로 이루어지는 것이 관례로 정착되었다. 최근 한-중 관계에서 문재인 대통령은 2017년과 2019년(한일중 정상회의) 두 차례 중국을 방문하였는데 시 주석의 방한은 코로나19 상황 등을 이유로 이뤄지지 않고 있다고 한다. 시 주석이 방한

한 것은 박근혜 정부 때인 2014년 7월이 마지막이다. 외교 상식적으로 이제 중국 정상이 한국을 방문할 차례이다. 그런데 싱하이밍 대사가 '순서는 무슨 순서냐'라고 한 것은 코로나 19 상황 때문에 시 주석의 방한이 미루어지고 있다는 이야기와는 전혀 차원이 다른 것이다. 이는 '필요하면 윤석열 대통령이 방중하면 되는데 왜 굳이 관례를 따지느냐'는 속내이다.

적어도 외교관이라면, 특히 공관장이라면 이런 식으로 말해선 곤란하다. 설사 강대국의 대사라 할지라도 그런 식으로 말해서는 안 된다. 외교적으로 답변한다면 여러 가지 고려할 사정이나 요인이 있는데 어쨌든 시 주석의 방한이 성사되도록 노력하겠다고 하면 된다. 그렇게 말하더라도 중국의 속내를 충분히 짐작할 수 있다. 그는 외교관으로서 신중하지 못하여 그렇게 말했거나 한국을 얕잡아보고 한국 정부가 시진핑 주석이 방한하기를 희망한다면 한중관계에서 잘하라는 말을 하려고 그렇게 말했다고 본다. 더욱 심각한 것은 싱하이밍 대사가 말을 함부로 하는 것이 이번이 처음이 아니고 그간 수차례 있었다는 점이다. 그리고 방한이 성사되지 않고 있는 이유로 코로나 19 사정은 이제 설득력이 없다. 시진핑은 올해 9월에 상하이협력기구 정상회의 참석차 중앙아시아의 우즈베키스탄을 방문하였고 11월에는 G20 정상회의 참석을 위해 인도네시아에 다녀왔으며 이번 달에는 사우디아라비아를 방문하였다.

또한, 이번 포럼에서 싱 대사는 최근 양국 국민의 상호 호감도가 떨어지는 점이 우려된다며 생뚱맞게 한국 언론의 역할을 강조하였다. 2021년 6월 국민일보가 의뢰한 글로벌리서치 여론조사 결과를 보면 한국인들 51.7%가 중국을 가장 싫어하는 나라로 생각하고 있으며 특히 젊은 세대(18~24세)의 경우는 60.3%에 이른다. 한국인들이 중국을 싫어하는 이유는 다양하다. 국제 정치적 판단 말고도 역사, 문화, 예술 심지어 게임에 이르기까지 여러 분야에 걸쳐 중국에 대한 비호감이 나타나고 있다. 더구나 그러한 비호감은 중국에 대한 직접 경험의 결과라고 한다. 이러한 결과가 한국 언론의 보도 탓이라고 생각한다면 싱 대사는 공관장으로서 오판을 하고 있는 것이다.

한국의 주류 매체들은 중국 관련 보도를 하면서 매체에 따라 정도의 차이는 있으나 오히려 '자기검열'을 하는 경우가 관찰된다. 한 마디로 한국 언론은 중국에 대해 결코 적대적이지 않다. 싱 대사의 모든 언행이 본부의 지시에 따른 것이 아니라면 싱 대사는 공공외교 차원에서 중국 정부에 자산이 아니라 부채가 되고 있는 것 같다. 또 하나 문제를 제기한다면 우리 언론이 그러한 싱 대사에게 자주 멍석을 깔아주고 있다는 점이다. 우리 언론은 자존심도 없나?

<2022-12-18 프레시안>

이대로는 동북아 '역사전쟁'에서 질 수밖에 없다

현재 동북아시아에서는 역사전쟁이 진행 중이다. 역사를 공부하는 1차 목적은 교훈을 얻고 미래에 대한 희망을 발견하기 위함이다. 그런데 역사는 단순히 과거의 사실로서 머무는 것이 아니라 현재를 합리화하거나 어떤 미래를 도모하는 정치적 목적으로도 사용된다. 실제로 일본은 고대 한반도 남부 경영설을 조선 침략의 명분으로 삼았고 조선에 대한 식민통치를 합리화하기 위해 한국 역사의 시간적 공간적 범위를 축소하였다. 특히 단군과 고조선의 존재를 부정하였으며 한민족의 역사 강역 최대치를 압록강-두만강으로 설정하고 이에 고려와 조선의 역사를 꿰맞추었다. 그리고 일본 학계의 일부는 지금도 고대에 왜가 한반도 남부를 지배하였다는 소위 임나일본부설을 고수하고 있다. 한편 중화인민공화국은 현재 중국의 영토 안에서 있었던 일은 모두 중국의 역사라고 억지를 부리는 역사왜곡작업(동북공정 등 4대 공정)을 이미 2000년대에 완료하였다. 중국의 해괴한 논리에 따라 한민족의 고대 국가인 고구려와 발해가 졸지에 중국의 '지방정권'으로 전락하였다. 중국 국가박물관은 지난 7월 한·중·일 세 나라의 고대 청동기 유물 전시회를 열었는데 우리 측이 전시 설명용으로 만들어준 역사 연표에서 고구려와 발해를 제멋대로 삭제하는 몰염치한 짓을 저질렀다. 소위 만리장성은 1987년 유네스코 세계유산으로 등재될 때 총 길이가 약 6,000km이고 동쪽 끝은 북경에서 멀지 않은 하북성 산해관이었는데, 중국 정부는 만리장성 길이를 2009년에는 8,851km, 2012년에는 21,196km로 늘려 발표했다. 그 결과 20여 년 사이 만리장성이 고무줄처럼 늘어나서 동쪽 끝이 요하, 압록강을 건너 한반도 안으로 들어왔다. 이는 고대 중국 왕조가 한반도까지 지배하였다는 주장으로 이어진다. 시진핑이 2017년에 트럼프를 만난 자리에서 했다는 '한국은 중국의 일부였다'라는 발언은 북한 급변사태가 발생하는 경우 중국의 개입을 정당화하기 위해 북한에 대한 연고권을 사전에 미국에 각인시키려는 의도로 보인다. 일본은 소위 '식민사관'을 버리지 않고 있고 중국은 80년대 중반 이후 한국의 역사를 야금야금 침탈해 가고 있는데 한국 정부는 그 심각성을 충분히 인식하지 못하고 대응을 학계에 미루고 있고 주류학계는 미온적으로 대처하거나 대응 자체를 하지 못하고 있다. 한 마디로 우리 학계는 역사전쟁에서 결연히 싸울 태세가 전혀 안 되어 있다.

왜 이런 일이 벌어지고 있나? 일제는 조선 지배를 정당화하고 영구화할 목적으로 엄청난 재원과 인원을 동원하여 16년간 작업

끝에 1938년에 일본어로 총 37권 2만 쪽이 넘는 방대한 분량의 『조선사』를 간행하였다. 그런데 해방된 지 70여 년이 지났음에도 한국 학계가 『조선사』의 체계와 학설을 극복하지 못하고 있기 때문이다. 왜 극복이 이루어지지 못하고 있나? 주류 강단사학계가 학문 권력을 지키려고 안간힘을 쓰고 있기 때문이다. 중국의 동북공정에 맞서기 위해 노무현 정부 시절 2006년에 출범한 <동북아역사재단>도 설립 취지가 무색하게 일제가 만들어 놓은 『조선사』의 체계에서 벗어나지 못하고 있을 뿐만 아니라 중국의 역사 왜곡을 추인하는 행태를 보인 사례도 있어 '중국 동북공정 영도소조의 서울 분소'라는 조롱을 받고 있다. 문재인 정부가 추진한 '가야사 연구' 프로젝트도 마찬가지이다. 그간 주류학계는 그들의 학설에 이의를 제기하는 사람들을 역사학자로서 전문교육을 받지 못한 부류라고 몰아세우고 무시해 왔다. 학문의 세계에서는 새로운 학설이 제기되면 반론이 제시되고 그에 대한 반박이 나오고 하면서 사실을 밝혀 나가야 하는데 주류학계는 학문적 소양과 자질을 갖춘 비주류학자들이 의미 있는 사서 기록을 찾아내고 원전 번역을 철저히 함으로써 반론을 제기하면 반박을 내놓지 못하는 경우가 비일비재하다. 주류학계가 비주류학자들의 논문이 학술지에 게재되는 것을 막거나 비주류학자들이 국가 연구프로젝트를 맡지 못하도록 관련 기관에 압력을 행사하는 등 학자로서 있을 수 없는 행태를 보이는 경우도 있다. 이런 험악한 분위기를 고려하였는지 교육부가 2013년 9월 국회 <동북아역사왜곡대책특별위원회>에 보고한 「역사왜곡 대응 학술연구 추진 현황」을 보면 추진 방향에 '논쟁이 있는 역사이론이나 학설을 재정립하기 위해 기존 학설과 비주류사학 등의 연구 성과를 함께 검증할 수 있는 다양한 연구 기회 제공' '학회지 게재 건수 등 현행 자격 기준을 완화하여 신진연구자나 비주류사학자들의 참여 기회 확대' 등이 포함되어 있다.

 이러한 방침 덕분에 인하대 고조선연구소는 2014년 국회 <동북아특위>가 발의하여 교육부가 주관하고 한국연구재단이 관리한 토대연구지원사업인 '조선총독부 편수 조선사 번역 및 정밀 해제 연구'의 사업단으로 선정되어 2019년에 연구 결과물을 제출하였다. 그런데 2022년 11월 교육부로부터 최종적으로 '불합격' 판정을 받고 연구지원비 중 일부를 반납하여야 할 뿐만 아니라 연구에 참여한 학자들은 국가 학술지원 대상자 선정에서 5년간 제외한다는 처분을 통보받았다. 이렇게 처분하려 하니 이의가 있으면 제기하라는 통보였다. 1차 심사 때는 '이 결과물은 문제가 있으니 출판할 수 없다'라고 하더니 2차 심사에서는 번역은 잘되었으나 출판을 하지 않아 '과제 결과물 제출 불이행'이라는 앞뒤가 전혀 안 맞는 평가를 하였다. 연구의 핵심 과제인 <조선사편수회>의 사료 조작 발굴에서 성과를 거두고, 많은 자료를 찾아내어 왜곡되었던 국경사(國境史)를 복원한 데 대한 평가는 전혀 없었다. 또한, 국가 과제는 과제를 끝낸 후 2년 정도의 시간을 갖고 보완하여 출판하는 것이 관례인데 그런 기회조차 주지 않은 것이다. 심사위원들은 공개적으로 밝히지는 않았지만 『조선사』 번역이 아니라 연구자의 견해가 들어간 정밀 해제 부분에 대해 불만을 갖고 있는 것 같다. 일제가 편찬한 『조선사』가 무슨 종교 경전이라도 된다는 말인가?

한국연구재단의 심사에 영향을 미치는 주류 강단사학계에서 그간 조선총독부 부설 <조선사편수회>의 학설을 무비판적으로 답습한 사례가 많았다는 사실이 드러날까 봐 겁이 났던 것은 아닐까? 한마디로 비주류학자들이 더이상 도전하지 못하도록 싹을 잘라버리겠다는 심산인 것 같다.

물론 무조건 비주류학자들의 반론이 타당하다고 전제할 수는 없다. 그들의 주장이 틀린다고 생각하면 학문적으로 대응하면 되는 것이다. 기존 학설에 대한 반론을 허용하지 않는다면 '학문하는 행위' 자체를 금지하는 것이나 다름없다. 대한민국 헌법 제22조 1항이 규정하고 있는 '학문의 자유'는 비단 국가 권력으로부터의 자유만을 의미하는 것은 아닐 것이다. 학계 내부의 이 같은 비상식적인 횡포가 묵인된다면 그 자유는 온전한 것이 될 수 없다. 소관 부처인 교육부가 학계 내부의 일이라고 뒷짐 지고 바라만 본다면 직무유기이다. 해방 직후 사회 불안과 한국전쟁의 혼란기를 거치면서 <조선사편수회>의 사료 조작 실태 조사가 미루어지던 끝에 해방 후 70여 년 만에 국회 발의에 의해 정부가 나선 뜻깊은 사업이 아무쪼록 소기의 목적대로 마무리되어 우리 사학계가 역사전쟁에 제대로 대처하길 기대한다.

<2022-12-21 민들레>

사우디-중국 관계의 국제정치적 함의

　12월 초순 시진핑 주석은 사우디를 방문해 빈 살만 왕세자와 정상회담을 가졌으며 또한 중국·아랍 정상회의와 중국·걸프협력이사회(GCC) 회의가 개최됐다. 시 주석은 최소 17개국 정상과 회담하고 아랍권과의 관계를 다졌다. 사우디와 중국은 약 500억 달러(약 65조 3천억원) 규모의 투자협정을 체결했으며 특히 주목할 것은 중국 측이 사우디를 포함해 아랍권 산유국들에 원유거래의 위안화 결제 허용을 요구한 것이다. 사우디는 중국의 요청을 검토할 것으로 알려졌다. 사우디 정부는 사우디를 방문하는 시진핑에 대해 최대한의 예우를 갖췄다. 지난 7월 바이든의 방문 때와는 확연하게 비교되는 수준이었다.

　사우디는 1951년 상호방위협정을 체결해 안보를 미국에 의존하는 전통적인 친미 국가이다. 하지만 올해 러시아의 우크라이나 침공과 관련해서는 대러 제재에 동참하지 않고 오히려 러시아 무기를 수입하는 등 러시아와의 관계를 강화하고 있으며, 미국이 국제원유시장의 안정을 위해 원유 증산을 요청한 데 대해 응하지 않고 있다. 이제 중국과도 밀착하며 원유거래의 위안화 결제도 검토하겠다고 한다. 사우디의 이러한 모습은 일부에서 주장하듯이 단순히 트럼프 대통령과는 달리 바이든 대통령이 빈 살만 왕세자를 2018년 사우디 언론인 카슈끄지 살해 사건의 배후로 지목하고 왕따시키려 했던 데 대한 감정적인 대응만은 아니다. 빈 살만 왕세자는 4년 전에 새로운 유럽이 바로 중동이며 중동이 유럽의 지위를 대신할 것이라는 야심 찬 발언을 한 바 있다. 그는 사우디가 5년 안에 완전히 달라질 것이고 바레인, 쿠웨이트, 카타르 세 나라도 강력한 경제력의 뒷받침으로 5년 안에 크게 바뀔 것이며 UAE, 오만, 레바논, 요르단, 이집트, 이라크 등에도 기회가 있다고 했다. 한마디로 사우디가 성공하면 모두 그 뒤를 따를 것이라는 이야기이다. 그렇게 되면 향후 30년 동안 글로벌 르네상스는 중동에서 일어날 것이며 이를 위한 사우디의 투쟁이 자신의 사명이라고 했다. 빈 살만 왕세자는 이제 미국이 중동을 분할 지배하도록 허용하지 않을 것이며 중동이 세계의 전면에 등장하게 될 것이라는 비전을 갖고 있다.

 물론 미국의 핵심 이익인 '페트로 달러(petrodollar)' 협약이 쉽게 깨지지는 않을 것이다. 이 협약은 1974년 1차 석유 파동 때 사우디와 미국이 맺은 것으로서 미국이 사우디의 안전을 보장하는 대신 원유거래의 결제는 오직 달러로만 한다는 약속이다. 그 덕분에 국제 결제 수단으로서 달러의 지위가 더욱 공고해졌다. 여전히 양국은 경제·안보적으로 깊은 관계를 맺고 있고 사우디는 라이벌인 이란과 대립 관계에 있는 등 약점이 많은 나라이다. 머지않아 사우디가 원유거래의 위안화 결제를 허용할지는 예단하기 어렵다. 그러나 사우디의 최근 행보를 미국과의 관계에 있어 일시적인 마찰이라고 과소평가하기도 어렵다. 사우디가 세계 최대 원유 수입국인 중국과의 거래에서만 위안화 결제를 허용해도 이미 진행 중인 탈(脫)달러화(dedollarisation) 추세에 상당한 영향을 줄 수 있다. 예를 들어 현재 러시아, 브라질, 인도, 중국 등 '브릭스(BRICS)' 회원국들 사이 거래의 상당 부분이 자국 및 상대국 통화로 이루어지고 있다.

또한 러시아는 2022년 3월부터 대러 제재에 참여하는 비우호국에 대해서는 가스 대금을 루블화로 지불하도록 강제했다. 만일 사우디가 달러 결제 의무화를 전면적으로 해제한다면 기축통화로서 달러의 위상에 심각한 타격을 주어 미·중 간 패권 경쟁에도 영향을 미칠 것이므로 사우디의 선택이 갖는 의미가 매우 크다.

더욱이 사우디는 미국의 일방주의를 견제하기 위한 목적으로 뭉친 브릭스에 올해 7월 가입 신청을 했다. 그밖에 튀르키예, 아르헨티나 등도 가입을 추진하고 있다. 국제통화기금(IMF)의 구매력평가지수에 따른 GDP 통계에 따르면 세계 경제 전체에서 서방 선진국 모임인 G7이 차지하는 비중이 1980년대에는 50%가 넘었으나 2010년대 중반에 30%대로, 2020년에 29.2%로 지속해서 떨어진 반면에 '브릭스'의 비중은 이미 2015년에 30.6%에서 2020년에 35%로 올라갔다. 적어도 경제 규모 측면에서는 서방이 압도적 우위를 누리는 시대가 끝나가고 있다. 사우디와 중국의 밀착에 대해 시진핑이 대중동 외교에서 상당한 성과를 거뒀다는 평가에 더하여 이번 사우디-중국 정상교류의 중요한 시사점은 사우디가 러시아 및 중국과의 관계를 강화해 미국 등 서방의 중동에 대한 간섭을 배제하고 향후 아랍의 독자 세력화를 도모하겠다는 의지를 갖고 있다는 점이다. 국제사회 세력 판도의 변화가 시작되는 것은 아닌가 질문을 던져 본다.

<2022-12-25 천지일보>

지은이 **박병환**

1956년 서울에서 태어나 경기고등학교와 고려대학교(법학과)를 졸업하였으며 1985년 외교부에 입부(외시 19회)하였다. 1987~1989년 영국 옥스퍼드대학 외교관 과정을 이수하고 2005~2007년 러시아 외교부 산하 외교아카데미에서 수학하였다. 주우즈베키스탄 공사, 주이르쿠츠크 총영사, 주러시아 공사 등을 역임하였으며, 특히 러시아에서는 4차례에 걸쳐 약 11년간 근무하였다. 2016년 말 정년퇴직 이후 상명대학교 글로벌지역학부에서 초빙교수로서 강의하였으며, 한러관계 등 4강과의 외교 이슈와 국제문제에 대해 언론에 활발히 기고하고 있다. 저술로는 2009년『시베리아 개발은 한민족 손으로』, 2020년『한국외교에는 왜 러시아가 없을까』, 2021년『나침반이 잘못된 한국 외교』등이 있다.

우크라이나 전쟁, 이렇게 봐야 한다

초판 발행 2023년 2월 24일
초판 2쇄 2023년 4월 5일

지은이 박병환

펴낸이 김선명
펴낸곳 뿌쉬낀하우스
편집 김현정
디자인 김율하
주소 서울시 중구 퇴계로20나길 10, 신화빌딩 202호
전화 02)2237-9387
팩스 02)2238-9388
이메일 book@pushkinhouse.co.kr
홈페이지 www.pushkinhouse.co.kr
출판등록 2004년 3월 1일 제 2004-0004호

ISBN 979-11-7036-078-0 03340

Published by Pushkin House. Printed in Korea.
Copyright ⓒ 박병환
　　　　　ⓒ Pushkin House

* 이 책은 저작권법에 의해 보호를 받는 저작물이므로 무단 전재와 무단 복제를 금합니다.